組織学への道

岸田民樹 編著
Tamiki Kishida

文眞堂

はしがき

　本書は，前著『組織論から組織学へ』（文眞堂，2009 年）のその後の展開であり，その終章「組織学への道」が，本書のタイトルである。

　「組織論」ではなく「組織学」とするのは，以下の 2 つの理由である。第 1 に，『シリーズ進化学』（岩波書店）に，「進化論」ではなく「進化学」と称するのは，進化は単なる考え方や思想ではなく，厳然たる事実だからである，というマニフェストがある。これに倣えば，進化以上に組織は厳然たる事実であり，「事実」としての組織を研究することは，組織論ではなく組織学である。これは外的な正当性である。第 2 は，1960 年代の経営学における「Koontz の Management Theory Jungle」からさらに，戦略論における「Mintzberg の Strategy Safari」へと諸学派の分化が際限なく進んで，経営学や戦略論の発展を大いに促していると同時に，何が経営学で，何が戦略論なのかが不分明になっている。現今のさまざまな主張への「分化」を整理して，それらの位置づけを整理して「統合」するのが，組織の理論の役割である。こうして，今や分化した諸学派を整理して，これを体系的に統合するための枠組みを作ることが必要である。これが内的正当性であり，こうして統合的な枠組みの下に体系的に整序された，組織に関する理論を，ここで「組織学」と呼ぶ。

　以上の前提に基づいて，本書は以下のように構成される。

　第 1 章「組織と階層」は，組織の基本的な問題である「階層」の役割を論じる。階層は，これまで支配−服従を意味する概念として，むしろ忌避されてきた。多くの議論が，「階層のない組織」を現代のあるべき組織像として取り上げてきた。これは，組織が成立した後で，組織を効率的に運営するために，人々の行動を規律の下に統制してきたからであり，その典型が官僚制組織である。しかし，これは Organized の理論における主張であり，Hierarchized の側面である。組織が成立するまでの，いわば Organizing の段階での「階層」の役割が見落とされている。すなわち，下位システム（個人やグループ）がそれぞ

れ，自分たちの属する全体をイメージする「下からの階層」と，全体が部分を含むという意味での，「包括性」を意味する側面とがある。その意味で，ここでの階層は Hierarchizing と呼びうるものである。こうした側面は，今日の新しい組織像である，Loosely Coupled System（LCS），ネットワーク，リゾームにもみられる。

第2章「組織生成と構造統制—Organizing と Organized—」は，これまでの組織論の分類には，人間と社会のレベルに焦点を当てて，その間にある，人間と社会の中間の，組織の役割を論じなかったり，そうした説明変数のもつ相互的な役割を十全に説明できなかったことを指摘して，人間−組織−環境の3つの変数の双方向の相互作用を説明することが「組織学」の課題であると述べる。この人間−組織−環境の3つのレベルは，システム論に言う下位システム−システム−上位システムにあたる。下位システム（人間）からシステム（組織）を見るのがミクロ・アプローチであり，上位システム（環境）からシステムを見るのがマクロ・アプローチである。したがって，ミクロ・アプローチは人間→組織→環境という Open & 自然体系モデルの因果関係をもつ。これに対して，マクロ・アプローチは，環境→組織→人間という Open & 合理的モデルの因果関係をもつ。前者では，組織化の進化論（K. E. Weick）が代表的であり，後者は，状況適合理論が代表である。この正反対の因果関係を統合する枠組みは，因果関係の順序を循環するサイクルでつなぐ「経時的統合」と，1つ上の次元でまとめる「共時的統合」である。経時的統合では，人間→組織→環境と環境→組織→人間の正反対の因果関係の循環が保障されなければならない。組織化の進化モデルにおける淘汰過程での多義性の除去（一義的な因果関係の成立）によって生じる実現環境が，不確実性（確実性，リスク，不確実性，部分的無知）の程度に変換されて保持過程に蓄えられることによって生じる課業環境の不確実性へ，と接合されるなら，この正反対の因果関係は，経時的に統合される。さらに，この2つの正反対の因果関係が，機能的に正反対の2つの作用を含む全体が，組織として措定されるなら，共時的統合が生じる。言い換えれば，組織（Organization）が，Organizing と Organized からなる全体として措定されるなら，この2つは，共時的に統合される。

第3章「社会−技術システムと作業組織の生成・発展—Work Organizing と

Work Organized—」は，組織の下位システムをなす作業組織の「組織学」である。まず，社会システムは，Work Organizing のシステムとして，人間が作業組織を作り上げていく側面である。反対に技術システムは，(管理) 組織の側からの作業組織の効率的統制を促進する Work Organized のシステムである。すなわち，人間→作業組織→(管理) 組織が Work Organizing であり，(管理) 組織→作業組織→人間が Work Organized である。こうして，社会—技術システム論を通じて，作業組織レベルにおける Organizing と Organized が，経時的に統合される。作業組織が，Taylor の言うような技術システムでも，人間関係論の言うような社会システムでもなく，社会—技術システムであるというのが，共時的統合である。さらに，社会システムから技術システムへの影響は，技術システムが生成するプロセスであり，これはある意味で，技術のもつ Organizing の側面，すなわち Technologizing の問題であり，反対に，技術システムから社会システムの影響は，構造化された技術 (Technologized) が社会システムを統制する Socialized の側面である。所与の技術が作業組織を統制するというのが，Woodward 以来の技術決定論の主張であり，これは，Technologized の側面である。これに対して，Weick の言うような，人間やグループからなる社会システムによって技術は多義的に解釈され，作業者の行動によって実現されて，1つの解釈が選択される Technologizing の側面もある。こうした技術システムと社会システムの相互作用が，作業組織の生成・発展の経時的統合につながるが，作業組織が，技術システムと社会システムの統合された全体＝社会—技術システムであるというのが，共時的統合である。

第4章「高信頼性組織の構造統制と組織化—ノーマル・アクシデント理論と高信頼性理論の統合的考察—」は，高信頼性組織という新しい組織像に視点を定めて，組織の複雑性が，人間の問題処理能力を越えて，システムの事故を引き起こす側面と，人間の慎重な問題処理への態度が，複雑なシステムの引き起こす事故を防ぐ側面を，組織レベルで，統合的に考察しようとするものである。この意味で，ノーマル・アクシデントの理論は，Organized の側面 (組織→人間) から事故の不可避性を論じる理論であり，高信頼性組織の理論は，Organizing の側面 (人間→組織) から，事故を防ぐ方法を論じる理論である。また，問題が生じた有事には，下位システムを，他の下位システムから分断し

てその自律性を維持する（Loosely Coupled System）ことにより，人間の問題処理能力を十全に保障する。しかし，平時には，組織全体の効率性を優先するために，構造上のコントロールに訴えて，組織全体を Tightly Coupled System にして，人間の裁量を省くことが必要であるが，人間ではなくシステムに頼ることは，システムの複雑性を増すことになり，専門化された人間の処理能力を越えたシステム・エラーを引き起こしかねない。こうして，高信頼性組織の理論（Weick）とノーマル・アクシデントの理論（Perrow）は，経時的に統合される。

第5章「組織間関係の生成と統制—Networking と Networked—」は，組織間関係システムのレベルでの，Organizing の理論と Organized の理論を紹介し，両者を経時的・共時的に統合する枠組みを提示する。まず，組織と環境（＝他の諸組織の集合）の関係を分析する議論は，つぎの3つである。第1は，環境からの影響をどのように組織が対処するかという問題である。たとえば，環境の不確実性が低ければ，集権的で官僚制的な組織が適合するということであり，これは，状況適合理論であり，組織間関係論というより，むしろ Open Systems Approach をとった組織論である。第2は，異なった組織間の相互作用を問題にする議論であり，たとえば，当該組織を中心に，関連する組織群との関係をどのように組織化していくかという組織セット・モデルがこれにあたる。第3は，諸組織が相互作用するネットワークとしての組織間関係システム（IORシステム）を問題にする議論である。本書では，前者を，Interorganizing あるいは Netwoking の理論，後者を Interorganized あるいは Networked の理論と呼ぶ。Networing の理論は，組織が環境を操作するという環境操作戦略にあたる。Networked の理論は，今日の社会関係資本論にいうネットワークのタイプの議論である。環境操作戦略は，当該組織が，他の組織（群）と共同で1つの問題に対処しようとして，不確実性を回避するための戦略である。ただし，その最終段階の戦略である戦略的工作は，他の組織群と1つになって，不確実性を吸収する戦略である。既存の組織が，環境操作戦略を重ねて，不確実性を回避するが，最終的に環境の不確実性を吸収する戦略工作を採用することにより，新しい1つの組織を形成することが必要になる。これが，「組織構造は戦略に従う」という Chandler 命題の帰結である。こうして，「組織構造は戦略に従う」という命題と，それとは反対の因果関係をもつ環境操作戦略（戦略は組

織に従う）は，経時的に統合される。言い換えれば，戦略が環境と組織を媒介する変数であるなら，環境→戦略→組織という Strategizing と組織→戦略→環境という Strategized という正反対の因果関係は，経時的に統合される。また，Strategy が，Strategizing と Strategized からなる全体であると考えるなら，両者は戦略として，共時的に統合される。

　第6章「制度と実現―制度の生成と統制―」は，これまでの社会学的制度学派のマクロ・アプローチが，制度の統制的側面（Institutionalized）である同型性や埋め込みを問題にしてきたのに対し，人間や組織の行動から制度という「環境」が形成される制度の実現プロセス（Institutionalizing）を明らかにしようとする試みである。制度は，文化や社会体制と並んで，マクロな環境の一部である。ここでも，組織―制度―社会という3つのレベルを考えるなら，組織→制度→社会は Institutionalizing の側面であり，社会→制度→組織は，Institutionalized の側面である。同型性や埋め込みは，後者の理論である。新制度学派は，こうした制度の成立する microfoundation の必要を唱え，Institutionalizing の理論に挑戦しているが，social という言葉が，ミクロな interpersonal を意味すると同時に，マクロな societal を意味する言葉でもあるせいか，これまで制度の生成と統制の理論を統合する枠組みを提示できていない。本章では，Weick の Organizing，特に Enactment の議論を援用して，制度の生成と統制（同型性と埋め込み）を経時的に統合しようとする，挑戦的な試みである。

　本書は，前著の枠組みに沿って，階層レベル，組織レベル，作業組織レベル，組織レベルでのノーマル・アクシデント理論と高信頼性の理論，組織間関係論のレベル，制度レベルでの，それぞれの統合的な理論すなわち「組織学」の展開の可能性を探った。これらのそれぞれのレベルで，Organizing の理論と Organized の理論の対立を紹介し，それが経時的ならびに共時的に統合できる可能性を論じた。

　現代の社会は複雑であり，そこでの組織という現象は，一方では人間が形成したものでありながら，他方では，社会からの要請に応えるべく，複雑な機能を果たすために，さまざまな要求を人間に課してくる。ここには，一方的な因果関係だけでは処理できない多くの問題が含まれる。片方の因果関係に明確に

与するモデルを作ることも可能であるかもしれないが，利害の錯綜する状況では，いたずらに対立をあおりかねない。むしろ，相互の因果関係を含む統合的なモデルを作って，互いの立場を明確にし，そのうえで自らの依って立つ立場を明らかにしようというのが，本書の立場である。ここでは，正反対の因果関係を含む理論が，統合的な解釈枠組みの下で可能であることおよびその可能性を，さまざまに論じている。どちらの主張が正しいかを声高に訴えるだけでなく，どちらの主張も成り立ちうることを認めたうえで，その条件を探ることに，今日の複雑な利害の絡む現実の社会で，研究者として「理論」を語る意義があると信じる。

なお本書は，高木孝紀君の，熱心な編集ならびに文眞堂編集部との交渉によるところが大きいことを記して，同君に感謝するとともに，日頃研究会で真摯な報告を行いつつ，原稿を執筆を快諾してくれたメンバー（杉浦優子，藤川なつこ，高橋和志諸氏）にも，感謝の意を表する。もちろん文眞堂編集部の方々にも，本書の出版に向けて多大のご苦労をおかけしたことに対して，衷心からの感謝を述べたい。

　　　2014年7月　猛暑の中で

　　　　　　　　　　　　　　　　　　　　　　　　　　　　　　編著者識す

目　　次

はしがき ……………………………………………………………………… i

第1章　組織と階層 ……………………………………………………… 1

- Ⅰ．はじめに ……………………………………………………………… 1
- Ⅱ．階層の分析視点 ……………………………………………………… 3
  - 1．ポストモダン論と社会学におけるパラダイムの多様性 ………… 3
  - 2．統合的な枠組みの構築 ……………………………………………… 5
- Ⅲ．階層のメカニズム …………………………………………………… 8
  - 1．組織論における階層 ………………………………………………… 8
  - 2．システム論における階層 …………………………………………… 10
  - 3．階層生成における2つの側面 ……………………………………… 12
- Ⅳ．ポストモダン組織と階層 …………………………………………… 13
  - 1．LCS …………………………………………………………………… 14
  - 2．ネットワーク ………………………………………………………… 17
  - 3．リゾーム ……………………………………………………………… 20
- Ⅴ．結　語 ………………………………………………………………… 25

第2章　組織生成と構造統制
　　　　　—OrganizingとOrganized— ……………………………… 30

- Ⅰ．はじめに ……………………………………………………………… 30
- Ⅱ．人間−組織−環境 …………………………………………………… 30
  - 1．組織学説の体系的分類 ……………………………………………… 30
  - 2．Burrell and Morgan（1979）の分類とMcKelvey（1982）の図式 …………………………………………………………………… 36

3．経営学・経営史・経営学史における人間－組織－環境 …………… *39*
Ⅲ．Organizing の理論 ………………………………………………………… *41*
Ⅳ．Organized の理論…………………………………………………………… *47*
Ⅴ．Organizing と Organized の統合の枠組み ……………………………… *54*
Ⅵ．結語 ………………………………………………………………………… *57*

第3章　社会－技術システムと作業組織の生成・発展
　　　　　──Work Organizing と Work Organized── …………… *61*

Ⅰ．はじめに …………………………………………………………………… *61*
Ⅱ．作業組織の生成・発展 …………………………………………………… *64*
　1．社会－技術システム論の展開 ……………………………………… *64*
　2．自律的作業集団 ……………………………………………………… *66*
　3．産業民主主義と自律的作業集団 …………………………………… *68*
　4．技術デザインの出発点としての社会システム …………………… *70*
　5．経時的統合：作業組織の生成・発展 ……………………………… *72*
Ⅲ．作業組織の生成・発展のプロセスと，社会システム，技術
　　システム ………………………………………………………………… *78*
　1．Organized の理論と状況適合理論 ………………………………… *80*
　2．Woodward (ed.) (1970) における Organized と Organizing の
　　側面 …………………………………………………………………… *81*
　3．Woodward (ed.) (1970) における「想定」と「限定」 ………… *82*
　4．Organizing の理論と Weick ………………………………………… *84*
Ⅳ．結　語 ……………………………………………………………………… *87*

第4章　高信頼性組織の構造統制と組織化
　　　　　──ノーマル・アクシデント理論と高信頼性理論の統合的
　　　　　考察── ……………………………………………………… *92*

Ⅰ．はじめに …………………………………………………………………… *92*
Ⅱ．高信頼性組織研究の系譜 ………………………………………………… *93*
　1．ノーマル・アクシデント理論 ……………………………………… *94*

2．高信頼性理論 ……………………………………………………… *99*
　　3．ノーマル・アクシデント理論と高信頼性理論の比較 ……………… *102*
　Ⅲ．高信頼性組織研究の統合的考察 ………………………………………… *105*
　　1．高信頼性組織の構造統制 …………………………………………… *107*
　　2．高信頼性組織の組織化 ……………………………………………… *110*
　Ⅳ．結　語 ……………………………………………………………………… *113*

第5章　組織間関係の生成と統制
―Networking と Networked― …………………………………… *118*

　Ⅰ．はじめに：環境のレベル ………………………………………………… *118*
　Ⅱ．組織間関係論の生成と展開
　　　―組織セット・モデルと IOR システム・モデル― ……………… *120*
　　1．組織セット・モデル ………………………………………………… *120*
　　2．IOR システム・モデル ……………………………………………… *121*
　Ⅲ．環境操作戦略と社会関係資本論の展開 ………………………………… *122*
　　1．環境操作戦略の展開 ………………………………………………… *122*
　　2．社会関係資本論の展開 ……………………………………………… *125*
　Ⅳ．戦略論の新展開と統合的枠組み―Strategizing と Strategized― …… *130*
　　1．計画アプローチ（外部アプローチ）………………………………… *131*
　　2．創発的アプローチ（内部アプローチ）……………………………… *133*
　　3．ポジショニング・アプローチ（外部アプローチ）………………… *135*
　　4．資源ベース（RBV）・アプローチ（内部アプローチ）…………… *138*
　Ⅴ．結語―Networking と Networked ……………………………………… *141*

第6章　制度と実現
―制度の生成と統制― …………………………………………… *145*

　Ⅰ．はじめに …………………………………………………………………… *145*
　Ⅱ．制度の統制的側面（Institutionalized）………………………………… *146*
　　1．新制度学派 …………………………………………………………… *146*
　　2．いくつかの疑問点：ミクロ的基礎の欠如 ………………………… *148*

3．意味生成におけるミクロとマクロ ………………………………… *151*
Ⅲ．制度の意味生成（Institutionalizing）………………………………… *153*
　　1．取り込むという方策（co-optation）とセンスメーキング ………… *154*
　　2．組織化の進化モデルとセンスメーキング…………………………… *159*
Ⅳ．制度と実現：Institutionalizing と Institutionalized の統合………… *169*
　　1．同型化と組織群生態学における変異 ………………………………… *170*
　　2．制度と実現の循環 …………………………………………………… *171*
　　3．行為と制度の進化について ………………………………………… *174*
Ⅴ．まとめ …………………………………………………………………… *176*

終章　組織学のさらなる展開に向けて ……………………………… *180*

索　引 ………………………………………………………………………… *191*

第1章

組織と階層

I. はじめに

　社会は,「近代」から「ポストモダン」へと変化している。今田 (2001, 2005) によれば,近代とは,効率性と合理性を重んじる機能優先の社会構築を進めることであり,機能優先の発想とは,制御による成果の確保を第一義的に志向することである。他方,ポストモダンとは,近代の発想が現実をとらえる力をなくした時代以降の現実感を総称する言葉である。豊かな社会が実現したことで,人々の価値観が多様化し,生活様式の個性化が進んだため,不定形でとらえどころのない社会が訪れている (今田, 2001, 2005)。

　社会の変化にともなって,社会学の理論も変化した。1960年代においては,社会システム論の理論的支柱である機能主義が,メイン・パラダイムとしての地位を確保し,マルクス主義や葛藤理論からの批判を退ける勢いをもっていた。しかし,1970年代に入ると,社会学は,現象学的社会学,エスノメソドロジー,シンボリック相互作用論,言語派社会学などのミニ・パラダイムを輩出し,理論の多極化と混迷を生じさせた[1] (今田, 1986)。

　さらに,理想とされる組織像は,合理性を優先する組織から,部分の自律性を強調する組織 (ポストモダン組織) へと変化している。Scott (1981) によると,合理性を優先する組織観では,組織内部の構造変化が目標を合理化するための意識的にデザインされた道具として認識され,合理性は個々の参加者ではなく,構造それ自体に備わっているという。このような組織観では,特定の目標を達成するために行動を方向づけ,調整する手段としてコントロールが強調され,意思決定は集権化される傾向にあるが,これらの方法は合理性への貢献であるとして正当化される (Scott, 1981)。

他方，ポストモダン組織では，半自律的チーム，自己管理型プロジェクト，分権化された仕事ユニットという概念が，階層的なパワーやコントロールという古い形態に取って代わると言われており（Casey, 1999），階層が批判の対象となっている。なぜならば，「階層」という語は魅力的とはいいがたく，感情的にもかなり引っかかるものがあり，軍隊や教会を連想させ，厳格で権威主義的な構造といった印象を与える（Koestler, 1978）からである。ポストモダン組織は，階層に対して不信感をもっており，階層のさまざまな特徴の分析よりも，階層の「病理」にかんする問題に焦点をあてている（Hales, 2002）。

したがって，合理性を優先する組織では，集権化された階層的コントロールによって部分の自律性は抑圧されるが，組織全体の秩序は保たれる。他方，ポストモダン組織では，階層に対する不信感から，部分の自律性は強調されるが，組織全体としてどのように秩序が形成されるのか十分に議論されていない。

そもそも，社会や組織における階層について，その重要性は認識されつつあるものの，グループや組織レベルにおける階層はほとんど考察されていない（Anderson and Brown, 2010）。たとえば，ポストモダン組織を含めた多くの組織において，階層は衰退しているのか，もしくは永続的なのかという2つの主張が存在する（Diefenbach and Sillince, 2011）。ところが，その主張にもとづく議論は，あくまで階層が存在するかどうかにとどまっている。階層のメカニズムを分析するためには，組織論（組織学）における統合的な枠組みを構築する必要がある。

以上の問題意識から，本章の目的は，階層のメカニズムを組織論（組織学）の統合的な枠組みから考察することによって，とくにポストモダン組織における秩序の形成と階層の関係を明らかにすることである。

本章では，まず，ポストモダン論の先駆者である Lyotard（1979），社会学におけるパラダイムの多様性を整理した Burrell and Morgan（1979）を批判的に検討することで，階層を分析するための統合的な枠組みが必要であることを指摘する。次に，岸田（1994, 2001, 2009）による組織生成（Organizing）と構造統制（Organized）の議論から，統合的な組織分析の枠組みを構築し，階層の分析視点を提示する。その分析視点から，組織論とシステム論における階層を検討し，階層のメカニズムを明らかにする。ポストモダン組織として，緩やかに結

びついたシステム（Loosely Coupled System，以下 LCS と略す），ネットワーク，リゾームをとりあげ，それぞれの特徴を整理しながら組織の秩序形成と階層の関係について考察する。

Ⅱ．階層の分析視点

1．ポストモダン論と社会学におけるパラダイムの多様性
⑴　Lyotard（1979）のポストモダン論

　ポストモダン論の先駆者である Lyotard（1979）によると，ポストモダンは大きな物語に対する不信感に由来する。大きな物語とは，自由と平等を実現しようとする物語，革命や人間解放をめざした物語などである。大きな物語が崩れたポストモダンには，多くの異質な言語要素があるが，これらの言語要素が制度を生み出すとしても，それはそれぞれの個別面に応じてでしかない（Lyotard, 1979）。

　そこで，Lyotard（1979）は，ポストモダンの正当性を基礎づける3つの可能性を指摘する。第1は，効率を最適にする遂行性である。遂行性に基礎づけられた社会の決定者たちは，言語要素の共約可能性とその全体に対する決定可能性を前提とする論理にしたがって社会の多様性を統制しようとする。第2は，議論を通じて得られるコンセンサスである。コンセンサスにおける2つの仮定として，①すべての言語要素に対して普遍的に有効であるような規則にかんして一致し合うこと，②対話の目的はコンセンサスであるということがある。ところが，言語要素はそれぞれ異質な言語行為規則に属しているため，コンセンサスはさまざまな言語要素の異質性を踏みにじるものとなる。

　第3は，パラロジー（paralogie）である。これは，知識の根拠づけが，専門家共同体での合意によって正当性を確保するホモロジー（homologie）（相同論理）から，異質な意見の衝突と対立から創造されるパラロジー（抗論理的想像力）に移行することである（今田，2001）。パラロジーに向かうためには，①言語要素の異型性を認めること，②もしそれぞれのゲームやその規則についてコンセンサスが成り立つとしても，そのコンセンサスはローカルでなければ

ならないということが必要である（Lyotard, 1979）。

Lyotard（1979）の議論から，ポストモダンは，システムによる効率的な全体化や安易な合意形成による同一化を否定し，ローカルでマイナーな異質性の営み，相互に通約されてしまうことのない差異化のパラロジーに基礎づけられる（今田，2005）。ポストモダンでは，合意ではなく相違や対立が強調され，かりに合意が成り立つとしても，その合意は「ローカル」なものである（今田，2001）。

要するに，ポストモダン論は，近代の合理性や効率性といった機能優先の発想に対して異議を唱え，社会における異質性や多様性を強調する。しかし，ポストモダン論では，その異質性や多様性をとらえるための実質的な枠組みを見いだすことができない。

(2) **社会学におけるパラダイムの多様性**

社会学におけるパラダイムの多様性は，Burrell and Morgan（1979）[2]によって整理されている。Burrell and Morgan（1979）は，社会科学の性質にかんする仮定を「主観主義－客観主義」次元ととらえて，その違いを存在論上の唯名論－実在論，認識論上の反実証主義－実証主義，人間論上の主意主義－決定論，方法論上の個性記述主的－法則定立主義の違いとして区分している。もう1つの軸は，社会の性質にかんする研究者の関心を「レギュレーション－ラディカル・チェンジ」の次元として扱い，2×2の4つのパラダイム（機能主義，解釈主義，ラディカル構造主義，ラディカル人間主義）を提示している（大月，1999；寺澤，2008；Gioia and Pire, 1990）（図1-1）。

図1-1　4つのパラダイムによる社会理論の分析

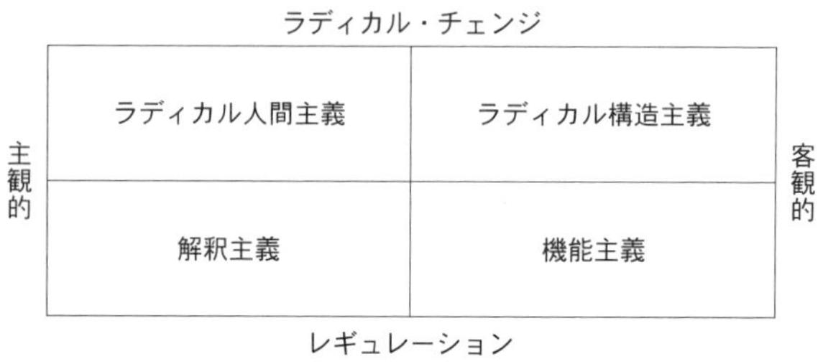

	ラディカル・チェンジ	
ラディカル人間主義	ラディカル構造主義	
解釈主義	機能主義	
	レギュレーション	

（主観的　←→　客観的）

出所：Burrell and Morgan（1979）.

機能主義（functionalist）は，安定志向ないし現状維持の観点から組織を客観的に見ようとするものである。解釈主義（interpretative）は，規制に関心をもちながらも現状維持の関心が薄く，より主観的な見方である。ラディカル人間主義（radical humanist）は，主観的な見方であるが，構築された現実を急進的に変化させようとするイデオロギー志向がある。ラディカル構造主義（radical structuralist）は，客観的な見方であり，構造的現実をラディカルに変化させることに関心を有するものである。

Burrell and Morgan（1979）は，これら4つのパラダイムは，メタ理論的仮定のセットについて異なる基礎をもつことから，相互に排他的であり，統合されることはないと主張する。よって，Burrell and Morgan（1979）による枠組みは，パラダイムの共約不可能性（incommensurability）を強調している。

しかし，岸田（1994）による比喩[3]をもとに考えれば，それぞれのパラダイムによってあらわされる組織像を適切に合成しなければ，組織の全体像は見えてこない。パラダイム間の類似・対立関係を整理して，多面的な組織現象をできるかぎり統合的にとらえる視点を設定することが必要である（岸田，1994）。異質性や多様性を強調するだけのポストモダン論，あるいは共約不可能性を主張する Burrell and Morgan（1979）の枠組みに依拠しているかぎり，多面的な組織全体をとらえることはできない。したがって，組織全体をとらえるために，統合的視点をふまえた枠組みを構築する必要がある。

2．統合的な枠組みの構築

組織分析の枠組みをはじめて整理したとされる Gouldner（1959）は，合理的（rational）モデルと自然システム（natural system）・モデルという2つの組織モデルを提示した。

合理的モデルは「機械」モデルを意味し，その前提は次の5つである（Gouldner, 1959）。第1に，組織は，明確にされた目標を効率的に達成するため慎重につくられた合理的な道具である。第2に，組織行動は，意識的・合理的に管理される。第3に，組織パターンの変化は，効率性のレベルを向上させるために計画された手段である。第4に，組織における意思決定は，公認された知識と手続きを用いて，状況を合理的に検討して行われる。第5に，組織の

長期的な発展は，計画されたコントロールにしたがって，明確に保持された計画と目標をさらに一致させることができる。合理的モデルでとらえられる組織は，操作可能な部分からなる構造であり，それぞれの部分は全体の効率性を強化するように修正可能である（Gouldner, 1959）。合理的モデルは，組織（構造）が人間（行動）あるいは過程を規制する側面をあらわしている（岸田，1994）。

他方，自然システム・モデルは，構成部分の相互依存性を強調する「有機体」モデルにもとづいており，その前提は次の5つである（Gouldner, 1959）。第1に，組織は有機的に関連する諸部分から構成される全体であり，組織それ自体が生存への欲求をもつ。第2に，組織構造は計画的・合理的につくられるものではなく，自生的に（spontaneously）生じるものである。第3に，組織にとっての問題は合理性ではなく生存であり，均衡が撹乱されたときにそれが回復される自己安定化メカニズムが重要である。第4に，組織パターンの変化は，均衡に対する脅威への累積的，非計画的，適応的反応の結果である。第5に，組織の長期的な発展は，計画によって導かれるというよりも自然法則にしたがう進化である。自然システム・モデルは，人間行動・過程の進行の結果として組織（構造）が生じる側面をあらわしている（岸田，1994）。

さらに，環境を考慮した場合にも，それぞれの因果関係は貫徹する（岸田，1994, 2001）。open & 合理的モデルの場合は，マクロがミクロを決定し，環境→組織→人間という因果関係をもつ。逆に，open & 自然システム・モデルは，ミクロがマクロを決定し，人間→組織→環境という因果関係をもつ。この因果関係は正反対であり，組織には対立する2つの力が働いていることを示している。したがって，組織（organization）は，新しい組織構造の形成に向けて人々の活動を相互に連結する組織生成（organizing）の側面と，形成された組織構造が集合目的に向けて人々の活動を規制する構造統制（organized）の側面からなる（岸田，1994）。

組織全体をとらえるためには，この2つのプロセスを統合的に説明しなければならないが，その方法として次の2つがある（岸田，2001）。第1は共時的統合であり，メタ・パラダイムを作ってより包括的なモデルを作ることである。組織（organization）が組織生成（organizing）と構造統制（organized）からなるということは，組織が組織生成と構造統制を含む全体であるということで

ある（岸田, 2009）（図 1-2）。

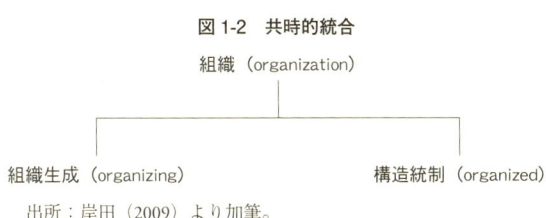

図 1-2 共時的統合

出所：岸田（2009）より加筆。

　第 2 は経時的統合であり，時間の経過にそって因果関係を循環させることである。人間→組織→環境という因果関係と環境→組織→人間という因果関係とは，原因と結果が正反対である。しかし，この 2 つの因果関係を時間の経過にそって考えれば，一方の結果が他方の原因になっており，人間→組織→環境→組織→人間というように，因果関係を循環させることによって，組織生成（organizing）と構造統制（organized）を同じ組織の生成，発展のサイクルとして結びつけることができる（岸田, 2001）（図 1-3）。

図 1-3 経時的統合

出所：岸田（2009）より加筆修正。

　この議論を敷衍すれば，階層（hierarchy）は，組織生成（organizing）として階層が生成する（hierarchizing）側面と構造統制（organized）として階層による統制（hierarchized）の側面から構成される。共時的統合により，階層は階層生成と階層統制を含む全体となる。他方，経時的統合により，階層は階層生成と階層統制の因果関係を循環することになる。階層生成（hierarchizing），および

階層統制（hierarchized）という2つの側面が階層（hierarchy）の分析視点であり，この分析視点から階層のメカニズムを考察する。

Ⅲ. 階層のメカニズム

1. 組織論における階層

　従来の組織論は，階層をどのようにとらえてきたのか。組織論における階層は，これまでおもに公式の階層を意味してきた。公式の階層とは，トップ・ダウンの命令やコントロールのラインをとおして結びつけられ，人に依存せず平等でない役割や立場の公式システムである（Laumann, Siegel and Hodge, 1971；Mousnier, 1973）。一般的に，公式の階層は，官僚制組織と同じ意味でとらえられている。官僚制組織では，すべての立場がトップ・ダウンの命令やコントロールの公式ラインにそって配置される（Ahuja and Carley, 1999）。

　Weberの主張する官僚制組織の特徴として，次の7つが挙げられる（岸田・田中，2009）。第1に，分業，権限，責任は，個々の成員に対して明確に定義され，公式の義務として正当化される。第2に，役職あるいは地位は，権限の階層を通じて組織される。第3に，すべての成員は，試験あるいは教育訓練を通じて，技術的資格を基礎にして選考される。第4に，役職者は選挙によって選ばれるのではなく，任命される。第5に，兼務ではなく，フルタイムの役職者によって，職務活動が遂行される。第6に，役職者は彼らが管理する事業体の所有者ではない。職務活動と私生活は，截然と分けられ，会社資産と個人資産は区別される。第7に，役職者は，公式の義務を遂行するための厳密な規則，規律，統制にしたがう。属人的な個別的な指令ではなく，どんな場合にも画一的に適用される非人格的なものである。

　とくに，官僚制組織における第2，7の特徴は，公式の階層と深く関係する。Diefenbach and Sillince（2011）によると，人々は非人格的な指令をとおして平等でない関係におかれるため，属人的でない規則は，個人にとって社会的立場の層別化システム（stratified systems）を生みだすことになる。その垂直的で平等でない社会関係は，社会的活動だけでなく一般的な規約によって公式的に

認められ，正当化され，永続的になる。責任が明確に定められた公式の階層として，官僚制組織は継続した規則にもとづく公式的な任務の遂行を保証する (Diefenbach and Sillince, 2011)。

しかしながら，公式だけでなく非公式のメカニズムをとおした垂直的な社会関係もありうる (Anderson and Brown, 2010; Diefenbach and Sillince, 2011)。公式の階層に対して，非公式の階層とは，社会的な相互作用のくり返しをとおして持続するようになる属人的な支配と従属の社会関係である。官僚制組織では，人々は公式の階層にしたがっており，原則として非公式の階層の余地はないが，公式の階層の同じレベルで非公式の階層を見いだすことができる。つまり，同じ公式の地位や立場の人々は，直接の仕事仲間や同僚の間で非公式の序列を発達させる。たとえば，より経験を積んだ看護婦がタスクをどのように遂行するのか新人に伝えることは，同じ階層レベル内の非公式の階層を生みだす (Diefenbach and Sillince, 2011)。

つまり，組織論における階層には，公式の階層だけでなく非公式の階層もあるが，どちらも支配と従属の関係を意味することから，階層統制 (hierarchized) の側面をあらわしている。

今日まで，階層に対して多くの批判がなされてきた。なぜならば，階層は個人の自律性や創造性を奪い，与えられた目標を達成するよう人々に強いるからである (今田, 2001; Checkland, 1981; Lipnack and Stamps, 1982)。階層を批判する論者にとって，階層とは官僚制組織そのものであり，支配と従属の関係を意味するものである。階層への批判は，合理的モデルで強調されるコントロールによって要素が従属させられることへの批判であり，脱官僚制が主張される。

「リーン・マネジメント」，「ビジネス・プロセス・リエンジニアリング」，「学習する組織」，「ナレッジ・マネジメント」というような新しいマネジメントの概念は，巨大組織でさえも「非官僚的」，「非階層的」な方法で機能しうると期待された。しかしながら，このような新しいマネジメントの概念でさえ，いまだ公式の階層原理にもとづくものであり，語彙やレトリックが変わったにすぎない。たとえば，マネジャーは「命令 (command)」しないが「方向を示す (provide guidance)」，従業員は「ルールにしたがう (obey rules)」ことはないが「企業の方針に進んで従事する (engage proactively with company)」，スタッフ

は「命じられる (being told)」ことはないが「知らされる (informed)」，などがある (Diefenbach and By, 2012 ; Diefenbach and Sillince, 2011)。

　階層を批判する議論では，階層を支配と従属の関係ととらえて脱官僚制を主張しながらも，いまだ公式の階層原理にもとづいている。しかし，このように階層を従属させられ，抑圧されるものとするとらえ方は一面的である。階層が多くの場合，高さあるいは低さの程度を示すものであるという傾向は，組織にとって階層のもつ基本的な意味を隠してしまう (Thompson, 1967)。そこで，階層統制 (hierarchized) の側面だけでなく，階層生成 (hierarchizing) の側面を検討するため，システム論における階層について論じる。

2．システム論における階層

　システム論における階層は，おもに Simon (1962) と Bertalanffy (1968) によって議論されている。

(1) Simon (1962) の議論

　Simon (1962) は，階層システムを「相互に関連するサブシステムから構成され，そのサブシステムが順次，もっとも低いレベルの基本的なサブシステムにいたるまで，階層構造で連なっているシステム」と定義し，その階層システムを準分解可能 (nearly decomposable) システムととらえる。

　Simon (1962) は Tempus と Hora の時計職人のたとえ話を用いて，階層の有効性を示している。Tempus と Hora が組み立てる時計は，1000個の部品から構成されている。Tempus は 1000 個の部品を一度に組み立てる。Hora は 10 個の部品でサブアセンブリーをつくり，その 10 個のサブアセンブリーを 10 個あわせてさらに大きなサブアセンブリーをつくって組み立てる。もし電話が鳴り組み立て作業を中断すると，Tempus は 1000 個の部品をもう一度はじめから組み立てなければならない。しかし，Hora が電話に出るために組み立て作業を中断しなければならないとしても，ごくわずかの仕事を無駄にするだけですむ。そのため途中で組み立て作業を中断すると，Hora は Tempus に比べてロスが少ない[4)5)]。

　このたとえ話から学べることは，単純な要素から複雑な形態が進化するのに必要な時間は，安定した潜在的中間形態がいくつあるのか，またどのように分

布しているのかに依存していることである (Simon, 1962)。安定的な中間形態が存在する場合，結果的にシステムは階層構造になる。複雑なシステムの中でも，階層システムだけが発展に必要な時間をもつことから，Simon (1962) は複雑なシステムにおける階層の有効性を示している[6]。しかし，Simon (1962) の議論では，階層がどのようにして出現するのか，そのプロセスが明らかにされていない。

(2) Bertalanffy (1968) の議論

Bertalanffy (1968) は，階層が出現するプロセスについて議論している。Bertalanffy (1968) によると，システムが前進的分化 (progressive segregation) と前進的集中化 (progressive centralization) により秩序を増していくとき，階層が出現するという。前進的分化とは，システムが全体性をもつ状態から，部分であるシステムの各要素が相互に独立の状態となり，システムが独立した因果連鎖に分裂することである。たとえば，胚の発生において，等発生能をもつ胚からそれぞれの部分が独立した一定の器官へと発育することがあげられる。

他方，前進的集中化とは，ある一定の部分が主導的に全体のふるまいを決定することである。前進的集中化による主導的部分の出現は，次第にシステムを組織として統一的なものにする。組織は1つのまとまりをもつシステムとして定義されるものであり，前進的分化は前進的集中化と結びつく (Bertalanffy, 1968)。前進的分化と前進的集中化は，組織編成の原理である分化 (differentiation) と統合 (integration) に相当し，組織は環境と相互作用しながら，分化と統合によってまとまりをもつシステムとして秩序を増していく (岸田, 1986)。

階層は，Simon (1962) の定義と同様に，システムの構成要素が次の下位レベルのシステムになるという形で存在する (Bertalanffy, 1968)。さらに，Bertalanffy (1968) は，階層構造による高次のシステムの出現が全体としての実在の特性であるとして，階層はシステムに全体性をもたらすものであると主張する。

システム論における階層では，部分と全体の関係に焦点があてられており，階層統制 (hierarchized) の側面だけでなく，階層生成 (hierarchizing) の側面も見いだすことができる。階層統制の側面は，前進的集中化によって，主導的部

分が他の部分のふるまいを決定することである。ここでは，全体性をもつ主導的部分は上位システムとなり，システムの構成要素である他の部分は下位システムとなることが想定されている。

他方，階層生成の側面は，さらに次の2つの側面からなる。第1は，システムの部分（下位システム）がシステム全体（上位システム）を構成する側面である。第2は，システム全体を代表する主導的部分（上位システム）が他の部分（下位システム）に対して有する特徴という側面である。階層生成を構成する2つの側面は，これまで議論されてこなかった階層における新たな2つの側面ということができる。

3．階層生成における2つの側面

階層生成（hierarchizing）では部分と全体の関係に焦点があてられ，①下位システム（部分）が上位システム（全体）を構成する側面，②上位システム（全体）が下位システム（部分）に対して有する特徴という側面をもつ[7]。

第1に，階層とは，下位レベルの部分が主観的に上位レベルである全体を意識して行動することである。これは，部分の中に全体が反映されていることをあらわす（岸田，1992）。全体が部分の中に入るという発想を社会学で最初に定式化したのは，Mead（1934）である[8]（今田，1986）。Mead（1934）によると，個人の経験が自分自身に立ち返る「反省作用（reflection）」によって，全社会過程がそれに参加している諸個人の中にもち込まれ，個人は意識的に社会過程に対応することができるという。反省作用は，社会的過程の内部に精神さらには自我が発達する根拠であり，個人が自己に向けられた他人の態度を取り入れることを可能にする（Mead，1934）。

Mead（1934）の主張する反省作用から考えると，上位レベルである全体が下位レベルである部分のなかに入り込んでいることとは，部分が全体を意識し，全体の内部イメージをつくり上げていることである。この内部イメージは部分ごとに違っているかもしれないが，その場合には，内部イメージの間にズレがあるかもしれない。

第2に，階層とは，より包括的なクラスター化（clustering）であり，各構成要素の範囲を超えるような調整の諸側面を取り扱っている（Thompson,

1967)。階層は，統合の基本形であり，下位レベルである部分のコンフリクトを上位レベルである全体でより安定的に統合する（岸田，1986）。たとえば，生産と販売，生産と研究開発の間にはつねにコンフリクトがあるが，これを1つ上位のレベルで調停することである。このことから，組織には包括的視点という意味での階層を含むことが指摘できる。

また，階層における包括的視点と全体性の関係は，次のように考えることができる。組織をシステムとしてとらえると，組織は全体性と階層構造をもつことから，階層には部分と全体の関係がある。つまり，全体性はシステムである組織全体をあらわし，包括的視点は部分と全体の関係において，上位レベルの組織全体が下位レベルの部分に対して有する側面をあらわす。

したがって，階層生成（hierarchizing）には，下位レベルの部分から上位レベルの全体を意識する側面と，上位レベルの全体が下位レベルの部分に対して包括的視点をもつ側面がある（図1-4）。

図1-4　階層生成における2つの側面

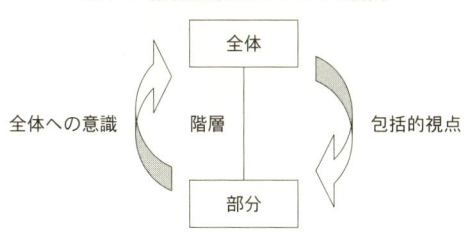

出所：髙木（2012）より修正。

Ⅳ. ポストモダン組織と階層

本節では，階層出現のプロセスである分化と統合，階層生成における2つの側面という観点から，ポストモダン組織として，LCS，ネットワーク，リゾームをそれぞれ検討する。

1. LCS

LCSは，階層を否定的に扱うネットワークやリゾームと異なり，分化と統合による階層の出現がもっとも明確な形であらわれている。

(1) ルース・カップリングとLCS

LCSには，下位システムである構成要素の緩やかなつながり（ルース・カップリング）がある。LCSとルース・カップリングは区別されるべきものであるが，ルース・カップリングは単なるシステム間の結びつきをあらわすのに対し，LCSは下位システム間が緩やかにつながりながらも，全体としてのまとまりをもつということである。

「ルース・カップリング」についてはじめて体系的に議論したGlassman(1973)によると，2つのシステム間の結合，すなわち相互作用の程度は，2つのシステムが共有する変数の活動に依存する。そのため，ルース・カップリングは，2つのシステムが共通変数をほとんどもたない，もしくは弱い変数しか共有しないときに存在する（Glassman, 1973）。Glassman (1973) の定義を承けたWeick (1976) によると，ルース・カップリングは，結びついた諸事象は反応的であるが，各々の事象はそれ自身のアイデンティティと物理的または論理的分離性（physical or logical separateness）の根拠を保持するときに存在する。つまり，ルース・カップリングによって，各々のシステムはアイデンティティと分離性を保持し，システム間の接触は，制限されている，まれである，相互の影響が弱い，重要でない，または反応が遅いということである（Weick, 1976）。

岸田（1992）は，下位システムとシステムとの関係だけでなく，環境という上位システムとの関係をも考慮に入れてLCSを定義している（図1-5）。①AおよびBという下位システム内部の連結はタイトである（A, B→タイト）。②AとBの相互作用はルースである（A－B→ルース）。③AとBの共通部分がシステムXに与える影響は弱い（A∩B－X→ルース）。④システムXは環境全体（E）の変動に対して安定的である（X－E→ルース）。⑤下位システムAは，それに対応する環境部分E_Aには，敏感に反応し，同じくBもE_Bに敏感に反応する（A－E_A, B－E_B→タイト）。⑥環境部分E_AとE_Bの間の相互作用は弱い（E_A－E_B→ルース）。LCSは，①と⑤のみがタイトで，残りの②③④⑥はすべてルースである。LCSと対比されるタ

図1-5 階層生成における2つの側面

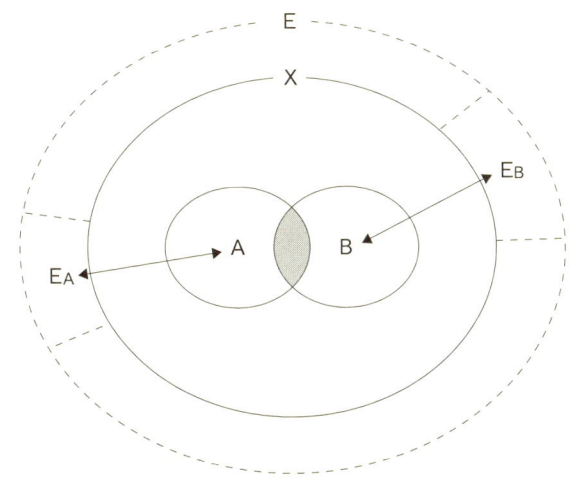

① A, B →タイト, ② A － B →ルース, ③ A ∩ B － X →ルース,
④ X － E →ルース, ⑤ A － EA, B － EB →タイト, ⑥ EA － EB →ルース
出所：岸田（1992）。

イトに結びついたシステム（Tightly Coupled System, 以下 TCS と略す）は, ①〜⑥までの関係がすべてタイトである。つまり, ②③④⑥の性質については, LCS がルース, TCS はタイトであり, 対称的であるが, ①と⑤の性質については, LCS と TCS はともにタイトであり, 非対称である（岸田, 1992）。

このことから, LCS はおもに2つの機能をもつ。第1は, 適応可能性（adaptability）である。LCS では下位システム間のルース・カップリングによって, 要素のアイデンティティ, ユニークさ, 分離性が保持されるため, LCS は TCS よりも多くの変異や新奇な解決策を保持することができる（Weick, 1976, 1982）。ただし, LCS では, 多様性を保持するために資源や情報の重複が生じ, 効率性は犠牲にされる（岸田, 1992）。

第2は, 局地的適応（local adaptation）である。ルース・カップリングによって, 独立して変化することができる下位システムは, 小さな逸脱を素早く感知し, 即座に修正活動を行う。その結果として, 大きな問題は未然に防がれ, その問題がコントロールできなくなったり, 多くの人の注意を引きつけたりする前に解決される（Weick, 1982）。

(2) LCS の分化と統合

以上の機能をもつ LCS は次のように分化, 統合される。LCS は, ゼネラリストを生みだすように分化 (一般化) され, 下位システム間の独立性を生みだす。そのため, 下位システムは自己充足的となり, 専門性よりも全般的な能力を強調することで, 他の下位システムとの結びつきが弱くとも生存することができる (Weick, 1982)。分化のあり方は, 部分の自律性の源泉に関係するが, LCS では, ゼネラリストを生みだす分化によって, 下位システムはそれぞれ自己充足的で独自性をもち, 下位システム間の相互依存性は低く, 他の部分から影響をさほど受けることなく意思決定をすることができる。よって, LCS における部分の自律性の源泉は, 自己充足性であると考えられる。

LCS の統合には, ①論理の前提 (presumption of logic) と②メタマネジメント (metamanagement) がある。第1に, 論理の前提は中核的信念であり, ルースな事象を結びつける基礎となる (Weick, 1982)。組織成員は, 論理の前提によって, 自己の役割を適切に遂行するといった前提をもち, 組織の活動を秩序だって行うことができる (Meyer and Rowan, 1977, 1978；Weick, 1979, 1982)。これは, 部分である組織成員が全体となる組織を意識して行動することであり, 部分である組織成員のなかに全体である組織が反映されている。

第2に, メタマネジメントとは, マネジメントのプロセスを管理することである。メタマネジメントを行う方法は, 管理者が, 業務構造よりもむしろ意思決定構造をデザインすることであり, 管理者と意思決定グループの活動は, 次の3つの段階からなる (Kuhn and Beam, 1982)。①管理者は目的を述べ, グループはその目的に照らして最善と考えることをする。②管理者は, グループの意思決定に誰がどのような影響を及ぼしているのか知る方法がないため, 集団に報酬を与える。③管理者は, グループの成果が管理者の目的にかんして適度に満足するものかどうかを知らせる。メタマネジメントを行う管理者は, グループという下位システムの意思決定が, 管理者の示した目的にかんして満足するものかどうかを知らせることから, 下位システムの意思決定グループに対して, 上位システムとなる組織全体からみた包括的視点をもつといえる。

(3) LCS の具体的事例—大学

LCS の具体的事例として大学があげられる。大学は, 各学部の学部長や事務

を重複して有しており，各学部が自律的に教育・研究業務を行っているため，各専門分野への適応に優れている（Clark, 1983）。各学部は，学生の入学要件，卒業要件，提供されるコースやプログラム，進級基準，研究者の選択，学部長の選択手続きや参加など多くの意思決定を学部内で行うことができる（Kuhn and Beam, 1982）。したがって，各学部は高度な専門知識を有するが，それぞれ同じ自己充足的な構造をもつため，大学はゼネラリストを生みだすように分化されている。

　大学の統合は，第1に，「論理の前提」として研究者の専門職意識の神話がある。これは，一定以上の経歴をもつ研究者が大学に対して有する信念である（Meyer and Rowan, 1978）。それぞれの研究者は，一定以上の経歴から得られる大学についての前提をもち，その前提にもとづいて研究と教育を行っていることから，研究者の中に大学全体が意識されている。

　第2に，メタマネジメントを行う大学の管理者である。知識の高度化にともない，学長や学部長が，自分の研究と一致するときを除いて，学部の研究貢献を評価することはますます難しくなっている。管理者としての学長は，各学部に大学全体の理念を積極的に伝え，その理念にそった資金および人事案件の最終承認を行うことから（Kuhn and Beam, 1982；Weick, 1985），各学部に対して包括的視点をもつといえる。

2．ネットワーク

　ネットワークは，階層の存在を前提として議論する LCS とは異なり，階層を排除すべきものであるとする。しかし，「市場と組織の相互浸透」（今井，1984；今井・金子，1988）といった言葉に見られるように，ネットワークにおける階層の位置づけは依然としてあいまいであり，その議論を回避する傾向にある。

(1) ネットワークの分析視角と定義

　ネットワークは，個人間，企業間，産業間，国家間など，さまざまなレベルで形成されているが（安田，1997），組織にかんするネットワークには，「組織内ネットワーク」と「組織間ネットワーク」がある（若林，2009）。組織内ネットワークでは，組織における個人間の水平的な「つながり」が議論の対象とな

り，ネットワークを1つの「まとまり」としてとらえようとする視点がないため，本章の対象とは異なる。

　他方，組織間ネットワークは，組織間関係論から展開されている。組織間関係分析は組織内分析とは違い，組織内のように明確な権限構造のない状況で，個別組織が自律性を保持しながら共同行為をするという点を強調する（Litwak and Hylton, 1962）。この点から，組織間関係論の重要課題は，不安定な組織間関係を安定的に機能させるため，どのように組織化するのかということである（佐々木，1990；山倉，1993；吉田，2004；Gray, 1985）。従来の組織間関係論では，組織間ダイアド（interorganizational dayad）の分析[9]が中心であった。しかし，組織間関係は社会的な活動システムであり，組織間関係における集合的な事象は，構成組織の行動を分析するだけでは説明できない（Van de Ven, 1976）。そこで，3つ以上の組織で構成された組織間関係を包括的にとらえるために，組織間関係をネットワークの概念を用いて議論することが多くなっている（今井，1986；今井・金子，1988；佐々木，1990；寺本，1990；朴，2003；若林，2009；Miles and Snow, 1986）。

　ネットワークの定義については，論者によってさまざまである。今井（1986）は，組織内から組織間の関係までを幅広くネットワークでとらえるため，ネットワークを「ある関係の下にある程度まで継続的に連結されている諸単位の統一体」（316頁）と定義する。若林（2009）は，組織のソーシャル・キャピタルを含めるため，ネットワーク組織を「複数の個人，集団，組織が，特定の共通目的を果たすために，社会ネットワークを媒介にしながら，組織の内部もしくは外部にある境界を越えて水平的かつ柔軟に結合しており，分権的・自律的に意思決定できる組織形態」（30頁）と定義する。

　本章では，ネットワークにおける自律性，多様性および「まとまり」を強調するため，ネットワークを「自律的な部分が網状でつながり，全体のアイデンティティを保ちながら相互作用している1つの統一体」（朴，2003, 10頁）と定義する。ネットワークは，多様で自律的な部分をもちながらも，全体としてアイデンティティを保持しており，1つの統一体として相互作用している。つまり，ネットワークはたんなる点と点の「つながり」ではなく，1つの「まとまり」として行動することが可能である。

(2) ネットワークの分化と統合

ネットワークでは製品のデザイン，開発，製造，マーケティング，流通といった単一の組織で行われるような職能が，それぞれ独立した組織によって遂行される。これは，垂直的分散（vertical disaggregation）と呼ばれるものであり（Miles and Snow, 1986），ネットワークはスペシャリストを生みだすように分化（専門化）される。個々の構成組織がネットワークに参加するもっとも重要な利益は，構成組織のもつ固有の専門能力を追求する機会であり（Miles and Snow, 1986），ネットワークにおける部分の自律性の源泉は，専門性であると考えられる。さらに，専門化したネットワークのメンバーは，必要に応じてそのつど決定されることから（寺本, 1990；Miles and Snow, 1986；Snow, Miles and Coleman, 1992），それぞれの職能において，ネットワークのメンバーとなりうる構成組織は潜在的に複数存在する。

ネットワークにかんする代表的な議論をみてみると，ネットワークの統合として，①目的・価値の共有と②調整を抽出することができる（今井・金子, 1988；髙木, 2012；寺本, 1990；西村, 2011）。第1に，ネットワークではメンバーの行動が発散しないように，ごく少数の重要な目的・価値の共有化がなされており，それがメンバーの結びつきを生みだしている（今井・金子, 1988；寺本, 1990；Lipnack and Stamps, 1982）。目的・価値の共有は，部分であるネットワークの構成組織が，ネットワーク全体を意識して行動するという側面をあらわしている。

第2に，調整（今井・金子, 1988；寺本, 1990；Miles and Snow, 1986）について，複数のメンバーから構成されるネットワークでは，二者関係と比べて問題解決の仕組みもより複雑になるため，コンフリクトを解決する調整者が存在する（張, 2004）。メンバー間でコンフリクトが発生した場合，調整者はネットワーク全体の有効性を高め，相互利益を維持することを考えて交渉する（Galbraith and Lawler Ⅲ, 1993）。調整者はさらに，専門分化した構成組織をネットワークの目的・価値にそって選定し，組織間の活動が円滑に機能するよう結びつける。これは，調整者が部分である構成組織に対して，ネットワーク全体を見わたす包括的視点をもつという側面をあらわしている。

(3) ネットワークの具体的事例―産業集積

ネットワークの具体的事例として産業集積があげられる。産業集積では，市場が拡大するにつれて工程別に専門化され，そのうえ，特定の工程に専門化した組織は，競争上有利な立場に立つために差別化しようとする（渡辺，1997；Porter, 1998；Saxenian, 1994）。市場が大きくなるほど集積内の分業は深まり（伊丹，1998），集積内の構成組織が有する高い専門技術や知識（専門性）は，部分の自律性の源泉となる。

　産業集積の統合として，第1に，目的・価値の共有は，コミュニティとしての一体感と集積独自の業界感覚からなる「地域アイデンティティ」に相当する。たとえば，第三のイタリア（Third Italy）にあるプラート（Prato）では，左翼的な政治信条や宗教（キリスト教）といった文化的同質性と，最先端のファッショントレンドに対応した高付加価値製品の生産といった業界感覚がある（小川，1998；Piore and Sabel, 1984）。

　第2に，産業集積における調整者は，「リンケージ企業」（高岡，1998）である。リンケージ企業は，①集積内への需要搬入（伊丹，1998），②製品に応じた構成組織の組み替え，③生産過程の管理を行い，集積内における構成組織に対して包括的視点を有している。たとえば，プラートにおけるリンケージ企業であるインパナトーレ（Impannatore）[10]はデザイナーとなり，生産過程を組織化するとともに，それぞれの作業所に原料や製造工程の実験を行うようにすすめ，流行を生みだしたりした（Piore and Sabel, 1984）。

3．リゾーム

　今田（2001, 2005）は，ネットワーク論には既存のネットワークを変え，みずから変態していく自己組織化の原理が含まれていないとして，ネットワークよりもさらに部分の自律性を強調したリゾームを提示する。

(1) リゾームとその特徴

Deleuze and Guattari（1980）によって提示された概念であるリゾームは，ほんらい球根や蓮根といった地下茎であり，あらかじめ与えられた成長目標がなく，恣意的な伸び方をする。リゾームと対比される樹木―根システムは，太陽に向かって伸び，樹木が大きくなれば，それを支えるために根も成長することから，機能的な成長パターンの典型をあらわしている（今田，2001, 2005）。

Deleuze and Guattari (1980) にとって，樹木一根システムとは，構造化された階層システムのことであり，秩序と規律による閉塞状況を生みだすものである（今田, 2001）。それとは反対に，リゾームとは，樹木一根という秩序だった発想に収まりきらない差異化の運動体であり，「ゆらぎ」[11]を取り込んだ反制御のシステムである（今田, 2001, 2005）。

リゾームの特徴として，次の4つの原理がある（今田, 2001）。第1は「脱管理の原理」であり，リゾームは全体を管理するセンターの存在を認めない。第2は「自在結合の原理」であり，要素の関係は恣意性と異質性にもとづいている。第3は「偶必然性の原理」であり，ある事象がどのように起きるのか（どの要素と結びつくのか）は偶然であり，その事象が起きること（要素と結びつくこと）は必然である。第4は「自生的秩序の原理」であり，要素の協同現象（シナジー）によって秩序が形成される。

以上の4つの原理は，自己組織化に備わる4つの特性（今田, 2005, 2008）と次のように関連する。第1の特性である「制御中枢を認めない」は，ゆらぎに積極的な意義を与えて制御中枢やその類似概念を拒否することであり（今田, 2005, 2008），「脱管理の原理」にあてはまる。

第2の特性である「創造的個の営みを優先する」は，個人が社会や組織の要請にしたがって地位や役割を演じる側面よりも，その地位や役割からはみでた行為を重視することである（今田, 2005, 2008）。創造的個が既存の地位や役割にとらわれない行為を重視することで，さまざまな要素同士の結合が可能になるため，第2の特性は「自在結合の原理」にあてはまる。

第3の特性である「混沌を排除しない」は，混沌もしくは不均衡状態といった「ゆらぎ」がないならば，新たな秩序へ向かう力は生まれないということである（今田, 2005, 2008）。第3の特性は，「偶必然性の原理」にあてはまる。なぜならば，「ゆらぎ」からどのような新しい秩序が形成されるのかということは確率的であるが，その「ゆらぎ」がなければ，新しい秩序は創発しないからである。

第4の特性は，「ゆらぎを秩序の源泉とみなす」である。ランダムではない系統的な歪みをもったゆらぎは増幅し，システムの存在や構造をおびやかしたり解体させたりする要因ではなく，システムを別様の存在や構造へと駆りたて

表1-1 リゾームにおける4つの原理と自己組織化に備わる4つの特性との関連

今田（2001）	今田（2005, 2008）
脱管理の原理	制御中枢を認めない
自在結合の原理	創造的個の営みを優先する
偶必然性の原理	混沌を排除しない
自生的秩序の原理	ゆらぎを秩序の源泉とみなす

出所：筆者作成。

る要因となりうる（今田，2005, 2008）。第4の特性は，系統的な歪みをもったゆらぎの増幅から1つのパターン生成を反映したものであり，「自生的秩序の原理」にあてはまる（表1-1）。

以上の4つの原理の背後には，生成変化（becoming）という差異の運動プロセスがある。生成変化には，ミクロレベルの変化が生じる①ゆらぎの発生だけでなく，ゆらぎが増幅して新しい組織化のパターンになる②ゆらぎからの秩序形成という2つのプロセスが存在する。これらは，それぞれリゾームの①分化と②統合に相当するものである。

(2) リゾームの分化と統合

リゾームでは，「脱管理の原理」により制御が極小化され，差異化の動機をもつ創造的個が，ゆらぎである分化を起こしやすくなっている（今田，2005）。差異化を試みる個は，システムに異質性を注入してゆらぎを引き起こし，システムを励起状態に導く（今田，2001）。ただし，ゆらぎとしての分化は，どの方向へ生じるか事前に決定できない。また，「自在結合の原理」や「偶必然性の原理」により，要素の結びつく範囲は確定しておらず，要素間の相互作用は高くなったり低くなったりする。リゾームにおける部分の自律性の源泉は，創造的個がさまざまな差異化をしようと挑戦することから，差異化であると考えられる。

リゾームの統合は，①自己言及性と②編集である。第1に，自己言及性とは，当の差異化が既存の差異に立ち返り，差異の働きを認識することである（今田，1986）。今田（1986）は，Mead（1934），Schutz（1962），Garfinkel（1967）といった意味学派を批判的に検討し，自己言及性を社会学の行為論に位置づけようとする。今田（1986, 2005）によると，意味学派の扱う「意味」は主観主義的で

あり，制度的・構造論的視点の欠落に陥っているが，その原因は意味ばかりを追い求める行為者像にあるという。

今田（1986）は，自己言及性を定式化するためには，部分と全体の問題を扱わなければならないと指摘するが，意味学派は，主観主義的でありながらも，自己と全体との関係，いわゆる部分と全体の問題を扱っている。それゆえ，自己言及性は，自己としての全体性，自己としての意味を認識することであり，たえず全体としての自己を問い直すことである（岸田，1994）。このことから，組織における自己言及性とは，部分にあたる創造的個によって生じた新たなゆらぎが，組織全体にどのような影響を与えるかを理解することである。したがって，部分である個が，組織全体を意識しながらゆらぎを生じさせており，自己言及性には，部分が全体を意識して行動するという側面が見られる。

こうした自己言及性と結びついたゆらぎは，ランダムに振る舞うのではなく，ある方向性をもった動きをするため，システムに系統的な歪みをもたらし，ゆらぎを増幅させる（今田，2005，2008）。しかし，ゆらぎの増幅という内部論理のみで外的制約が働かないとしたら，この自己増幅はどこまでも拡大し，発散してしまいかねない[12]（黒石・鈴木，2011）。そのため，リゾームの統合（ゆらぎからの秩序形成）には，自己言及性という内部論理だけでなく，編集という外的制約も必要である。

第2に，編集とは，個々の差異を容認したうえで，それらを相互に関係づけ，共生可能な新しい意味を生成することである（今田，1994，2005）。編集の多くは，すでにある素材を用いて新たな独自性をもった世界を編みだす作業であるが，編集することで，同じ素材を用いたとしても，全体のレイアウトによってまったく異なる意味があらわれる（西岡，1991）。編集者は，既存の秩序と新たな秩序の差異を関係づけ，個性的な差異を削ることなく共生可能な新しい意味を創りだすことから（今田，1994，2005），個性を尊重し，より高い存在へと止揚する弁証法的原理の具現者といえる（外山，2009）。今田（1994，2005）は編集者と階層の関係について言及していないが，編集者は，部分である要素の差異を活用しながら，全体である新しい意味を創造するため，各要素に対する包括的視点をもつといえる。

(3) **リゾームの具体的事例—神戸製鋼ラグビーチーム**

リゾームの具体的事例として，ラグビー日本選手権で7連覇（1989－95年）を達成した神戸製鋼ラグビーチームがあげられる（今田，2005，2008）。7連覇の過程で，神戸製鋼チームが重視した理念は，「アンチ犠牲精神」と「システムは最後」である。これらはメンバーがチームのために犠牲になるのではなく，みずから納得のいく競技を心がけることを強調するためのスローガンであり，創造的個の営みを優先させることである（今田，2005，2008）。

神戸製鋼ラグビーチームの分化（ゆらぎの発生）は，①周囲の意表を突く大胆なメンバーのコンバート，②従来のポジションがもつ機能の転換である。大胆なコンバートは，主将である平尾誠二によって行われ，チームの「司令塔」と呼ばれるスタンドオフのポジションに，その経験がまったくない新人を抜てきするとともに，「司令塔」の役割を担うポジションをスタンドオフからインサイドセンターに転換した。このようなコンバートの背景は，よりトライに結びつきやすいインサイドセンターをゲームメイクの隠れた「司令塔」にしたことである（今田，2005，2008）。

神戸製鋼ラグビーチームの統合は，次の2つである。第1に，自己言及性によって，これまでの通念である格闘技としてのラグビーからパス主体の球技へと，「ゆらぎ」を意味づけ直したことである（今田，2005，2008）。「大胆なメンバーのコンバート」や「従来のポジションがもつ機能の転換」といった部分のゆらぎは，「球技としてのラグビー」という全体との関係で意味づけられた。つまり，単にゆらぎを引き起こしたのではなく，自己言及性と結びついたゆらぎを引き起こしており，意味の問い直しを行っている。

第2に，主将が編集者となり，主将は選手の技量と個性に応じて，チームの戦法と出場メンバーを決定していたことである。神戸製鋼チームでは，ある目的に向かって計画的に管理するのではなく，選手の能力を自主的に伸ばした後に，主将によって，選手の能力を組み合わせる編集が行われた（今田，2005，2008）。したがって，チームを編集する主将は，個々の選手に対する包括的視点をもつといえる。

V. 結　語

　本章では，組織（organization）における組織生成（organizing）と構造統制（organized）から統合的な枠組みを構築し，階層（hierarchy）は，階層生成（hierarchizing）と階層統制（hierarchized）の側面から構成されると指摘した。

　組織論における階層には，公式と非公式の階層があるが，どちらも支配と従属の関係を意味することから，階層統制（hierarchized）の側面をあらわす。他方，システム論における階層では，分化と統合による階層出現のプロセス，および部分と全体の関係から階層生成（hierarchizing）の側面が見いだされた。さらに，階層生成には，下位レベルの部分が上位レベルの全体を意識する側面と，上位レベルの全体が下位レベルの部分に対して包括的視点をもつ側面がある。この2つの側面から，部分の自律性を強調するポストモダン組織として，LCS，ネットワーク，リゾームを取りあげ，それぞれの分化と統合，自律性の源泉を明らかにした（表1-2）。

表1-2　ポストモダン組織の特徴

組織	LCS	ネットワーク	リゾーム
分化	一般化	専門化	非決定
統合（部分→全体）	論理の前提	目的・価値の共有	自己言及性
統合（全体→部分）	メタマネジメント	調整	編集
部分の自律性の源泉	自己充足性	専門性	差異化

出所：筆者作成。

　組織論（組織学）の統合的な枠組みにより，階層生成における2つの側面を考察することから，ポストモダン組織においても階層の存在は不可欠であり，秩序形成の根本原理といえる。

注
1）　富永（1995）は，このような社会学の状況を次のように批判する。「社会学は移り気で，そのときどきの流行につぎつぎと乗り換え，前の世代の努力の産物を継承せずにそれらを単純に棄て

去ってしまうようなことを繰り返してきた。(中略) その結果，いつまでたっても社会学のアイデンティティは確立されず，すこし高い山ができかかるとすぐそれを壊しにかかる人があらわれ，社会学は再び中核的パラダイムのない貧しい学問に転落してしまう」(224-225頁)。
2) Burrell and Morgan (1979) は，過去50年間における組織論の中でもっとも参照された研究の1つであるが (Hassard and Cox, 2013)，組織論ではなく，あくまでも社会学のパラダイムを整理した枠組みを提示している。
3) 茶筒の正面図および立面図は長方形であるが，平面図は円であり，この3つの像を適切に合成しなければ，茶筒の全体像は見えない (岸田, 1994)。
4) Simon (1962) は，このたとえ話を数量的に分析している。組み立て途中に1つの部品をつけ加えるとき，中断の生じる可能性を p とすると，Tempus が時計を完成できる確率は $(1-p)^{1000}$ となる。1回の中断は平均して 1/p の部品を組み立てる時間を無駄にする。Hora は，1個の時計を完成させるために10個の部品からなるサブアセンブリーを111個完成させなければならない。その任意の1個の組み立て中に中断が生じない確率が $(1-p)^{10}$ であり，1回の中断は平均して5個の部品を組み立てる時間を無駄にする。p が 0.01 くらいだとすると，Tempus が時計を組み立てるのに必要な時間は，平均すると Hora の約 2000 倍になる。
5) ただし，電話のような外部からの干渉がまったくなければ，Tempus (階層構造のない時計組み立て) が効率的であり，干渉が頻繁にあれば，Hora (階層構造のある時計組み立て) が効果的である (岸田, 1994, 2005)。
6) 近年，注目を集めている分析視角の「アーキテクチャ」あるいは「モジュール (モジュラー)」にかんする多くの文献 (e.g., 青木, 2002；山田, 2010) は，Simon による階層の議論を出発点として位置づけているが (内藤, 2011)，階層の概念そのものを発展させているわけではない。
7) 解釈学的循環の議論においても，下位レベル (部分) から上位レベル (全体) への移行である「部分から全体への過程」，上位レベルから下位レベルへの移行である「全体から部分への過程」という2つの異質な過程が識別される (稲垣, 2002, 2013)。
8) Mead は，内観を追放する Watson の行動主義心理学か，意識の流れに着目する James の内観心理学かという対立状態を止揚する試みの中から，相互行為をつうじた自我の社会的形成を理論化した (富永, 1995)。
9) 組織間ダイアドの分析とは，2つの組織のうちのどちらかを焦点組織 (focal organization) に設定して，その焦点組織の行動特性を他の組織との関係において理論化することである (佐々木, 1990)。
10) インパナトーレは，中世の商人および近世初期の問屋制前貸人 (Verleger) の末裔である (Piore and Sabel, 1984)。
11) ゆらぎとは，既存の発想や枠組みには収まりきらない，あるいはそれでは処理できない現象である (今田, 2005)。ゆらぎは，ほんらい自然科学の分野で発展した概念であるが，それについては Prigogine and Stengers (1984) を参照。
12) 今田 (1986, 1994, 2001, 2005, 2008) は，一貫して環境適応ではなく，自己適応という内部論理による変化を強調するため，部分である「ゆらぎ」が全体であるシステムの構造にどのように収束するか十分に解明されていないと指摘されている (鈴木, 1989；厚東, 1986；橋爪, 1986)。

参考文献

Ahuja, M. K. and Carley, K. M. (1999), "Network Structure in Virtual Organizations," *Organization Science*, Vol. 10, No. 4, pp. 741-757.

Anderson, C. and Brown, C. E. (2010), "The functions and dysfunctions of hierarchy," *Research in Organizational Behavior*, Vol. 30, pp. 55-89.

参考文献

von Bertalanffy, L.（1968）, *General System Theory*, George Braziller.（長野敬・太田邦昌訳（1973）『一般システム理論』みすず書房。）

Burrell, G. and Morgan, G.（1979）, *Sociological Paradigms and Organizational Analysis*, Heinemann.（鎌田伸一・金井一頼・野中郁次郎訳（1986）『組織論のパラダイム』千倉書房。）

Casey, C.（1999）,"Come Join Our Family: Discipline and Integration in Corporate Organizational Culture," *Human Relations*, Vol. 52, No. 1, pp. 155-176.

Checkland, P. B.（1981）, *Systems Thinking, Systems Practice*, John Wiley & Sons.（高原康彦・中野文平監訳（1985）『新しいシステムアプローチ』オーム社。）

Clark, B. R.（1983）, *The Higher Education System*, University of California Press.（有本章訳（1994）『高等教育システム』東信堂。）

Deleuze, G. and Guattari, F.（1980）, *Rhizome, extradite de. Mille Plateaux*, Editions de Minuit.（豊崎光一訳・編集（1987）『リゾーム』エピステーメー臨時増刊号・覆刻版，朝日出版社。）

Diefenbach, T. and By, R. T.（2012）,"Bureaucracy and Hierarchy—What Else!?," *Research in the Sociology of Organizations*, Vol. 35, pp. 1-27.

Diefenbach, T. and Sillince, J. A. A.（2011）,"Formal and Informal Hierarchy in Different Types of Organization," *Organization Studies*, Vol. 32, No. 11, pp. 1515-1537.

Galbraith, J. R. and Lawler III, E. E.（1993）, *Organizing for the Future*, Jossey-Bass.（寺本義也監訳（1996）『21世紀企業の組織デザイン』産能大学出版部。）

Garfinkel, H.（1967）, *Studies in Ethnomethodology*, Prentice Hall.

Gioia, D. A. and Pitre, E.（1990）,"Multiparadigm Perspectives on Theory Building," *Academy of Management Review*, Vol. 15, No. 4, pp. 584-602.

Glassman, R. B.（1973）,"Persistence and Loose Coupling in Living Systems," *Behavioral Science*, Vol. 18, No. 2, pp. 83-98.

Gouldner, A. W.（1959）,"Organizational Analysis," in Merton, R. K., Broom, L. and Cottrell, Jr., L. S.（eds.）, *Sociology Today*, Basic Books.

Gray, B.（1985）,"Conditions Facilitating Interorganizational Collaboration," *Human Relations*, Vol. 38, No. 10, pp. 911-936.

Hales, C.（2002）,"'Bureaucracy-lite' and Continuities in Managerial Work," *British Journal of Management*, Vol. 13, pp. 51-66.

Hassard, J. and Cox, J. W.（2013）,"Can Sociological Paradigms Still Inform Organizational Analysis? A Paradigm Model for Post-Paradigm Times," *Organization Studies*, Vol. 34, No. 11, pp. 1701-1728.

Koestler, A.（1978）, *Janus*, Hutchinson.（田中光彦・吉岡佳子訳（1983）『ホロン革命』工作舎。）

Kuhn, A. and Beam, R. D.（1982）, *The Logic of Organization*, Jossey-Bass.

Laumann, E. O., Siegel, P. M. and Hodge, R. W.（eds.）（1971）, *The Logic of Social Hierarchies*, Markham.

Lipnack, J. and Stamps, J.（1982）, *Networking*, Doubleday.（正村公宏監修／社会開発統計研究所訳（1984）『ネットワーキング』プレジデント社。）

Litwack, E. and Hylton, L. F.（1962）,"Interorganizational Analysis," *Administrative Science Quarterly*, Vol. 6, No. 4, pp. 395-402.

Lyotard, J. F.（1979）, *La condition postmoderne*, Editions de Minuit.（小林康夫訳（1986）『ポスト・モダンの条件』水声社。）

Mead, G. H.（1932）, *Mind, Self and Society*, University of Chicago Press.（稲葉三千夫・滝沢正樹・中野収訳（1973）『精神・自我・社会』青木書店。）

Meyer, J. W. and Rowan, B.（1977）,"Institutional Organizations: Formal Structure as Myth and Ceremony," *American Journal of Sociology*, Vol. 83, No. 2, pp. 340-363.

Meyer, J. W. and Rowan, B.（1978）,"The Structure of Educational Organizations," in Meyer, M. W. and Associates (eds.), *Environments and Organizations*, Jossey-Bass.

Miles, R. E. and Snow, C. C.（1986）,"Network Organizations: New Concepts for New Forms," *California Management Review*, Vol. 28, No. 3, pp. 62-73.

Mousnier, R.（1973）, *Social Hierarchies*, Schocken Books.

Piore, M. J. and Sabel, C. F.（1984）, *The Second Industrial Divide*, Basic Books.（山之内靖・永井浩一・石田あつみ訳（1993）『第二の産業分水嶺』筑摩書房。）

Porter, M. E.（1998）, *On Competition*, Harvard Business School Press.（竹内弘高訳（1999）『競争戦略論Ⅱ』ダイヤモンド社。）

Prigogine, I and Stengers, I.（1984）, *Order out of Chaos*, Bantam books.（伏見康治・伏見譲・松枝秀明訳（1987）『混沌からの秩序』みすず書房。）

Saxenian, A.（1994）, *Regional Advantage*, Harvard University Press.（山形浩生・柏木亮二訳（2009）『現代の二都物語』日経BP社。）

Schutz, A.（1962）, *Collected Papers I*, Martinus Nijhoff.（渡辺光・那須壽・西原和久訳（1983-5）『社会的現実の問題』マルジュ社。）

Scott, W. R.（1981）, *Organizations: Rational, Natural and Open Systems*, Prentice Hall.

Simon, H. A.（1962）,"The Architecture of Complexity," *Proceeding of the American Philosophical Society*, Vol. 106, No. 6, pp. 467-482.

Snow, C. C., Miles, R. E. and Coleman, Jr., H. J.（1992）,"Managing 21st Century Network Organizations," *Organizational Dynamics*, Vol. 20, No. 3, pp. 5-20.

Thompson, J. D.（1967）, *Organizations in Action*, McGraw-Hill.（高宮晋監訳（1987）『オーガニゼーション イン アクション』同文舘。）

Van de Ven, A. H.（1976）,"On the Nature, Formation, and Maintenance of Relations among Organizations," *Academy of Management Review*, Vol. 1, No. 4, pp. 24-36.

Weick, K. E.（1976）,"Educational Organizations as Loosely Coupled Systems," *Administrative Science Quarterly*, Vol. 21, No. 1, pp. 1-19.

Weick, K. E.（1979）, *The Social Psychology of Organizing* (2nd ed.), McGraw-Hill.（遠田雄志訳（1997）『組織化の社会心理学［第2版］』文眞堂。）

Weick, K. E.（1982）,"Management of Organizational Change Among Loosely Coupled Elements," in Goodman, P. S. (ed.), *Change in Organizations*, Jossey-Bass.

Weick, K. E.（1985）,"Sources of Order in Underorganized Systems: Themes in Recent Organizational Theory," in Lincoln, Y. (ed.), *Organizational Theory and Inquiry*, Sage.（寺本義也・神田良・小林一・岸眞理子訳（1990）『組織理論のパラダイム革命』白桃書房。）

青木昌彦（2002）「産業アーキテクチャーのモジュール化」青木昌彦・安藤晴彦編『モジュール化』東洋経済新報社。

伊丹敬之（1998）「産業集積の意義と理論」伊丹敬之・松島茂・橘川武郎編『産業集積の本質』有斐閣。

稲垣保弘（2002）『組織の解釈学』白桃書房。

稲垣保弘（2013）『経営の解釈学』白桃書房。

今井賢一（1984）『情報ネットワーク社会』岩波新書。

今井賢一（1986）「イノベーションとネットワーク組織」今井賢一編『イノベーションと組織』東洋経済新報社。

今井賢一・金子郁容（1988）『ネットワーク組織論』岩波書店。

参考文献

今田高俊（1986）『自己組織性』創文社。
今田高俊（1994）『混沌の力』講談社。
今田高俊（2001）『意味の文明学序説』東京大学出版会。
今田高俊（2005）『自己組織性と社会』東京大学出版会。
今田高俊（2008）「人と組織のエンパワーメント」渡辺聰子・ギデンズ，A.・今田高俊『グローバル時代の人的資源論』東京大学出版会。
大月博司（1999）「組織研究のパラダイム・ロストを超えて」『北海学園大学経済論集』第46巻第4号，95-107頁。
小川秀樹（1998）『イタリアの中小企業』日本貿易振興会。
岸田民樹（1986）「一般システム理論と組織論」『経済論叢』第137巻第1号，22-41頁。
岸田民樹（1992）「ルースリー・カップルド・システムとその組織の生成」『経済科学』第39巻第4号，125-144頁。
岸田民樹（1994）「革新のプロセスと組織化」『組織科学』第27巻第4号，12-26頁。
岸田民樹（2001）「組織論と統合的解釈モデル」『大阪大学経済学』第52巻第2号，102-115頁。
岸田民樹（2009）「組織学への道」岸田民樹編著『組織論から組織学へ』文眞堂。
岸田民樹・田中政光（2009）『経営学説史』有斐閣。
黒石晋・鈴木正仁（2011）「社会システム学の未来に向けて」今田高俊・鈴木正仁・黒石晋編『社会システム学をめざして』ミネルヴァ書房。
厚東洋輔（1986）「社会変動から自己組織性へ」『創文』第267号，4-8頁。
佐々木利廣（1990）『現代組織の構図と戦略』中央経済社。
鈴木正仁（1989）「『差異化』？それとも『解体』？」『彦根論叢』第262・263号，335-354頁。
外山滋比古（2009）『新エディターシップ』みすず書房。
高岡美香（1998）「産業集積とマーケット」伊丹敬之・松島茂・橘川武郎編『産業集積の本質』有斐閣。
髙木孝紀（2012）「組織の自律性と秩序形成の原理」経営学史学会編『経営学の思想と方法』文眞堂。
張淑梅（2004）『企業間パートナーシップの経営』中央経済社。
寺澤朝子（2008）『個人と組織変化』文眞堂。
寺本義也（1990）『ネットワーク・パワー』NTT出版。
富永健一（1995）『行為と社会システムの理論』東京大学出版会。
内藤勲（2011）「複雑性の科学」田中政光編著『サイモン』文眞堂。
西岡文彦（1991）『編集的発想』JICC出版局。
西村友幸（2011）「組織間レベルの分化と統合」『釧路公立大学地域研究』第20号，39-56頁。
朴容寛（2003）『ネットワーク組織論』ミネルヴァ書房。
橋爪大三郎（1986）「（書評）『自己組織性―社会理論の復活―』」『理論と方法』第1巻第1号，165-167頁。
安田雪（1997）『ネットワーク分析』新曜社。
山倉健嗣（1993）『組織間関係』有斐閣。
山田基成（2010）『モノづくり企業の技術経営』中央経済社。
吉田孟史（2004）『組織の変化と組織間関係』白桃書房。
若林直樹（2009）『ネットワーク組織』有斐閣。
渡辺幸男（1997）『日本機械工業の社会的分業構造』有斐閣。

〔髙木孝紀〕

第2章

組織生成と構造統制
―Organizing と Organized―

I．はじめに

　本章では，組織論のこれまでの展開が，組織生成（Organizing）の理論と構造統制（Organized）の理論からなると考え，そうした組織論を構成する基本的要素（人間－組織－環境）を明らかにし，Organizing の理論と Organized の理論を，共時的かつ経時的に統合する枠組みを示し，それを組織論（organization theories）ではなく，組織学（Organization Theory）と呼ぶことを提唱する。

II．人間－組織－環境

1．組織学説の体系的分類

　これまで，経営学説の歴史を体系的に整理する枠組みは，十分に展開されてこなかった。

　岸田・田中（2009）は，これまでの経営学説を振り返って，合理的モデル vs. 自然体系モデルと Closed System Approach vs. Open Systems Approach という2つの軸に沿って，4つの経営学説群に体系的に整理した。

　合理的モデル vs. 自然体系モデルの区別は，組織（構造）が人間（行動）を規制するか，人間（行動）が組織（構造）を形成していくか，の違いである。Closed System Approach vs. Open Systems Approach の区別は，組織と環境の相互作用を考慮に入れないか，入れるかの区別である。これによって，① Closed & 合理的モデル（e.g. 科学的管理論，経営管理過程論など），② Closed & 自然体

系モデル（e.g. 人間関係論，制度理論など），③ Open & 合理的モデル（状況適合理論），④ Open & 自然体系モデル（e.g.ゴミ箱モデル，組織化の進化論など）の4つの学派が識別できる。

　以上の4つの学派の因果関係は次の通りである。Closed & 合理的モデルは，組織（構造）が人間（行動）を規制し，環境の組織への直接の影響を考慮しないという意味で，環境…→組織→人間という因果関係をもつ。これに対して，Closed & 自然体系モデルは，人間（行動）が組織（構造）を形成するという自然体系モデルであり，環境の影響を一定程度認めるが，①組織構造の存在を前提にしないか，あるいは比較的ゆっくりとしか変化しない組織行動が組織構造である（March and Simon, 1958）と考えて，②組織を，構造ではなく，人間行動の影響と環境の影響とのバランス（均衡）の上に成立するホメオスタティックな過程（プロセス）と位置づけるという意味で Closed System Approach であり，したがって，人間→組織←環境という因果関係をもつと言える。簡単に言えば，合理的モデルは組織を「構造」と考え，自然体系モデルは，組織を「過程」あるいは「行動」と考えるモデルである。

　合理的モデルは，組織（構造）が人間（行動）を規制するという論理であり，システム論的にシステムが下位システムを規制すると考えるなら，これはマクロな理論である。反対に，自然体系モデルは人間（行動）が組織（構造）を形成するという論理であり，下位システムがシステムを形成すると考えるなら，これはミクロな理論である。ここにミクロ理論あるいはマクロ理論とは，下位システム（本章では人間）を分析対象とする理論あるいは上位システム（本章では環境）を分析対象とする理論という意味ではなく，どちらもシステム（本章では組織）を分析対象とするが，ミクロ理論とは，下位システム（人間）がシステム（組織）を形成するという立場であり，マクロ理論とは，上位システム（環境）がシステム（組織）を規制するという立場である。

　以上のように考えるなら，Closed System Approach か Open Systems Approach かという区別は，システム（組織）と上位システム（環境）の相互作用に関する問題である。ここでのミクロ理論とは，システムが上位システムを形成する，すなわち組織が環境を形成するという議論である。これに対して，Closed & 自然体系モデルの因果関係は，人間→組織←環境であり，組織が環境を形成する

（組織→環境）という論理にはなっていない。確かに自然体系モデルは，組織あるいは有機体と環境との間のホメオスタティックな関係（均衡）を認める論理になっている。Thompson（1967）も含めて，自然体系モデルを Open Systems Approach に含める論者は多い。しかし，自然体系モデルをミクロな理論と考えるなら，下位システム（人間）がシステム（組織）を形成するという部分では，ミクロ理論になっているとしても，システム（組織）と上位システム（環境）の関係に対しては，システム（組織）が上位システム（環境）を形成するというミクロ理論になっていない。さらに，Closed & 自然体系モデルでは，一般的に環境は所与であり，何が環境かは明らかにされない。

　したがって本章では，①システム（組織）と上位システム（環境）の関係について，ミクロ理論が貫徹されていない，②環境が何かは具体的に論じられていない，という2つの理由で，自然体系モデルであっても，Closed な論理（Closed & 自然体系モデル）が存在するという立場に立つ。
Open & 合理的モデルの因果関係は，環境→組織→人間である。合理的モデルの因果関係である組織→人間が，組織と環境の関係にも適用され（環境→組織），上位システム→システム→下位システムというマクロの論理が貫徹される（環境→組織→人間）。組織が人間行動を規制する（組織→人間）ことを前提として，環境に合わせて組織構造を選ぶのが組織デザインであり，環境の不確実性の程度と組織構造の適合が高業績をもたらすというのが，状況適合理論の帰結である。

　したがって，環境（の不確実性）がインプットであり，環境とは，組織内の諸個人が意思決定を行う際に，直接考慮に入れるべき物的および社会的諸要因の総体である（Duncan, 1972）。環境には，内部環境，当該組織からみた課業環境，全体環境の3つのレベルがある。①内部環境とは，組織の境界内にある諸要因で，コンテクストと組織風土からなる。②課業環境とは，当該組織からみた環境であり，課業環境がその代表であり，組織セット，活動領域も，このレベルの環境に含まれる。③全体環境とは，諸組織が活動を行う「場」としての一般的な環境であり，文化と社会構造がここに含まれる。

　組織には，組織構造と組織過程の2つの側面がある。組織構造は，①活動の構造化（専門化，公式化，標準化），②形態（役割構造の見取り図），③権限の

集中の3つからなる。

　専門化とは，活動が職能専門化によって遂行される程度である。公式化とは，コミュニケーションが文書化されている程度である。標準化とは，作業の遂行の手続きが前もって準備されている程度である。

　組織形態には，たとえば，統制範囲や階層数が含まれる。両者には関連がある。他の条件が等しいなら，統制範囲が広ければ，階層数は少なくなり，フラットな組織となる。逆に統制範囲が狭ければ，階層数は多くなり，階層的なトールな組織となる。

　権限の集中とは基本的に集権か分権かの程度である[1]。階層の上位のみが決定権限をもつ場合を集権，階層の下位にも広く分散している場合を分権という（岸田，2001）。

　以上のように，環境と組織をそれぞれ分類するなら，両者の間に次のような関係がある。

　第1に，内部環境の技術および規模と組織構造の適合が高業績をもたらす。Woodward（1965）やPerrow（1967）では，技術の複雑性と組織形態の適合が問題にされる。Astonグループの研究では，規模と組織構造（活動の構造化＝専門化・公式化・標準化）の適合が焦点となる（Hickson et al., 1969）[2]。

　第2に，課業環境の不確実性と組織過程の適合が高業績をもたらす。課業環境の不確実性とは，因果関係の不明確性，情報の不明確性，結果についての情報（業績情報）がフィードバックされる時間の長さ，である。Lawrence and Lorsch（1967）では，課業環境の不確実性・多様性が組織の分化（目標志向，時間志向，社会関係志向，構造度）に影響を与え，競争上もっとも重要な問題に対処するのに必要な相互依存性に応じて統合が必要となる。統合のためには，階層でだけではなく公式の水平的関係が必要であり，さらにコンフリクト解決のための工夫が必要となる。こうして，分化と統合が適合すると，高業績になる。これが，Lawrence and Lorsch（1967）の状況適合理論である。ここでは，1つの事業を行う企業と事業部制組織が前提される。

　Lorsch and Allen（1973）では，無関連な複数事業をもつコングロマリット（一種の持株会社）と，垂直統合企業（一種の職能部門制組織）が比較され，前者では，高分化と低統合（基本的に階層による統合で，水平的関係を含まない）

が高業績をもたらすと主張された[3]。

Lorsch and Morse（1974）では，職能部門（研究開発部門と製造部門）を取り巻く課業環境の不確実性と，職能部門内部の組織の適合が，高業績をもたらすと考える。さらにこのとき，それぞれの職能部門で働く従業員個人の有能感（自分の環境をマスターすることによって得られる満足感）が高い（組織→個人），と主張された。

　第3に，こうした技術および課業環境のもたらす不確実性が，課業の性質を決め，それに沿って組織デザインを行うことが高業績をもたらす。Thompson（1967）は，技術と課業環境は，制約でも操作可能な変数でもない状況要因（contingency factors）であり，課業環境が静態的で複雑な場合は，技術的効率を最大にする職能部門制組織が，課業環境が動態的な場合は，事業部制組織が，技術と課業環境の両方を考慮しなければならない（複雑で動態的な課業環境）複雑で動態的な課業環境では，職能部門制組織の上に，問題解決型のタスク・フォースを重ねる組織が，効果的であると述べた。

Galbraith（1973）はこれをうけて，技術であろうと課業環境であろうと，課業を行う際の「課業の不確実性」として捉え，情報処理を行うことによって，この課業の不確実性を削減するための方策（＝組織デザイン）を提示する。階層，ルールおよびプログラム，目標が最初の3つの方策である。次にさらに不確実性が増大すると，第1に，情報処理の必要性を減らす方策として，スラック資源の捻出と自立的な課業の統括があり，第2に，情報処理能力を増大させる方策として，垂直的な情報システムの充実と水平的な関係の確立がある。Galbraith（1973）では，この4つが，「代替的な」情報処理の方策とされている。しかし，スラック資源の捻出（e.g. 在庫）や，垂直的情報システムの充実（e.g. コンピュータの使用）は，どんな組織でも利用できる方策であって，真に「代替的」なのは，情報処理の必要性を減らす自立的課業の統括（e.g.事業部制組織）と，情報処理能力を増大させる水平的関係（その最終的形態がマトリックス組織）である。

　以上，Open & 合理的モデルにあたる状況適合理論を紹介した。ここでは基本的に環境→組織→人間という因果関係をもち，環境と組織の適合が高業績をもたらすという主張がなされた。環境が組織のあり方を決めるという意味で，

環境決定論であると批判された。

Open & 自然体系モデルは，Open & 合理的モデルと正反対の因果関係，すなわち人間→組織→環境という因果関係をもつ。自然体系モデルの因果関係は，人間→組織であり，これが，組織→環境の関係にも適用され，ここに人間→組織→環境というミクロの論理が貫徹される。人間が組織を形成し，そこに相応しい環境を創り出す。

組織開発では，自己実現人が，全人格的関与を通じて自己目的を達成するための参加的な管理（Y理論）を前提として，そこに相応しい雰囲気や風土あるいは文化を創り出す。ここでは環境はインプットではなくアウトプットである。人間と組織の多様な関係が，どのような意味に集約されるのかは，この関係が，どのような全体の漠然とした環境の中の一部に埋め込まれているのかに拠る。言い換えれば，人間と組織の一義的な関係が，どの部分環境に埋め込まれているのか，を決めるのが「実現環境（Enacted Environment）」である（Weick, 1979）。

　人間→組織→環境という因果関係において，実現環境が確定される前の人間→組織は，不確定である。不確実性は，手段（行動）とその結果の関係であるが，これは，1つの手段－結果の関係が選択された後の，言い換えれば手段が結果を生み出すことが画定され，一義化された後の，この手段が1つの結果を生み出す確率である。実現環境が生じる前の，人間と行動の関係は，意味として確定される前の，すなわち意味をなさない状態であり，これは「あいまい性」と呼ばれる。さらに，手段と結果が一義的に確立される前の，いくつかの手段－結果の関係がありうる状態があり，これは多義性と呼ばれる。

ゴミ箱モデルは，このあいまいな状態を「組織化された無秩序（Organized Anarchy）」と呼ぶ。ここでは，参加者，問題，解が独立に選択状況の中に投げ込まれるが，技術（＝問題と解の因果関係）が不明確で，参加も流動的である。組織化の進化モデルでは，淘汰過程において，多義性（インプットが複数でアウトプットが1つ）が一方で把持される（必要多様性）と共に，他方で，アウトプットという1つの結果に応じて，複数のインプット（原因）から1つを選ぶことによって多義性を除去して一義化する（回顧的意味づけ）。こうして，淘汰過程のアウトプットとして実現環境が生じる。

組織デザインが，環境に合わせて組織を変化させる（環境→組織）ことであるなら，環境と組織の適合には，組織に合わせて環境を変える（組織→環境）という側面もある。これが環境操作戦略である。大きく3つの環境操作戦略がある。第1は，環境変動に対して，組織内にいわばクッションを設ける緩衝戦略である。ここには，標準化，スラック，取引の平準化，予測，割当，成長が含まれる。第2は，自身の資源や手腕に頼って，当該組織の意思決定の中に環境要素を取り入れず，自律性を維持する戦略である。ここには，競争，PR，自発的対応（社会的責任），制度化が含まれる。第3は，当該組織の意思決定の中に環境要素を取り入れて，この環境要素と暗示的・明示的に協調して，2つあるいはそれ以上の組織の活動を調整する戦略である。ここには，暗黙の協調，交渉・契約，役員の導入（cooptation），連合，戦略的工作が含まれる（岸田，1985）。戦略的工作は，他の環境操作戦略が，不確実性を回避する方策であるのに対し，協調している2つ以上の組織が1つの組織となって不確実性を吸収するものである。Chandler（1962）の，垂直統合戦略や多角化戦略あるいは合併がこれにあたる。ここに，Chandler（1962）の言う，「組織構造は戦略に従う」という命題が生じる。こうして，不確実性の回避という形で進行した環境操作戦略は，その最終段階の戦略的工作に至って，複数の組織間の協調ではなく，単一の組織への統合とその統合された1つの組織内部の組織デザインの問題（新しい戦略に適合した組織構造）となる。

　以上，人間－組織－環境という3つの変数によって，組織学の変遷を体系的に分類することができると主張した。

2．Burrell and Morgan（1979）の分類とMcKelvey（1982）の図式

Burrell and Morgan（1979）によれば，社会的世界の性質について，研究者には3つの前提があると言う。第1は，存在論的性質の前提，すなわち現実は個人の外にあって，客観的な性質をもったものなのか，それとも，個人の認識が生み出すものなのか，という前提である。第2は，認識論的前提であり，知識の性質は確固たる実在であり，知識は獲得できるものであると考えるか，知識は主観的であり，本質的に個人的な性格の経験や洞察に基づくものなので，知識は個人的に経験されなければならないと考えるか，という前提である。第3

は，人間性，すなわち人間と環境の関係についての前提である。人間は外的世界に対して，機械的あるいは決定論的な形で反応するという意味で，外的状況によって条件づけられるのか，あるいは，人間は自由意志をもった環境の創造者であり，環境をコントロールし支配するのか，という前提である。

こうして Burrell and Morgan（1979）は，主観的－客観的の次元と規制（秩序）－変革の次元の2つを取り出し，4つのパラダイムを提示する。

第1は，「規制」と「客観」を重視する「機能主義的」パラダイムである。このパラダイムは，社会における秩序，均衡，安定性を理解することの重要性，並びにこれらがどのように維持されるかを強調する。ここではさらに，社会学的実証主義の伝統に裏打ちされ，自然科学のモデルや方法を，人間事象の研究に適用しようとする試みが重視される。

第2は，「規制」と「主観」を重視する「解釈」パラダイムである。ここでは社会的世界は，関係する諸個人によって作り上げられる創発的な社会過程と捉えられる。したがって，主観的に作り上げられた社会的世界は，秩序の形成に向けての進行中の過程という点から，理解されるべきであると主張される。

第3は，「主観」と「変革」を重視する「変革的人間主義」パラダイムであり，機能主義パラダイムの対極にある。このパラダイムは，人間の意識は，イデオロギー的な上部構造によって，「疎外」という形で支配されているので，既存の社会的配置がもたらす制約から，人間の発達を解放することが必要であると主張する。

第4は，「客観」と「変革」を重視する「革新的構造主義」パラダイムである。第3のパラダイムが「意識」という上部構造に焦点を当てるのに対し，実在する社会的世界の（下部）構造的な関係性に焦点を当てると共に，社会的諸力のコンフリクトと矛盾からなるこの構造の止揚によって，人間を解放することを強調する[4]。

以上の Burrell and Morgan（1979）の分類には，組織論という分析レベルを設定した場合，次のような問題がある。まず，ここでの分析対象は「社会」である。人間は，特に大企業の発展以来，孤立的な個人として「社会」と直接つながっているのではなく，「組織」を通じて「社会」とつながっている。組織の中にいる人間は，時として，反「社会」的な行動も辞さない。企業の社会的責

任が問題にされる背景には,「社会」の中で,「組織」が個人に果たす役割が大きくなっているという事情がある。その意味で,「個人」と「社会」ではなく,「個人」と「組織」と「社会」の関係を問題にする必要がある。本章で,人間－組織－環境を軸として分析するのは,そのためである。

したがって次に,「組織」を分析対象とするなら,人間から組織を見る視点（ミクロ・アプローチ）と「社会あるいは環境」から組織を見る視点（マクロ・アプローチ）を統合することが必要である。ミクロは下位システム,マクロは上位システムという分類がよくなされる。そうした分類は便利ではあるが,厳密に言えば,特定の分析対象に下位システムから接近するのがミクロ・アプローチ,同じ特定の分析対象に上位システムから接近するのがマクロ・アプローチである。すなわち,本章での主張に則して言えば,組織という分析対象に人間（個人）から接近する（人間→組織）のがミクロ・アプローチであり,同じ組織という分析対象に環境（社会）から接近する（環境→組織）のが,マクロ・アプローチである。

McKelvey（1982）は,組織に変化をもたらす原因が組織内部の諸力（内生モデル）か,組織外部の諸力（外生モデル）かという基準,変数間の因果関係の強さ（強い,散漫,弱い）,成員や環境の活動の秩序（単純,複雑,無秩序）という3つの基準で,パラダイムを分類している。McKelvey（1982）は,合理的モデル,自然体系モデル,市場プロセスモデル,資源依存モデル,生態学的モデルの5つについて,上の3つの基準に照らして,それぞれのモデルの特徴を示している。しかし,最終的に,人間➡組織⬅環境の間の「強い」関係を分析することが組織論の課題であると主張している。

しかし,大企業が極めて大きな力をもち,その意味で人間と社会（環境）を媒介する組織の影響力が強い今日,組織→人間および組織→社会（環境）という方向の影響力・因果関係も分析する必要がある。McKelvey（1982）の図式は,Burrell and Morgan（1979）と違って,人間－組織－環境という3つの要素が組織を分析するにあたって重要であることを指摘しているが,組織から他の2つの要素（人間と環境）への影響力を軽視している。

本章で人間－組織－環境という3つの要素を考慮に入れ,しかも双方向的な因果関係を問題にするのは,以上のような理由からである。

3．経営学・経営史・経営学史における人間言－組織－環境

　経営とは，広く問題解決活動であり，変化する環境の下で，ヒト・モノ・カネという資源と情報を，効果的に組み合わせて問題解決活動を行うことであり，そうした資源と情報の組み合わせ方が組織である。

　こうした活動は，ファヨール以来，管理サイクル，管理過程として概念化されてきた。計画－組織－統制のサイクルがその基本である。降旗（1970）によれば，今日の複雑化した経営活動を捉えるためには，この管理サイクルの動態化と体系化が必要である。すなわち，管理のための計画－組織－統制は互いにヨコの相互作用をもつと同時に，計画，組織，統制がそれぞれトップの計画，ミドルの調整，現場での実施というタテ（階層間）の調整を含む。これは，トップの戦略的意思決定，ミドルの管理的意思決定－現場の業務的意思決定の相互作用が必要であることを意味する。

　ここに，計画（戦略的意思決定）のための計画－組織－統制とは戦略経営である。組織のための計画－組織－統制とは，組織構造の確立と組織行動の確保であり，組織デザインや組織開発がここに含まれる。統制のための計画－組織－統制とは，現場における生産，販売，研究開発などの各職能部門における活動の調整である。

　ここで戦略的意思決定とは企業と環境の関係に関する問題であり，管理的意思決定とは資源と情報の組織化の問題であり，業務的意思決定とは個々の人間の具体的な活動の確保に関する問題である。したがって，環境－組織－人間の相互作用の問題である。

　経営史とは経営の歴史，すなわち経営上の諸問題が，企業という組織によってどのように対処されてきたかの歴史である。

　Chandler（1962）は，N.S.B. グラース以来のハーバード・ビジネス・スクールの伝統である個別企業のマネジメントの歴史（社史）を主題とする Business History という謂わば組織のマネジメントと，J. A. Shumpeter 以来の，資本主義社会における企業者の歴史＝ Entrepreneurial History という謂わば戦略の歴史を統合する「経営史」（＝ Business History）を構想し，「組織構造は戦略に従う」という第1命題を提示した。Chandler（1962）以後の発展によってこの命題は，戦略－組織構造－業績（SSP）パラダイムと呼ばれるようになった。さらに，

戦略の背景となる環境（人口，技術，所得）を考慮するなら，この命題は，環境－戦略－組織－業績（ESOP）パラダイムへと拡張することができる。

この環境－戦略－組織－業績の適合の歴史的展開が発展段階モデルであると言うのが，Chandler（1962）の第2命題である。アメリカの経営史においては，大量生産の時代－垂直統合戦略－職能部門制組織，マス・マーケティングの時代－多角化戦略－事業部制組織というのが，環境－戦略－組織（－業績）の適合であり，ある適合状態から次の適合状態への移行が段階的発展である。

第3の命題は，新しい戦略の採用と革新的組織の採用の間には時間的ギャップがあり，ここに経営者のパーソナリティが関係するというものである。これは，経営者のパーソナリティによって，環境－戦略－組織－業績のどの問題に専ら注意を払うかが違うからである。

以上のように考えるなら，経営史においても，環境－（戦略）－組織－人間が，分析の枠組みであることがわかる。

経営学と経営学史の間にも，同じような関係が見られる。経営学は，その時代の経営上の諸問題を反映して形成されたものであるが，経営学の理論が，経営に与えた影響も大きい。たとえば，1920年代のGM社は，分権的事業部制組織を通じて分権的経営が行われた典型例であると言われる。GM社の多角化とは，複数の自動車の車種を製造・販売することであるが，同じ自動車産業における複数の車種の生産であり，車格に応じた価格の差異を通じ，市場をセグメントしただけではないのか。A. P. スローンの時代の組織改革は，総合本社を作って，それまでの持株会社を継続的に集権化する歴史であったとしか思えない。分権的事業部制組織の神話は，大企業経営に大きな影響を与えてきた。

戦略は，企業と環境の関係に関する問題であり，Chandler（1962）やAnsoff（1965）以後に生じた概念である。これによって，環境と組織の相互作用を問題にするオープン・システム・アプローチという言葉が，経営学の中で盛んに使用されるようになった。言い換えれば，戦略が問題とされる1960年以前は，クローズド・システム・アプローチの時代であって，組織内の問題に焦点があてられた。すなわち，管理的意思決定と業務的意思決定が問題とされた。ここでは，組織→人間という因果関係をもつ古典的な経営学（科学的管理と経営管理過程論）と，人間→組織という因果関係をもつ人間関係論が論じられた。後

者では社会システム（人間同士の interpersonal な関係）が問題にされたが，これが societal なシステムと結びつき，社会（環境）→組織を問題とする制度学派が展開され，人間→組織という interpersonal な側面と社会→組織という societal な側面とを統合する（人間→組織←環境）Barnard 理論へと発展した。

　以上のように考えるなら，Open Systems Approach では，環境と組織の相互作用が問題にされ，Open & 合理的モデルでは環境→組織→人間という因果関係が，Open & 自然体系モデルでは，人間→組織→環境という因果関係が問題にされることとなった。前者は，状況適合理論であり，後者は組織化の進化モデルである。

　したがって，ここでも環境－組織－人間が，経営と経営学史を捉える枠組みであると言える（岸田，2009）。

Ⅲ．Organizing の理論

　人間→組織→環境という因果関係をもつ Open & 自然体系モデルは，Organizing の理論である。組織は，人間からの要求と環境からの要求の両方からの制約によって生じるホメオスタティックな均衡であるという，Closed & 自然体系モデルの論理を超えて，人間が出発点であり，環境がアウトプットである。人間が形成した組織を，全体環境の中で意味づけるために，その組織を意味ある存在とする部分環境（＝実現環境）を見出す。こうして，人間にとって意味のある組織，その組織にとって意味のある環境を画定することによって，人間－組織－環境は適合する。

ゴミ箱理論と組織化の進化論が，Organizing の理論である。ゴミ箱理論は，Cohen, March and Olsen（1972）によって，「組織化された無秩序（Organized Anarchy）」というあいまいな状況下での意思決定として，定式化された。ここでは，選択機会というゴミ箱の中に，参加者によって，問題と解が投げ込まれ，この4つの独立な流れの絡み合いから，選択が生じるとされる。

　ゴミ箱プロセスは以下の特徴をもつ。第1に，意思決定（選択）には3つのスタイルがある。問題解決，見過ごし（Oversight），見送り（Flight）である。

見過ごしは，ある選択機会に解はあるが問題がない場合であり，現在の問題をやり過ごして，新しい問題の発生を待つことになる。見送りは，ある選択機会に問題はあるが解がない場合であり，現在の問題に対する，もっと相応しい解を待つことになる。第2に，問題解決に必要なエネルギーが高いほど問題は顕在化し，意思決定活動は活発になり，決定の困難度は増大し，見過ごしや見送りが一般的になる。第3に，選択を通じて意思決定者と問題の間に「親しい」組合わせが生じ，たとえば，同じ意思決定者は，状況が異なっても手馴れた問題に取り組もうとする。第4に，問題の顕在度を低くし，決定時間を短くするという合理的な組織は存在しなかった。決定構造を参加的にすれば，問題は解決されるが，潜在度は増大し，決定時間は長くなる。階層的あるいは専門的な決定構造では，問題の潜在度は減少するが，顕在度が上昇し，決定時間は長くなる。第5に，重要な問題，早くに生じた問題は，より解決される可能性が高い。第6に，重要な選択では，見過ごしや見送りが行われ，重要でない問題は解決される。また，重要でない問題と全くどうでもよい問題では選択はなされず，中間の状態で頻繁に選択が行われる[5]。

　以上のゴミ箱モデルの「組織化された無秩序」の状態はあいまいな状態であり，意味のない状態であり，行為の意味は認識されず，未分化の状態である。漠然とした行為の流れという純粋持続時間がこれにあたる。

組織化の進化モデル（Weick, 1979）は，実現（Enactment）→淘汰（Selection）→保持（Retention）のプロセスであり，意味づけという点から見れば，淘汰プロセスにおいて，多義性が把持されて，それが除去され一義化される。ここに実現環境（Enacted Environment）が生じる。実現環境は，インプットではなくアウトプットである。

　行為を行い（Enactment），それのもつ多義性を把握し（必要多様性），それを回顧的に除去して，一義的に意味づけを行う（淘汰）ことによって，実現環境が生じ，これが一定の因果関係として編集され，保持過程に蓄えられる。すなわち，行為としてのあいまいな意味しかもたない実現が，個々人に認知され多義性に変換されて把持され，それが除去されて一義的に認知され，因果関係が確定される。これが実現環境である。保持過程でこの因果関係が不確実性に変換されて貯蔵される（人間→組織→環境）。これが，Organized の理論（環

境→組織→人間）である状況適合理論における課業環境の不確実性である。

　こうして，Organizingの理論とOrganizedの理論が，実現環境の創出と，それの課業環境の不確実性への転換を介してつながる。すなわち，淘汰過程で多義性が除去され，実現環境が生じる。複数のインプット（e.g. A, B, C）が，Xという1つの結果をもたらす。これが多義性である。淘汰過程で，たとえばA→Xという形で多義性が除去されて一義化される。これが保持過程で，課業環境に変換される。保持過程では，AがXをもたらす確率が問題にされ，確実性，リスク，不確実性などが認識される。その不確実性に沿って，組織がデザインされる。

　ここでのもっとも重要な問題は，創発性がミクロから生じるのか，マクロから生じるのか，ということである。Organizingの理論では，意味はミクロ（個人の行為と認知）から生じる。いわゆる二重の相互作用（A→B, B→A, A→B）が行われたとき，AやBの単独行動とは異なる「組織的な」行為が生じる。Aが行為したら，Bはこう反応し，したがってAはこう行動する，という最後のAの行動には，単独行動には見られない創発性が含まれる[6]。

　こうして，互いに利己的な行為であってもお互いに利益が得られるなら，協調に至る可能性がある。これが「最小社会状況」や「相互等値構造」である。盛山（2011）は，次のように，個人（ミクロ）からの創発性を否定する。個人の感情や態度はマクロな社会秩序によって大きく規定されており，個人は知性を通じて，マクロレベルの認識を予め取り入れているので，個人的な意味世界の中に，既に社会秩序の了解が組み込まれている，と。しかし，意味が社会的に規定されているとしても，どのようにどの程度規定されているかは，個人によって異なるし，個人個人の社会的世界の了解の仕方は異なる。またもし，このような社会的了解が客観的で，社会を構成する人間に共通なら，社会変動は起こりえない。

Weick（1976）の組織観は，Loosely Coupled System（LCS）であり，これが1960年代末の学生紛争に直面した大学の研究から生まれたのは，ゴミ箱モデルと同じである。

　大学における学部の自治とは，各部局の自律性であり，それらが緩やかにつながって，1つの大学を構成していたに過ぎない。学部内にそれなりのまとま

りはあっても，学部間にはほとんど相互依存性はなく，他の研究分野の動向にもほとんど興味はない。同じ大学の同僚だと言っても，学部が違えば，共通性はなく互いに顔も知らないことが多い。

LCSは，次の6つの特徴をもつ（岸田，2001）。①下位システム内部の諸要素は，タイトに連結されている。②下位システム間はルースにしか連結されていない。③下位システム間の共通要素が，システム全体に与える影響は弱い。④システム全体と環境の間の連結は弱い。すなわち，環境が変化してもシステム全体は安定的である。⑤下位システムと，それの直面する部分環境の連結はタイトである。⑥部分環境間のつながりは弱い。LCSの最大の特徴は，⑤に見られる「局地適応」である[7]。ここでは，下位システムは，その部分環境に敏感に反応するが，他の下位システムに波及することはなく，全体としてのシステムは安定的である（図2-1）。

図2-1 ルースリー・カップルド・システムの定義

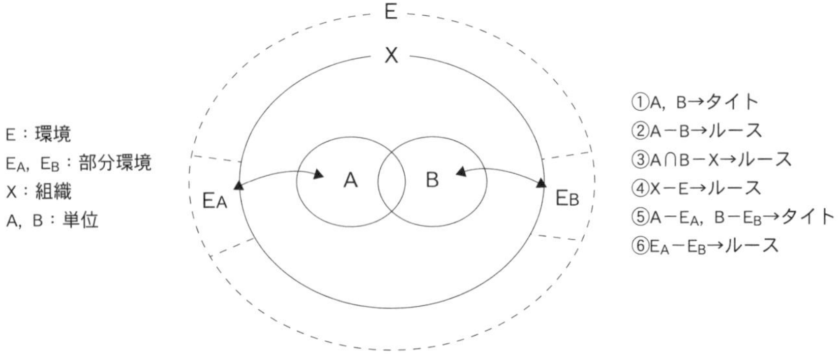

E：環境
E_A, E_B：部分環境
X：組織
A, B：単位

①A, B→タイト
②A−B→ルース
③A∩B−X→ルース
④X−E→ルース
⑤A−E_A, B−E_B→タイト
⑥E_A−E_B→ルース

出所：岸田（2001）。

Weick（1979）の組織化の進化プロセス，実現→淘汰→保持は，Weick（1969）とWeick（1979）の間には違いがある。まず，Weick（1969）では，多義性が除去されるプロセスは，「組立ルールによる多義性の把持」と「多義性を除去するためのサイクルの選択」を通じての「多義性の除去」という3つの要素からなっているが，Weick（1979）では，「組立ルール」と「サイクル」の2つの要素で構成されている。実現→淘汰→保持のプロセス自体が，多義性の除去を

問題にしているので，Weick（1979）の方が妥当である。

次に，多義性の把持と除去のプロセスは，Weick（1969）では，実現過程，淘汰過程，保持過程の各過程にそれぞれ含まれている（図2-2）。しかし，実現は，多義性の源泉となる行為が生み出されるプロセスであり，ここで明示的に多義性が除去されるわけではない。したがって，Weick（1979）のように，実現過程からこの多義性除去のサイクルが除かれるべきである。しかし，淘汰過程で多義性が把持・除去されて一義化したものが実現環境であり，保持過程では既に多義性はなくなっている。したがって，多義性の除去は淘汰過程のみであって，実現過程だけではなく，保持過程からも多義性除去のプロセスを取り除くべきである。

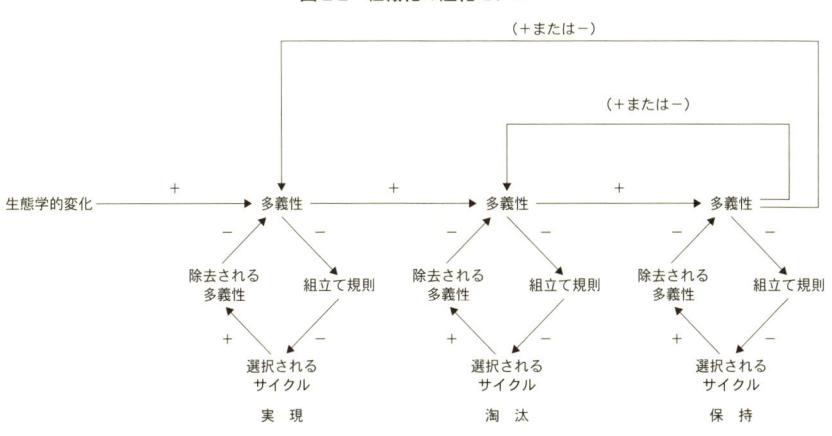

図 2-2　組織化の進化モデル

出所：Weick（1969）．

さらに，Weick（1979）では，組織化の進化プロセスについて，2つの図が並んでいる。図5.1（本章図2-3）では，生態上の変化が，進化プロセスの外から実現過程に影響を与えることになっている。これに対して図5.2（本章図2-4）では，生態上の変化は実現過程の一部として扱われている。前者では，生態が変化して行為することになり，行為の前に環境があることになる。その意味で環境決定論と呼ばれても仕方がない。後者では，実現過程の中に生態上の変化が含まれているが，行為と生態上の変化との関連は不明確である。行為

の後に状況が認知されるというWeickの論理を全うするなら,「移動知」という概念を導入すべきである。行為を通じて移動することによって,周りの状況が変化することが認知される（図2-3, 図2-4, 図2-5）。

逆の意味で,動かないと状況の変化を認知できないというのが,「ゆで蛙」現象である。蛙を突然熱湯に入れると,蛙はすぐに飛び出すが,冷水からゆっくりと熱を加えていくと,飛び出すことなく鍋の中でゆで上がって死んでしまう（高橋, 1993）。

さらに, Weick（1979）は,組織化の進化モデルの主要な要素は,オープン・システムではないと言う。生態上の変化が直接作用するのは実現過程だけであって,実現過程および淘汰過程で保持された内容を信頼するなら,生態上の変化から自身を長期にわたって隔離することができるからである。組織化の進化モデルは,組織がクローズド・システムであり得,かつそのように行為していることを示している,と。

しかし,行為が絶えず供給されないと,組織化あるいは意味づけの過程は進行しないし,実現環境を作ってこれに反応することが必要である。個人行為が

図2-3 組織化の進化モデル

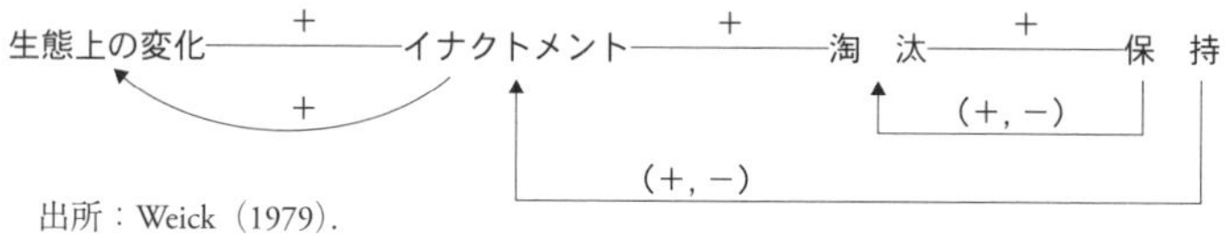

生態上の変化 —+→ イナクトメント —+→ 淘 汰 —+→ 保 持
（＋, －）（＋, －）

出所：Weick（1979）.

図2-4 組織化の進化モデル

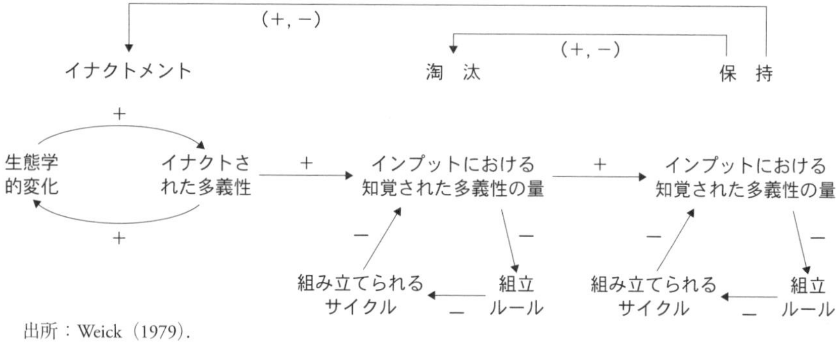

（＋, －）（＋, －）
イナクトメント　　淘 汰　　保 持

生態学的変化 —+→ イナクトされた多義性 —+→ インプットにおける知覚された多義性の量 —+→ インプットにおける知覚された多義性の量
　　　　　　　　　　　　　　　　－↓↑－　　　　　　　　　－↓↑－
　　　　　　　　　　　　組み立てられるサイクル ← 組立ルール　組み立てられるサイクル ← 組立ルール

出所：Weick（1979）.

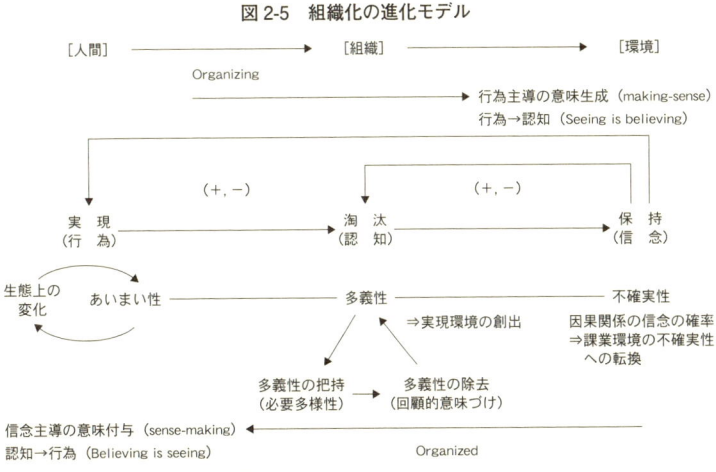

Ⅳ. Organized の理論　47

図 2-5　組織化の進化モデル

[人間] ──Organizing──→ [組織] ─────────→ [環境]

行為主導の意味生成（making-sense）
行為→認知（Seeing is believing）

実　現　────(＋,－)────　淘　汰　────(＋,－)────　保　持
（行　為）　　　　　　　（認　知）　　　　　　　（信　念）

生態上の　あいまい性 ──────── 多義性 ──────── 不確実性
変　化　　　　　　　　　　　⇒実現環境の創出　　因果関係の信念の確率
　　　　　　　　　　　　　　　　　　　　　　　⇒課業環境の不確実性
　　　　　　　　　　　　　　　　　　　　　　　　への転換

　　　　　　　　　　　　多義性の把持　　多義性の除去
　　　　　　　　　　　（必要多様性）　（回顧的意味づけ）

信念主導の意味付与（sense-making）
認知→行為（Believing is seeing）　　　　　Organized

出所：Weick（1969；1979；1995）を基に作成。

　意味づけられる組織は，一義的な意味をもつように，全体環境の一部から，実現環境を抽出しなければならない。自己を意味づける環境が創られなければ，組織は存続しない。これが，人間→組織→環境というプロセスで環境を実現する Open & 自然体系モデルの，「Open」の意味である。

　最後に，管理論的な意味を考えてみたい。実現（個人の行為）→淘汰（組織の認知）→保持（環境の貯蔵）は，Do → See → Plan である。Organizing の理論は，Do から始まる管理過程である。

　以上，人間→組織→環境という因果関係をもつ Organizing の理論について述べた。これは実現→淘汰→保持という（組織化の）進化モデルであり，あいまい性→多義性→不確実性という特徴をもつ。多義性を除去して一義化し，不確実性の形で保持過程に貯蔵する。これが実現環境と課業環境の接点であり，Organizing と Organized の接点である。

Ⅳ. Organized の理論

　Organized の理論における因果関係は，環境→組織→人間である。組織→人

間という合理的モデルの因果関係が，環境との適合によって媒介されるという主張である。古典的経営理論（経営管理過程論や科学的管理論）では，人間の労働力を最大に引き出す唯一最上の組織構造が求められた。これが，組織を取り巻く環境によって，何が唯一最上の組織構造かが変わると論じたのが，状況適合理論である。組織のあり方に影響を与える環境要因は，「状況要因（Contingency Factors）」と呼ばれた。これまで状況要因として取り上げられたのは，技術と規模，課業環境の不確実性であった。一般に，技術は組織形態と，規模は活動の構造化と，課業環境の不確実性は組織過程と，関連が深いとされた。

以上の，状況適合理論の提示した主張は，結論的に以下の3つである。第1は，状況適合理論の拠って立つパラダイムが，Open & 合理的モデルであるということである。第2は，適合が鍵概念であり，適合が高業績をもたらすという主張である。第3は，適合は，1つの形態（Configuration あるいは Gestalt）を構成し，1つの適合は安定したパターンを意味するので，1つの適合状態から別の適合状態への移行は，形態を構成する諸変数がそっくり入れ替わることになり，したがって漸進的・連続的ではなく，段階的で不連続な発展になるということである（岸田，2000）。以下，詳しく検討する。

第1に，状況適合理論は，Open & 合理的モデルである。TaylorやFayolの古典的経営理論は，組織と環境との関係をとりあえず考慮に入れない，合理的な組織（＝技術システム）を追求しているという意味で，Closed & 合理的モデルである。ここでは，唯一最上の組織化の方法が追及された。ただし，Taylorでは，専門化の原理に基づいて，ヨコの分業を主たる編成原理とするファンクショナル組織が提唱された。これに対し，Fayolでは，命令の一元化の原理に基づいて，タテの分業（階層）を主たる編成原理とするライン組織が提唱された。

人間関係論では，人間の動機づけを中心としたinterpersonalなシステムが問題にされた（人間→組織）。これに対し，（社会学的）制度学派では，全体社会に埋め込まれているsocietalなシステムの存続が議論された（環境→組織）[8]。Barnardは，この2つを均衡させる組織（＝社会システム）の存続を確保するのが経営者の役割であると考えた（人間→組織←環境）。

これが，Closed & 自然体系モデルである。

状況適合理論が Open & 合理的モデルであるというのは，次の理由からである。まず，人間行動が組織を形成するという視点ではなく，状況に適した合理的な組織（構造）が前提にされる。次に，組織と環境との相互作用を問題にする Open Systems Approach の影響を受けて，環境に適合した組織のあり方を問題にする。したがって，環境→組織→人間という因果関係をもつ。環境と組織が適合すれば，高業績を導くと主張するが，環境に合わせて組織を変える組織デザインを強調し，環境が組織のあり方を決めると主張することになるので，「環境決定論」であるとして批判された。

Open & 自然体系モデルは，人間→組織という因果関係（自然体系モデル）に基づいて，この因果関係を組織と環境にまで拡張する（組織→環境）。まず，人間が組織を形成し，その人間－組織関係を意味づける（部分）環境を自ら画定する（実現環境）。さらに，状況適合理論のように，環境に合わせて組織を変える（組織デザイン）ではなく，組織に合わせて環境を変えるという環境操作戦略（組織→環境）に焦点を当てる。

　第2に，適合が，状況適合理論の鍵概念である。ここには3つの適合概念がある。選択的適合，相互作用的適合，システム的適合，の3つである。

　選択的適合とは，業績の良し悪しは問題にせず，「生存」という観点から，現存する組織と状況要因の関係を問題にする。Aston グループの，規模と組織構造（活動の構造化）に関する研究は，このタイプの適合を取り上げている。業績が高いか低いかではなく，生存を，組織を評価する基準にしているので，合理的モデルというよりも，自然体系モデルであると言った方がよい。当初，Aston グループは，自らを状況適合理論とは名乗らなかったし，文化の組織への影響についても，規模の影響の方が強く，直接には文化の影響はみられないと否定している。業績変数を取り入れて，規模と組織構造の関係を論じ，Structural Contingency Theory を提唱し始めたのは，Donaldson（1987）以来である。ただしここでは，状況要因（環境）は組織構造を決定する要因ではなく，組織構造が業績を決定する要因であり，状況要因（＝規模）は，媒介要因であるとされる。

　相互作用的適合とは，Woodward（1965）や Lawrence and Lorsch（1967）のよ

うに，1つの状況要因と組織との適合が高業績をもたらすという主張である。技術という内部環境要因が，組織構造（組織形態）を決めるという技術論と，課業環境（の不確実性）が組織過程を決めるという課業環境論の2つが区別される。技術論においては，集権的かつ分権的な組織構造が，課業環境論においては，職能部門制組織の部門間の公式の水平的関係を確立するための統合メカニズム（＝組織過程）が問題にされる。

システム的適合とは，複数の状況要因と組織との全体的な適合パターンが，高業績をもたらすと主張する議論である。Thompson (1967) や Galbraith (1972) がこれにあたる。前者では，明確に技術と課業環境が，2つの相対立する状況要因であることが認識され，この対立する意味合いをもつ要因を調停するのが管理の基本であるとされる。後者では，この2つの状況要因が「込み」にされて，課業の遂行においてどのような不確実性をもたらすか（情報処理に必要な情報量−組織が既にもっている情報量）に焦点が当てられ，課業の不確実性が大きいほど，情報処理のための，複雑な組織デザインが必要とされる。さらに，組織構造だけでなく組織過程や戦略も含めた，全体的な多元的適合が高業績をもたらすとされた。

　このシステム的適合の考えに従うなら，状況適合理論の命題を，環境（技術 vs. 課業環境）→戦略→組織構造→組織過程⇒業績へと拡張することができる。組織は，技術（内部環境）と課業環境（外部環境）に直面して，この状況要因に対処しようとする。どちらの状況要因に優先的に対応するかを示すのが戦略である。技術要因を優先するなら，垂直統合戦略−職能部門組織が，課業環境に優先的に対処するなら，多角化戦略−事業部制組織が，両者に同時に対応する必要があるならマトリックス組織が，高業績をもたらすというのが状況適合理論の帰結である。

　第3に，状況適合理論における組織変化のモデルは，発展段階モデルである。システム的適合あるいは多元的適合の考えに従うなら，1つの適合状態から次の適合状態への移行は，不連続で段階的なものになる。

　技術的合理性に従って，専門化の原理に基づく水平的分業によって編成された組織が，ファンクショナル組織である。これに対して，課業環境の要求に従って，命令の一元化というタテの分業，すなわち階層原理に基づいて編成さ

れた組織が，ライン組織である。この2つが組織の原型である。
ファンクショナル組織の専門化の利点と，ライン組織の命令の一元化の利点を共に活かし，前者の命令の多元化と後者の専門化の欠如という欠点を補おうとしたのが，ライン&スタッフ組織である。さらに，規模の経済性を確保して供給の集中を達成すべく部門化された組織が，職能部門制組織である。これに対して，需要の多様化に応えて範囲の経済性を達成するために事業部門化されたのが，事業部制組織である。

この2つの問題に，同じレベルで同時に応えようとしたのがマトリックス組織である。マトリックス組織は，その構造の中に，需要と供給という市場メカニズムを内蔵しようとする試みであるとも言える（図2-6）。

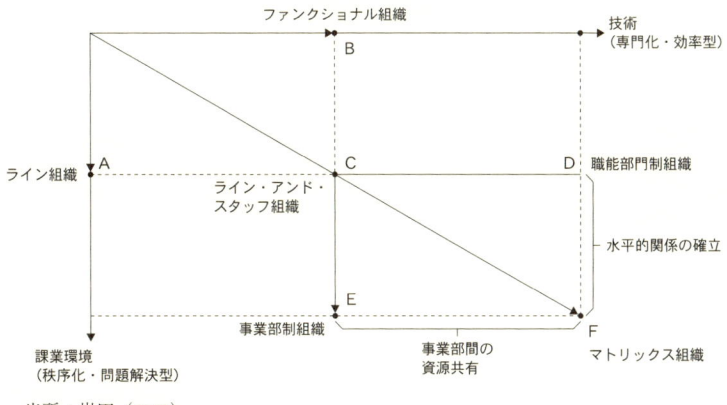

図2-6 経営組織の発展段階モデル

出所：岸田（2009）。

近年，マトリックス組織以外に，新しい組織像が提唱されている。フロント・バック組織（F/B組織）と二重性（Ambidextrous）組織である。前者は，製品と顧客を調整する多元的な事業部制組織である。後者は，既存事業部群と新規事業部群を別々に編成し，これを重役という統合者が調整を行う組織である。マトリックス組織は，職能（インプット・コントロール）と製品（アウトプット・コントロール）を同じレベルで調整する組織形態である。

F/B組織，二重性組織，マトリックス組織は，いずれも二重の要求に同じレベルで対処しようとする多元的組織である。

以上より，環境一戦略一組織構造一組織過程の間に多元的な適合を維持することが高業績の要件であることがわかる。ただし，状況適合理論が主張する因果関係は，環境→戦略→組織構造→組織過程⇒高業績という一方的な関係である。このため，環境決定論であるという批判を受けた。これをうけて，状況適合理論の側では，戦略を状況要因として導入することにより，この批判に応えようとした。

　基本的にここではChandler (1962) に基づいて，戦略と組織構造の関係が分析された。

　第1の命題は，Rumelt (1974) によって追試され，1949 − 1969年におけるアメリカの大企業について，戦略，組織構造，業績の関連が調べられた。

　まず，この20年間にアメリカの大企業では多角化が進展し，1949 − 1959では関連事業への多角化が，1959 − 1969では非関連事業への多角化が展開された。次に，この20年間に組織形態の主力は，職能部門制組織から製品別事業部制組織へと移った。さらに，本業一集約型と関連事業一集約型の戦略をとる企業は，ほとんどの業績指標について，高い値を示し，非関連一非コングロマリット型は，もっとも業績が悪かった。最後に多角化戦略への移行に比べて，事業部制組織への移行は，その進展は遅かった。

　Rumelt (1974) は，戦略と組織構造を分類し，そこにどのような関係があるかを実証的に研究したが，Chandler (1962) の分類とはズレがある。Rumelt (1974) の戦略分類は，基本的に①単一事業戦略，②主力事業戦略，③関連事業多角化戦略，④無関連事業多角化戦略，の4つであり，組織形態は，職能部門制組織，事業部制組織，コングロマリットあるいは持株会社，の3つである。戦略の①と②は，職能部門制組織に，③は事業部制組織に，④は持株会社あるいはコングロマリットに適合する。Chandler (1962) では，垂直統合戦略一職能部門制組織，多角化戦略一事業部制組織が対応している。Rumelt (1974) の分類は，戦略が細かく分類されているが，それに対して組織形態が対応していない。また，多角化戦略が詳細に分類されているが，事業部制組織も持株会社も形態的には同じであり，事業部間の相互依存性が低いか高いかの違いである。

　以後の研究は，ほとんど戦略→組織構造を検証しているが，逆の因果関係

（組織→戦略）もある。Chandler（1962）では，デュポン社も戦略→組織構造の典型例として記され，新しい多角化戦略に伴って事業部制組織が採用された，と述べられている。しかし，第一次世界大戦に参戦したアメリカの要請に従って，垂直統合戦略→職能部門制組織は成功を収め，デュポン社はその規模を倍増させ（高業績），資源を蓄積した。戦後，需要が一気に縮み，有り余った資源をどう活用するかについて，火薬以外の製品にも進出すること（多角化）が決定された[9]。

ここには，古い戦略（垂直統合戦略）と古い組織形態（職能部門制組織）の適合による高業績が，次の新しい戦略の採用をもたらすことが示されている。状況適合理論の発展段階モデルでは，古い戦略―古い組織形態の適合，新しい戦略―新しい組織形態の適合は示されても，古い戦略と古い組織の適合が高業績を生み出し，それが新しい戦略を採用させるというプロセスには，触れられていない。ここでも高業績が新しい戦略をうみだすという，状況適合理論とは逆の因果関係の解明が必要である。

Chandler（1962）の第2の命題は，戦略と組織構造の間には一定の適合関係があるので，戦略と組織構造の間に発展段階モデルが成立するという主張である。特に多国籍企業の戦略と組織構造の関係についての研究が多く行われた。

まず，Stopford and Wells（1972）は，①海外での売上高比率と②海外での製品多角化率という2つの次元を導入して，両者が低いときには国際事業部が，①が50％以上になれば地域別の事業部制組織が，②が10％以上になると製品別の事業部制組織が，①②の条件が共に高くなると，世界的マトリックス組織が採用されるとした。

一般に，①グローバルな効率性と②ローカルな柔軟性が，2つの次元として措定され，両者が低い場合には，インターナショナル戦略―国際事業部が，①が高い場合には，グローバル戦略―世界的製品別事業部が，②が高い場合にはマルチナショナル戦略―世界的地域別事業部制組織が，①②の両方の要求が高い場合には，トランスナショナル戦略―世界的マトリックス組織が，採用されると結論される。また，グローバル戦略―世界的製品別事業部制組織から，トランスナショナル戦略―世界的マトリックス組織への移行の途中で，マルチフォーカル戦略―F/B組織が，同じく，マルチナショナル戦略―世界的地域別

事業部制組織からトランスナショナル戦略―世界的マトリックス組織への移行の途中で，マルチドメスティック戦略― F/B 組織が，採用される（林，2009）。Chandler（1962）の第 3 命題の展開は，進んでいないが，試論的に次のように言うことができる。経営者のパーソナリティは，集権志向―分権志向とリスク回避―リスク志向の 2 つの次元で捉えることができる。事業部制組織に移行した当時の GM 社の経営者のパーソナリティを考えると，リスク回避―分権志向が，GM 社の財務と人材を支えた P. S. du Pont，リスク回避―集権志向が，信託統治時代に GM 社の業績の回復と本社への集権化を図った J. J. Storrow，リスク志向―集権志向が，本人と 2 ～ 3 人に意思決定を集中して，拡大戦略を取り続けて財政破綻を招いた W. C. Durant，リスク志向―分権志向が，事業部制組織への革新を行って，拡大した事業をまとめた A. P. Sloan Jr. をそれぞれ当てはめることができる（岸田，2009）。さらに，環境―戦略―組織―業績の図式に則して言えば，環境を整備した du Pont，戦略を実施した Durant，組織を改革した Sloan，業績の建て直しに腐心した Storrow，という具合に，それぞれ経営者のパーソナリティに基づいた変数を操作したことがわかる[10]。

状況適合理論は，戦略という要因を導入して，環境決定論という批判に応えようとした。しかし，戦略は状況要因ではなく，技術と課業環境のどちらに優先順位を与えるかの選択である。しかも，戦略を導入しても，環境→戦略→組織構造→組織過程⇒業績という因果関係は，何ら環境決定論という批判に応えるものではない。逆の因果関係を明らかにすることが必要である。言い換えれば，状況適合理論のよって立つ Open & 合理的モデルでは，環境がインプットであり，環境決定論的であることは免れ得ない。したがって，この批判に応えるには，逆の因果関係をもつ Open & 自然体系モデルに基づく理論を明らかにし，その上で両者が統合できることを示さなければならない。

V. Organizing と Organized の統合の枠組み

　組織を分析するためには，ミクロ・アプローチ（人間→組織）とマクロ・アプローチ（環境→組織）を統合しなければならない。その意味で，人間，組織，

環境という3つの要素が，組織分析にとって必要な要素である。

第1に，人間→組織→環境というOrganizingの理論と，環境→組織→人間というOrganizedの理論は，正反対の因果関係をもっている。人間→組織→環境と環境→組織→人間の2つの因果関係は，因果関係の循環[11]を前提にするなら，統合することができる。ここでは，Organizingの理論のアウトプットである環境と，Organizedの理論のインプットがつながれば，この因果関係の循環は完成する。すなわちOrganizingの理論とOrganizedの理論は統合される。

Organizingの理論は，実現→淘汰→保持という進化モデルと対応する。多義性が除去された実現環境では，原因と結果の一義性が確保される。これが保持過程に蓄えられるとき，この因果関係の成立する確からしさの確率（不確実性）に変換される。これが課業環境の不確実性である。したがって，Organizingの理論とOrganizedの理論は，実現環境が課業環境に変換されるプロセスとして，統合される。これを経時的統合と呼ぶ（図2-7）。

第2に，組織（Organization）が，OrganizingとOrganizedのプロセスからなると考えるなら，逆にOrganizationは，OrganizingとOrganizedと正反対の因果関係を統合する全体として措定されることになる。これは，男と女から人間が

図2-7 経時的統合：組織の生成・発展のプロセス

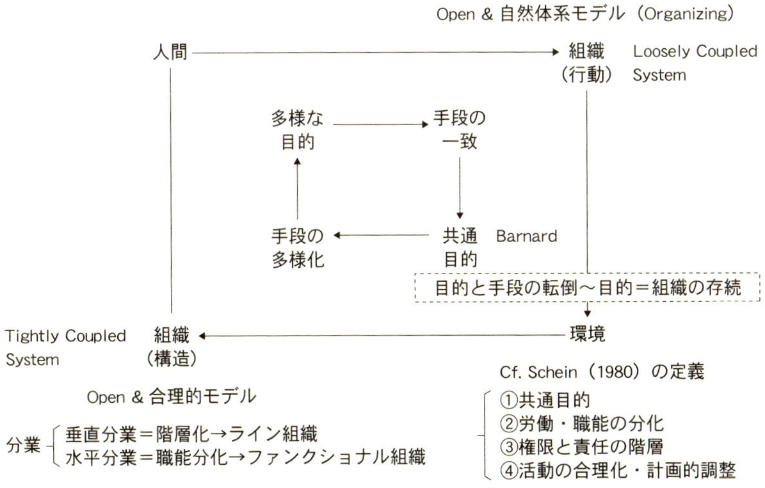

Open & 自然体系モデル（Organizing）

人間 ────────────────→ 組織（行動）　Loosely Coupled System

多様な目的 ── 手段の一致
　↑　　　　　　　↓
手段の多様化 ── 共通目的　Barnard

目的と手段の転倒〜目的＝組織の存続

Tightly Coupled System　組織（構造）←──────── 環境

Open & 合理的モデル

Cf. Schein（1980）の定義
①共通目的
②労働・職能の分化
③権限と責任の階層
④活動の合理化・計画的調整

分業
├ 垂直分業＝階層化→ライン組織
└ 水平分業＝職能分化→ファンクショナル組織

出所：岸田（2009）。

構成される,あるいは実数と虚数から数が構成されるというように,一階層上あるいは一次元上の包括的な存在として,それぞれ人間と数を措定することである。Organization も,したがって Organizing と Organized を含む一次元上の存在と考えることができる。これを共時的統合と呼ぶ（図 2-8）。

図 2-8　共時的統合

```
              Organization
            ┌───────┴───────┐
        Organizing      Organized
```

出所：岸田（2009）。

　人間→組織→環境→組織→人間 ……… という因果関係の循環（経時的統合）と共に,出来上がった新しい組織構造は,既存の組織よりも一階層上の複雑な組織となる。事業部制組織は,事業部内に職能部門制組織を含み,マトリックス組織は,職能部門制組織と事業部制組織を含む。こうして,共時的統合がなされる。この共時的統合と経時的統合の関係を三次元の図で表わすことができる。これによって,組織革新のプロセスを分析する道が開かれる（図 2-9）。

　第 3 に,人間－組織－環境という 3 つの変数の関係は,基本的に「適合的」であることが必要である。状況適合理論では,環境→組織→業績という謂わば EOP（Environment, Organization, Performance）パラダイムであった。これに対して Chandler（1962）に端を発する研究は戦略→組織構造→業績という SSP（Strategy, Structure, Performance）パラダイムであった。状況適合理論が,その環境決定論という批判をうけて戦略を導入したとき,この両者を結びつけて,環境→戦略→組織（構造－過程）→業績という ESOP パラダイム（Environment, Strategy, Organization, Performance）へと拡張されることとなった。また,逆の因果関係（業績→組織→戦略→環境）も,Open & 自然体系モデルに沿って,考えることができる。業績を含めた環境－戦略－組織の関係を把握する ESOP パラダイムはまた,Management が,Managing と Managed を含む問題解決プロセスとして分析できることを示している（図 2-10）。

図2-9 組織革新のプロセス

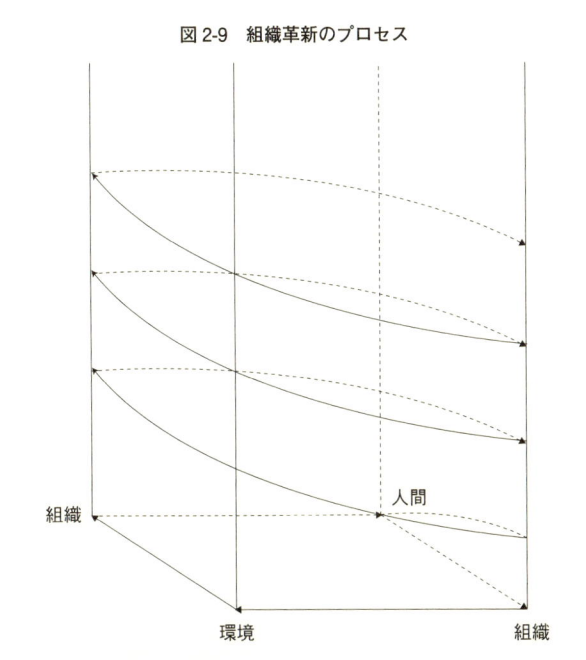

出所：岸田（2009）。

図2-10 ESOPパラダイム

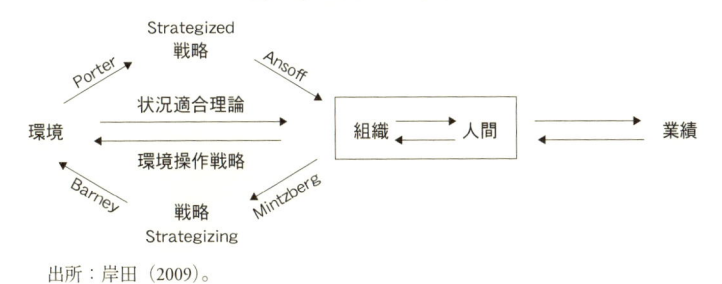

出所：岸田（2009）。

VI. 結語

　本章では，組織レベルでの組織学の成立の可能性を探った。組織は，OrganizingとOrganizedからなり，それぞれの理論を統合したOrganizationの理

論が，組織学である。Organizing の理論は，人間→組織→環境という因果関係をもち，Organized の理論は，環境→組織→人間という逆の因果関係をもつ。両者を，因果関係の循環として統合するのが経時的統合，一次元上で統合するのが共時的統合である。この 2 つの統合の関係は，3 次元の図（図 2-9）で示すことができる。

こうして，状況適合理論の適合－高業績を，環境－組織－人間の図に加えるなら，環境－戦略－組織－人間－業績という Management（Managing と Managed）における適合関係を示すことができる。

注
1) もう 1 つの変数は，「他組織への依存度」である。他組織への依存度が高いほど，当該組織は集権化される。
2) 規模と並んでよく取り上げられた変数は，「管理者比率」である。規模が増えれば，管理者比率が多くなることもあれば，少なくなることもある。
3) Lawrence & Lorsch では，高不確実性－高分化－高統合となっているが，Lorsch & Allen では，高不確実性－高分化－低統合となっている。コングロマリットでは，事業部それぞれの事業環境は互いに関連がないため，事業部間の調整が必要ないためと考えられる。
4) Burrell and Morgan（1979）では，それぞれのパラダイムは，それぞれの社会的現実をある程度反映しており，4 つのパラダイムを統合するより，それぞれを深化させることの方が重要だとされている。本章は，この「パラダイムの統合」に挑むものである。
5) 近年，再び「ゴミ箱モデル」に光が当てられている。そこでは，「一時的な秩序」の概念が，現実を動態的に捉える視点として，有効であると主張されている。
   Lomi, A. and Harrison, R.（eds.）（2012）, *The Garbage Can Model of Organizational Choice: Looking Forward at Forty, Research in the Sociology of Organizations*, Vol. 36., Emerald Books.
6) この二重の相互作用の前半部分（① A → B，② B → A）は，A の頭の中の「行為」であってもよいとされる。すなわち，A は，頭の中で，自分がこうしたら，B はこう反応してくるだろうから，こういう風に行為する（③ A → B）なら，最後の③の行為は，独立した個人の行為にはない「創発性」が生じると言う。ただし，このように考えると，認知の後に行為が生じるということになる。
7) 局地的適応は，環境（上位システム）と部分（下位システム）との相互作用であり，システムを介しない相互作用である。したがって，下位システムの障害が組織全体に広がることはないが，下位システムの優れた解が組織全体に広がることもない。また，環境部分の変化に対して一々組織全体が対応することもないので調整コストはかからないが，改善のための介入は部分的な効果しかなく，組織全体を変えることは困難である。
8) 英語の social は，interpersonal と societal の両方を含む概念である。すなわち，グループの人間関係も地域社会も social と言い表される。そのため，両者は social として，区別されないで用いられることがある。
9) Chandler 自身も，再版（1989 年）において，事業部制組織によって一旦成功した企業は，さらに多角化を行うとき新しい事業部を付け加えればいいと考えて，多角化への参入にためらいがなく，したがって，事業部制組織は多角化戦略をさらに進めると述べている。

10) J. B. Miner は，このようなパーソナリティ・タイプを，アイデア創造者（P. S. du Pont），温情主義的営業マン（W. C. Durant），組織目的実現者（A. P. Sloan Jr.）現実主義的経営（J. J. Storrow）と呼んでいる（Miner, J. B.（1997），*A Psychological Typology of Successful Entrepreneurs*, Quorum Books.）。

11) 因果関係の循環とは，時間がまっすぐ進むのではなく，同じサイクルを循環することであり，「永遠」を把握する1つの方法である。フラクタルや曼荼羅は，部分と全体の同型性を仮定することにより，部分から全体を把握する方法である。すなわち，無窮の永遠と無限の全体を把握するには，部分時間（サイクル）や部分空間を外挿することになる。したがって，どのような部分（時間と空間）を想定するかによって，全体（時間と空間）は変わる。

参考文献

Ansoff, H. I.（1965），*Corporate Startegy*, McGraw-Hill.（広田寿亮訳（1969）『企業戦略論』産業能率短期大学出版部。）

Burrell, G. and Morgan, G.（1979），*Sociological Paradigms and Organizational Analysis*, Heineman.（鎌田伸一・金井一頼・野中郁次郎訳（1986）『組織理論のパラダイム』千倉書房。）

Chandler, A. D.（1962），*Strategy and Structure*, MIT Press.（三菱経済研究所訳（1967）『経営戦略と組織』実業之日本社。）

Cohen, M. D., March, J. G. and Olsen, J. P.（1972），"A Garbage Can Model of Organizational Choice," *Administrative Science Quarterly*, Vol. 17, No. 1.

Donaldson, L.（1987），"Strategy and Structural Adjustment to Regain Fit and Performance: In dfence of Coyingency Theory," *Jounal of Management Studies*, Vol. 24, No. 1.

Duncan, R. B.（1972），"Characteristics Organizational Environments and Perceived Environmental Uncertainty," *Administrative Science Quarterly*, Vol. 17, No. 3.

Galbraith, J. R.（1973），*Designing Complex Organizations*, Addison-Wesley.（梅津祐良訳（1980）『横断組織の設計―マトリックス組織の調整機能と効果的運用』ダイヤモンド社。）

Hickson, D. J. and Pheysey, D.（1969），"Operations Technology and Organization Structure: An Empirical Reappraisal," *Administrative Science Quarterly*, Vol. 14, No.3.

March, J. G. and Simon, H. A.（1958），*Organizations*, Wiley.（土屋守章訳（1977）『オーガニゼーションズ』ダイヤモンド社。）

McKelvey, B.（1982），*Organizational Systematics: Taxonomy, Evolution, Classification*, University of California Press.

Perrow, C.（1967），"A Framework for Comparative Analysis of Organization," *Amreican Sociological Review*, Vol. 32, No. 3.

Perrow, C.（1970），*Organizational Analysis: A Sociological View*, Wadsworth.（岡田至雄訳（1973）『組織の社会学』ダイヤモンド社。）

Rumelt, R. P.（1974），*Strategy, Structure, and Economic Performance*, Harvard University Press.（鳥羽欽一郎・山田正喜子・川辺信雄・熊沢孝訳（1977）『多角化戦略と経済成果』東洋経済新報社。）

Stopford, J. M. and Wells Jr., L. T.（1972），*Managing the Multinational Enterprise*, Basic Books.（山崎清訳（1976）『多国籍企業の組織と所有政策』ダイヤモンド社。）

Thompson, J. D.（1967），*Organizations in Action*, McGraw-Hill.（高宮晋監訳（1987）『オーガニゼーション・イン・アクション』同文舘。）

Weick, K. E.（1976），"Educational Organizations as Loosely Coupled Systems," *Administrative Science Quarterly*, Vo. 21, No. 1.

Weick, K. E.（1969），*The Social Psychology of Organizing*, Addison-Wesley.（金児曉訳（1980）『組織化の心理学』誠心書房。）

Weick, K. E.（1979），*The Social Psychology of Organizing*, 2nd ed., Addison-Wesley.（遠田雄志訳（1997）『組織

化の社会心理学』文眞堂。）
Weick, K. E.（1995）, *Sensemaking in Organizations*, Sage.（遠田雄志・西本直人訳（2001）『センスメーキング イン オーガニゼーションズ』文眞堂。）
Woodward, J.（1965）, *Industrial Organization: Theory and Practice*, Oxford University Press, 1965.（矢島欽次・中村壽雄訳（1970）『新しい企業組織』日本能率協会。）
Woodward, J.（1970）, *Industrial Organization: Behavior and Control*, Oxford University Press.（都筑栄・宮城浩祐・風間禎三郎訳（1971）『技術と組織行動』日本能率協会。）

岸田民樹（1985）『経営組織と環境適応』三嶺書房。
岸田民樹（2000）「状況適合理論：回顧・現状・展望」『組織科学』第33巻第4号。
岸田民樹（2001）「組織」山倉健嗣・岸田民樹・田中政光『現代経営キーワード』有斐閣，第2章所収。
岸田民樹・田中政光（2009）『経営学説史』有斐閣。
岸田民樹編著（2009）『組織論から組織学へ』文眞堂。
高橋伸夫（1993）『ぬるま湯的経営の研究』東洋経済新報社。
降旗武彦（1970）『経営管理過程論の新展開』日本生産性本部。
林琳（2009）「グローバル経営戦略と組織デザイン」名古屋大学博士学位論文。

〔岸田民樹〕

第3章

社会－技術システムと作業組織の生成・発展
―Work Organizing と Work Organized ―

I. はじめに

　第2章に記されているように，これまで組織論を体系的に整理する枠組みは，十分に展開されてこなかった。
　現代経営組織論の特色が多元的，分裂的な傾向にあるという指摘，この現状を整理して統合的に見る視点を提示することが重要だという問題提起，そして，組織学を支える個々の概念，これらはすでに岸田（1985, 1994, 2001a, 2001c, 2005a, 2005b, 2013），岸田・田中（2009）でも何度か取り上げられている。岸田が，「統合的に見る視点を提示することが，重要な課題となっている」（岸田，2005b，266頁）と明記しているのは，経営組織論自体が，「発展しながらも，ある意味では対立的な様相を呈している」（岸田，2005b，265頁）からなのである。
　それでは，経営組織論は，どのように多元的，分裂的なのか。岸田（1985）によると，組織論の発展は，① Closed & 合理的モデル，② Closed & 自然体系モデル，③ Open & 合理的モデル，④ Open & 自然体系モデルの4つに分類されうる（岸田，1985）。
　まず，Closed とは，クローズド・システム・アプローチのことで，環境からの影響を考えないものである。他方，Open とは，オープン・システム・アプローチのことで，環境との相互作用を前提とする（岸田，1985, 2005b）。
　次に，合理的モデルとは，組織（Organization）を，与えられた目的を合理的に達成するための構造と見るというものであり，組織が人間の行動を規制すると考える立場である。他方，自然体系モデルとは，組織を人間行動の集合

ととらえ均衡を維持する自己安定化作用を重視するというものであり，人間行動が結果として組織を形成すると考える立場である（岸田，1985，2005a）。Organized（構造統制，構造化）とは，形成された組織構造が個人の行動を規制する側面であり，Organizing（組織生成，組織化）とは，個人が組織を形成していく，即ち，新しい組織構造の形成に向けて人々の活動を相互に連結する側面であるので（岸田，1994，2001a，2005a，2005b），合理的モデル，自然体系モデルは，それぞれ，Organized，Organizing と言い換えることができる。

岸田（1985，2005a）は，これら①～④のモデルの各々について，人間，組織，環境というように大きく3つの分析レベルに分類している。また，岸田（2001b）では，上記の他に，作業組織，社会等の分析レベルも示されている[1]。

現代経営組織論は，多元的，分裂的であるため，岸田（2005b）や本書では，多元的パラダイムおよび多元的分析レベルへの傾向を，何らかの枠組みを通じて統合することは可能かどうかが検討されている。

この「統合」の方法には2つある（岸田，2001c，2005b）。①同じレベルでは対立する要素を1段上のレベル（次元）あるいは階層によって統合する「共時的統合」と，②正反対の因果関係を時間の経過に沿って繰り返されるサイクル（一方の結果が他方の原因）と考えて同じレベルで統合する「経時的統合」である（岸田，2001c，2005b）。

まず，多元的分析レベルに関してであるが，ここでは発展段階モデルという共時的統合が用いられる。発展段階モデルとは，「組織において，技術（内部環境）と課業環境（外部環境）という対立する要求を，組織の中に組み込むことを通じて，組織が階層を付加させながら発展していく」（岸田，2005b，273頁）分析枠組みである。岸田（2005b）では，経営組織の発展段階モデル（岸田，1985，2005b）と作業組織の発展段階モデルは，分析レベルを異にしているが，発展の形態は同型性を持っていることが示される。即ち，発展段階モデルが持っている分析の枠組みは，分析レベルを超えて，経営組織のレベルにも，作業組織のレベルにも，基本的に適用できることが明らかにされる（岸田，2005b）。

次に，多元的パラダイムに関してであるが，ここでは，経時的統合が用いられる。経時的統合とは，「正反対の因果関係を，時間の経過に沿って繰り返さ

れるサイクルと考えて，同じレベルで統合するもの」（岸田，2005b，269頁）であり，「正反対の因果関係を持つパラダイムは，この因果関係が時間の順序に沿って繰り返されるなら，逐次的な時間の経過に沿って経時的に統合することができる」（岸田，2005b，268頁）。そして，戦略論の現状が引用され，創発的アプローチ→資源ベース・アプローチの「組織→戦略→環境というミクロ戦略論（Strategizing）」とポジショニング・アプローチ→計画アプローチの「環境→戦略→組織のマクロ戦略論（Strategized）」が経時的に統合できることが示される。即ち，戦略レベルのプロセスが，組織レベルのプロセス（「人間→組織→環境（Organizing）というミクロ組織論」と「環境→組織→人間（Organized）というマクロ組織論」の統合）と同型性を持つことが示されるのである（蔡，2005；岸田，2005b）。

そこで，本章では，分析レベルを作業組織（Work Organization）に設定し，まず，作業組織の生成・発展，即ち，「人間→作業組織→組織（Work Organizing）」と「組織→作業組織→人間（Work Organized）」の経時的統合について触れる。次に，作業組織の生成・発展と社会システム，技術システムとの関係について論じる[2]。

なお，社会システム，技術システムの概念に関してであるが，これらについては，以下の説明が参考になる。「いま，2つのハンドルのついた鋸(のこぎり)を操作する2人の樵(きこり)を例にとってみよう。ここでの社会システムとは2人の樵と彼らの対人関係であり，生物的および社会的・心理的原則が2人の社会関係を支配する。技術システムとは鋸とそれを操作する知識であり，機械的法則が鋸の操作を決定する。両者の法則は異なっているため，2つのシステムは独立と考えられる。しかし，木を切るためには両者は協働しなければならない。すなわち，社会システムと技術システムとは，独立だが関連しあっており，両者は組織化された全体（Gestalt）を構成するのである」（岸田，1989，42-43頁）。したがってこの例でいうならば，2人の樵と彼らの対人関係が社会システムであり，鋸とそれを操作する知識が技術システムである。2人の社会関係，即ち社会システムを支配するのは，生物的，社会的・心理的原則であり，技術システムを支配するのは，機械的法則である。社会システム，技術システムと，合理的モデル，自然体系モデルとの関係については，「総じて，合理的モデルでは組織の

技術的側面が, 自然体系モデルでは社会システムの側面が強調される」(岸田, 2001b, 211頁) とされている。

II. 作業組織の生成・発展

　前節で触れたように, 岸田 (1985) では, 組織論の発展に関する4つの分類, 即ち, ① Closed & 合理的モデル, ② Closed & 自然体系モデル, ③ Open & 合理的モデル, ④ Open & 自然体系モデルが示されている。しかしながら, それと同時にある意味で, 上記の分類に収まりきらない学説の存在もほのめかしている。即ち, オープン・システム・アプローチをとり入れながら合理的モデルと自然体系モデルを統合しようとする動き (学説) の存在であり, Simon を始祖とするカーネギー学派の意思決定論と Tavistock 人間関係研究所の社会-技術システム論がこれに該当する。このうち, 社会-技術システム論は, 組織レベルでの分析も行っているが, どちらかというと作業組織レベルでの分析が主である。

　したがって, 社会-技術システム論は, 作業組織の生成・発展のプロセス (経時的統合) を考える際に適していると言える。そこで, 以下では, 社会-技術システム論を引用しながら議論を進めていく。

1. 社会-技術システム論の展開

社会-技術システム論の展開に関して, Herbst (1974) は以下のように3つの段階に分けている。

　第1段階には, 機械化の下で働く坑夫の精神的不調に関する Morris (1947), Halliday (1948) の研究や, 石炭採掘方法 (長壁式) が人々に与える社会的・心理的影響に関して書かれた Trist and Bamforth (1951) の研究などが属する。この第1段階において, 技術システムと社会システムの Joint Optimization (同時最適化) の原則が出現する (Herbst, 1974)。

　第2段階は, 1954年に始まり, Durham地域 (石炭産業) におけるフィールド・ワークなどが行われ, 労働者自身によって組織された多くの自律的作業集

団が発見された。これらの作業組織は従来の作業組織よりも，生産性の面と労働者の社会―心理的な面の両方において優れていた。第2段階は1959年に終わりをむかえるが，その後は，組織をオープン・システムとして見なすことの重要性が強調され，Emery and Trist（1965）が，異なるタイプの環境への適応という観点からさまざまなタイプの組織を見ることができることを示すなど，理論的な諸問題に関する研究が続いた（Herbst, 1974）。

　第3段階の出発点は，1962年に始まったノルウェーにおける産業民主主義プロジェクトであるが，その目的は，意思決定への労働者の参加を拡張する基本原理として，自律的作業集団を活用することだった。従来の研究では，技術システムは所与とされていたが，第3段階では，広範囲の実行可能な代替案の中から技術システムを選択することが考えられるようになる（Herbst, 1974）。

　さらにHerbst（1974）は，上述の各段階における諸研究に関して，以下のようにまとめている。第1段階では，主に組織内部の社会―技術構造に集中し，第2段階では，種々の環境に関連する最適な組織構造を発見する判断基準が発展したものの環境は所与とされた。しかしながら，組織は自身の環境に適応するだけではない。産業の中で発展している社会―技術システムは，環境の中で諸変化を引き起こしたり，諸変化を要求したりもする。そしてその一例が，ノルウェーにおける産業民主主義プロジェクトの中に見られる，と（Herbst, 1974）。

　Herbst（1974）が挙げた3つの段階のうち，第1段階は，研究の基本的な特徴を示すものとして，そして，第3段階は，その後の大きな変化を示すものとして，着目すべきものである。では，まず，第1段階では，どの研究を取り上げるべきだろうか。

　Miller（1999）によると，社会―技術システム論の「社会―技術的」な概念を作ったTristは，1950年の未刊行論文の中で，初めてその概念を披露しており，Bamforthとの共同執筆（Trist and Bamforth, 1951）は，その概念を発展させたものである（Miller, 1999）。また，Herbst（1974）は，「社会―技術システム研究の分野で採用された基本的なコンセプトのほとんどはTrist and Bamforth（1951）の論文に遡ることができる」（Herbst, 1974, p. 3）とも記している。Tristが，元坑夫のBamforthと共に1951年に発表したこの研究は，副題「作業

システム (Work System) の社会構造と技術内容に関連した，作業集団 (Work Group) の防衛および心理状態の考察」からも伺えるように，その分析対象は，作業組織にあった。

そこで，以下では，Trist and Bamforth (1951) の研究を，Organizing, Organized と，社会システム，技術システムの両側面からみてみよう。

2．自律的作業集団

Trist and Bamforth (1951) においては，Dickson (1936)，Morris (1947)，Halliday (1949) といった先行研究では，機械化の下で働く坑夫の間で見られる心身の障害といった心理的・社会的要因に着目しているものの，坑夫の健康および生産性と，作業システムの社会構造との関係が突き止められていないことが指摘されている。

Trist and Bamforth (1951) によると，機械化される以前に採られていた手掘式では，1人の坑夫とその相棒からなる作業ペアに，数名の坑夫らが加わり時には7，8名まで拡張する小集団が，自分たちの短い切羽で作業を行っていた。この作業集団の特徴は，構成メンバーが作業の全サイクルを経験し石炭採掘の全課業の責任を公平にとる，というもので，請負契約は1人の坑夫とその相棒が経営者と結ぶものの，それはその小集団全員の共同事業と見なされた。小集団は自分たちの目標を自由に定めることができたので，その結果，構成メンバーの各々に応じて生産目標のレベルを調節することが可能だった。「監督」の仕事は小集団自身が行い，それは「責任ある自律 (Responsible Autonomy)」という特質を持っていた。坑夫らが使用する機器は単純であったが，彼らの技能は複雑で，多能な熟練坑夫としての誇りと自立 (Independence) があった。仕事仲間の選択は労働者自身によって行われ，安定した関係が長年にわたって持続し，負傷・死亡といった事態にはその家族の世話をすることも珍しくなかった。熟練坑夫としての誇りと自立や，団結した集合体へ依存できる安心がまた「責任ある自律」に寄与していた (Trist and Bamforth, 1951)。

機械化される以前に採られていた手掘式は，使用する機器自体は単純なものであったが，それを使用する側の人間が持つ技能は複雑であった。この意味で，技術システムそのものの重要性よりも，むしろ社会システムと技術シス

テムとの相互作用の重要性が大きく，それが上手く機能していたと言える。また，人々の活動を相互に連結した結果として時には7，8名まで拡張する小集団という構造が形成され，「責任ある自律」という均衡を維持する自己安定化作用が重視されたという意味で，Organizingの側面が強調されていた。

しかしながら，Trist and Bamforth（1951）によると，コール・カッターやコンベアーの出現にともなう機械化により，採炭技術の複雑度は高まった。イギリスでは石炭の層が薄いため，短い切羽よりも長い切羽の方がコストが低くなること，機械化により，長い切羽が可能となること等の理由から，長壁式が採用された。その結果，熟練坑夫の作業ペアに基づく小集団，という社会構造は解体されてしまった。新しく出現した社会構造は，作業を担当する40〜50人の労働者，発破係，現場監督（Deputy）からなる。仕事は3つのシフトにわたって連続した標準的な作業に分解され，第1シフト10人，第2シフト10人，第3シフト20人というように，各々を7時間30分で行い，24時間で全体の採炭サイクルが一度になされるようになった（Trist and Bamforth, 1951）。つまり，「機械化」の技術的利点を追求するという合理的目的を達成するための組織構造がとられたという意味で，Organizedの側面が強調されるようになったのである。

Trist and Bamforth（1951）では，さらに以下のことが指摘されている。各課業には密接な相互依存性があるにもかかわらず，社会的な全体としてのサイクル・グループが存在しないことが長壁式の問題の1つであった。課業の細分化，役割やシフトの分離などにより，コミュニケーションは阻害され労働者間の協力は失われ，全体の採炭サイクルは円滑に遂行されなかった。労働者は孤立し，スケープゴート，無断欠勤（アブセンティーズム）などが生じた。機械化による大量生産の導入で，機械化以前に存在していた小集団の「責任ある自律」という特質は損なわれ，その結果，生産性は増大するどころか低下してしまった。(Trist and Bamforth, 1951)。

この論文の結論の中で，Tristたちは，技術的なだけでなく，社会的な全体が成立しうる場合にのみ，作業集団の関係が成功裏に統合でき，新しい社会的な均衡が創造されること，そして，第1次集団に責任ある自律を取り戻させることがいかに重要であるか，について記している。彼らが指摘していることを

OrganizingとOrganizedを用いて言い換えるならば，組織によって選択された「機械化」により技術的利点という合理的目的を達成する（Organized）だけでなく，第1次集団が責任ある自律という均衡を維持する自己安定化作用を持つこと（Organizing）が同様に重要だということなのである。

　Herbst（1974）が，「社会－技術システム研究の分野で採用された基本的なコンセプトのほとんどはTrist and Bamforth（1951）の論文に遡ることができる」（Herbst, 1974, p. 3）と記しているように，社会－技術システム論においてTrist and Bamforth（1951）の研究は重要な位置を占める。しかしながら，Miller（1999）によると，実は，作業組織が機能障害をおこしている長壁式の採掘技術は，彼らが最も書きたかった主題ではなかった。1950年にBamforthは，すでにSouth Yorkshireの炭坑現場で，代替的な作業組織，即ち，「労働者が，技術的条件に適合させて，仕事の全サイクルにわたって作業を行う大きな自己管理チーム」を発見していたのであり，TristはBamforthからのこの報告に興奮し，すぐにその炭坑を訪問している（Trist, 1981；Miller, 1999参照）。

　Trist（1981）によると，South Yorkshireの炭坑現場の1つHaighmoor層では，最小の監督で役割やシフトを交替し自分たちの職務を規制する，相対的に自律的な集団を構成していた。集団間で協力し，無断欠勤は少なく，事故も稀にしか生じず，生産性も高かった。労働者たちがTristたちに話した内容は，労働者たち自身が，「技術的条件の利点に適合させるために」「全サイクルに責任を持つ小集団が自律的に働いていた，機械化以前に一般的であった慣行（これらの慣行は，機械化が進むにつれて消えてしまっていたのだが）に基づいた作業組織形態を発展させた」というものだった（Trist, 1981）[3]。即ち，労働者たち自身が，組織によって設定された技術的条件の利点に適合させるという合理的目的の達成を念頭に置きつつも（Organized），機械化以前に一般的であった慣行に一義化し作業組織形態を発展させ責任ある自律を取り戻したのである（Organizing）。これは，作業組織（Work Organization）を通じて，Work OrganizingとWork Organizedが統合されたということである。

3．産業民主主義と自律的作業集団

　Tavistock人間関係研究所と産業民主主義との関連は，1940年代後半から行

われたグレーシャー・メタル・カンパニーでの研究においてすでにみられ，1962年には，ノルウェーで産業民主主義プロジェクトが開始されている。しかしながら，産業民主主義とは，一体，何を意味し，社会－技術システム論のいうところの産業民主主義とはどういったものなのか。

Trist（1981）は，産業民主主義の形態や意味については混乱があり，依然として完全には明らかにされていないとしながらも，参加とパワーの分配様式に関して，以下の4つの形態を区別している（Trist, 1981, p. 35）。

① 利害集団民主主義：組織された労働者は団体交渉を通じて，経営者に左右されない独立の役割を行いうるパワーをもつ。
② 代表民主主義：組織の低い階層の人たちが，高い階層で決定された政策に影響を与える（労働者重役，工場協議会）。
③ 所有者民主主義：従業員持株企業や株式の取得が可能な協同組合。
④ 労働民主主義：労働者自身が，自分のレベルにおいてどのように仕事をなすべきかに関する意思決定に，直接参加する。

労働民主主義は，歴史的には最も新しい形態で，社会－技術システム論にいう仕事の再編成はこれを指している（Trist, 1979, 1981）。労働民主主義では，労働者が自分の仕事との関係の「内容」に影響を及ぼすのに対し，代表民主主義など公式的な民主主義の表明に関連したものでは，そうではなく，労働者と仕事の関係を調停するように作用する（Emery, 1963）[4]。

このように，社会－技術システム論では，現場の労働者による自身の仕事に関する意思決定への参加に着目しているが，特にEmery（1963）では，「作業現場の民主化」（Emery, 1963, p. 135）が強調されている。自律性の程度の変化が，産業における労働者の基本的な立場の変化を引き起こす。労働者個人の，行為やコントロールの範囲が増大することが，民主主義への1つの進歩である，と。つまり，個人が，ある一定の最低限の自由をもつことが，公式の民主的な行動を活気づかせるための前提条件なのである（Emery, 1963）。

また，Emery（1963）は，個人によって行使されるコントロール総量増大の重要性を認めながらも，機械化されてはいるが自動化されていない産業の大部分においては，個人がどんなに高いスキルを持っていても，また，高く動機づけられていても，課業の諸ユニットは一個人が包含するにはあまりにも大きい

ことを指摘する。そのため，社会―技術システム論では「自律的作業集団」に焦点が置かれるのである。

以上のことは，労働者自身が集団として，技術そのものを選択することへとつながっていく。たとえば，ノルウェーの海運業に関するHerbstらの研究(Herbst, 1974, 1976；Trist, 1978, 1981)では，利用可能な技術について多くの代替案の中から，長期間陸を離れ孤立した状態で生活し仕事をしなければならない，小さな船の共同体メンバーの社会的・心理的要求に最も適した技術が選択された。つまり，組織の合理的目的追求に沿った（与えられた目的を合理的に達成するための）技術を前提とするのではなく（即ち，Organizedではなく)，作業組織の構成メンバーそれぞれの欲求に基づいた結果として，技術が選択された（一義化された）のである（Organizing)。

このノルウェーの海運業に関するHerbstらの研究では，オフィサーと船員との身分差が縮小，もしくは撤廃されオール・オフィサーとなり，また，海上で，陸上勤務に備えて訓練も行われるようになった。さらに，1企業だけでなく産業レベルで，そして海事規制機関や海員組合までも巻き込んで議論が行われた（Herbst, 1974, 1976；Trist, 1978, 1981)。つまり，Trist（1978）も記しているように，社会システムが技術デザインの出発点になる可能性が示されたのである。そして，このモデルは，工場の設計（デザイン）にも影響を与えたのであり，たとえばボルボでは，アセンブリー・ラインの代替案を探すことになったのである（Trist, 1978)。以下では，主にBerggren（1992）に基づき，ボルボの事例を紹介する。

4. 技術デザインの出発点としての社会システム

Trist（1978）が例に挙げたように，スウェーデンの自動車産業，ボルボにおける研究は，社会―技術システム論の影響を受けているといわれている。

1960年代以降，スウェーデンの失業率は低レベルで推移し慢性的な労働力不足にあったことに加えて，スウェーデン独自の連帯賃金によって，業種間および企業間の賃金格差はきわめて小さいものとなっていた（今村, 2000；篠崎, 1998)。もはや自動車メーカーにとって十分な数の労働者を集め，彼らをテーラーリズム化された作業に長期間留めることは困難になっていたのである（今

村, 2000；篠崎, 1998；Berggren, 1992)。

1971年にボルボに入りCEO（最高経営責任者）になったGyllenhammarは，労働者が抱えている問題を深刻に受け止め，会社のトップから現業面まで従業員参加の方向に向かって進める方針を提案し，作業の再編成にも積極的に取り組んだ（Gyllenhammar, 1977；Berggren, 1992）。ボルボにおいて，「スウェーデンの労働市場問題に向けた戦略的対応」（Berggren, 1992, p. 166, 邦訳185頁）がなされることになったのである。しかし，アセンブリー・ラインの代替案を探すといっても，カルマル工場とウデヴァラ工場では，そのプロセスや結果は違った。

Berggren（1992）によると，ボルボのカルマル工場では，トップの経営陣に指示されて革新的な工場が設計された。アセンブリー・ラインが廃止され，AGV（自動搬送機）が導入された。しかしながら，公式評価では，カルマルはスウェーデンにおけるボルボの最も優れた工場であるとされたものの，作業は反復的で労働強度や肉体的負担も依然として大きいという問題があった（Berggren, 1992）。

他方，ウデヴァラ工場の場合，カルマル工場の生産設計を真似ることを狙いとしてプロジェクトが始まったものの，ボルボの経営上層部はそれが解決策になるとは考えておらず，エンジニアの中には，他の解決策を模索しているものもいた。金属労組はカルマル・コンセプトを拒否し，①固定された場所での組立，②作業サイクルの上限の延長，③機械によるペースづけの廃止，④重要な通常業務の一部としての間接的課業の遂行（全ての組立作業者が対象），を要求した（Berggren, 1992）。

このように，カルマル工場とは違い，ウデヴァラ工場の場合は，プロジェクトの当初から，組合やエンジニア，さらに研究者，コンサルタントたちが，より急進的な代替案を追求し，改革された組立作業に必要とされる新しい支援システムを開発することにも積極的に関与した。プロジェクト全体が，既存の代替案の実施から根本的に新しい構想の発見と開発へと変化した。たとえば，教育訓練を余剰経費としてではなく潜在的可能性として捉え，作業設計の出発点として把握すべきであるという視点が導入された。教育訓練場では，自動車の完全組立方法および，計画，設備，材料の組織化，進捗管理，報告など，手作

業と知識の両機能の習得が目標に掲げられた。教育訓練場は，生産開発のための一種の実験場として機能するようになり，実際のテストにより作業サイクルの上限も取り払われることになった。組合の支援も得て，プロジェクト・リーダーは，ウデヴァラの考えを組織上層部に受け入れさせ，その結果，上層部からの支援も強まった。国有の大造船所閉鎖に伴う雇用創出の観点より，政府から非常に大きな支援も得た（Berggren, 1992）。

複数の局面を経たウデヴァラでの改革における最終解決策は，組合の最も急進的な要求を凌ぐものとなった。メディアからの批判を受けて，新たな操業を成功させようとする経営陣と労働者双方のコミットメントが強まったことなどもあり，ウデヴァラ工場立ち上げから数年で，転職率は4%にまで下がり，労働者は自らの仕事に大きなプライドを持つようになった。品質は企業目標付近で安定し，生産性も，ボルボの主要なスウェーデンの生産拠点にある組立ラインの生産水準に達した（Berggren, 1992）。

5．経時的統合：作業組織の生成・発展

ではここで，社会－技術システム論に基づき，作業組織（Work Organization）と Organizing, Organized の関係をまとめてみよう。社会－技術システム論では，Organizing と Organized の両側面が見られる。そして，この Organizing と Organized の両側面を，自律的作業集団を通じて統合している。この意味で，社会－技術システム論は，Organizing と Organized を，作業組織を通じて共時

図3-1 作業組織の共時的統合

```
            Work Organization
                   |
        ┌──────────┴──────────┐
   Work Organizing        Work Organized
```

出所：岸田（2009b, 123頁；2009c, 265頁），
　　　杉浦（2009, 50頁）を加筆修正。

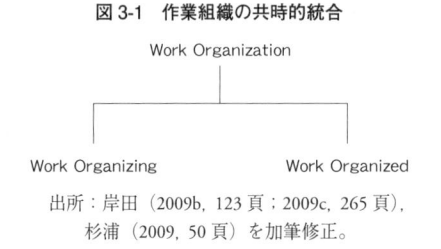

的に統合していると言える（図3-1参照）。

しかしながら，Trist and Bamforth（1951）をはじめ当初の研究では，組織によって設定された技術的条件の利点に適合させるという合理的目的のもと

(Organized），労働者たちの間で機械化以前に一般的であった慣行に一義化され，責任ある自律を取り戻す（Organizing）というものであった。つまり，出発点は所与の技術であり，その所与の技術の利点を重視し目的を合理的に達成することであった。したがって，OrganizingとOrganizedのどちらを重視しているのかと言えば，どちらかといえばOrganizedの側面が強調されていた。

それに対し，その後のノルウェーやスウェーデンでの研究，たとえば，ノルウェーの海運業に関するHerbstらの研究（Herbst, 1974, 1976；Trist, 1978, 1981）においては，与えられた目的を合理的に達成すること（Organized）よりも，小さな船の共同体を構成する人々の社会的・心理的要求が重視され，それに沿うような技術が選択されたという意味で，Organizingの側面が強調されている。同様なことは，労働者の社会的・心理的要求を重視し，合理的目的達成の観点から本来ならば外せないはずのアセンブリー・ラインをあえて廃止した自動車産業（ボルボ）の研究（Berggren, 1992；Gyllenhammar, 1977）においても言えることである。

このように，社会一技術システム論では，当初は，どちらかというとOrganizedの側面が強かったが，その後の研究では，Organizingの側面が強調さ

図3-2　経時的統合：組織の生成・発展のプロセス

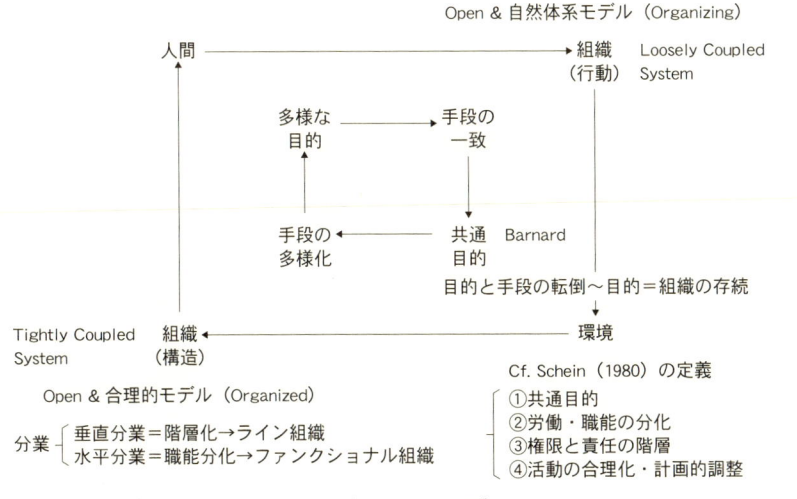

```
                              Open & 自然体系モデル（Organizing）
  人間 ─────────────────→ 組織      Loosely Coupled
         ↑                  （行動）   System
         │
      多様な ────→ 手段の
       目的        一致
         ↑           │
         │           ↓
      手段の ←──── 共通   Barnard
      多様化        目的
                     │
                     ↓
                  目的と手段の転倒～目的＝組織の存続
  Tightly Coupled  組織 ←──────────────── 環境
  System         （構造）
                                    Cf. Schein（1980）の定義
    Open & 合理的モデル（Organized）  ┌①共通目的
       ┌ 垂直分業＝階層化→ライン組織  │②労働・職能の分化
    分業┤                            ┤③権限と責任の階層
       └ 水平分業＝職能分化→ファンクショナル組織 │④活動の合理化・計画的調整
                                    └
```

出所：岸田（1994, 14頁；2005b, 269頁；2009b, 123頁）。

れている。Herbst（1974）も指摘しているように，組織を技術の要求へ適合させることから，技術を人間や組織の要求へ適合させることへの，組織デザインにおける変化がみられるのである。即ち，技術自体が選択の対象となり，作業組織が自律性を持つことが重視されることにより，作業組織→組織→環境へと変革の波及を強調するようになっている。つまり，Organizingの側面の方が，より強くなるのである。このように見るならば，社会－技術システム論は，環境→組織→作業組織→人間→作業組織→組織→環境…というように，経時的にOrganizedの側面とOrganizingの側面を統合している，ということができる。

これを，岸田（1994, 2005b, 2009b）の「組織の生成・発展のプロセス」（図3-2）を応用して図示してみよう。岸田（1994, 2005b, 2009b）では，環境→組織→人間→組織…といった一連の流れの中で「組織」が強調され，図では「組織」が2度記されている。これは，分析レベルを組織におき，そのOrganizingとOrganizedの側面を表しているためである。

そこで，分析レベルを作業組織に置きOrganizingとOrganizedの2つの流れで経時的に捉えてその統合の側面を表すならば，以下の図3-3のようになる。

図3-3 経時的統合：作業組織の生成・発展のプロセス

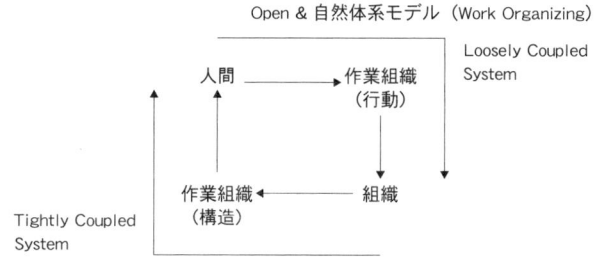

Open & 自然体系モデル（Work Organizing）
Loosely Coupled System
人間 ─→ 作業組織（行動）
作業組織（構造）←─ 組織
Tightly Coupled System
Open & 合理的モデル（Work Organized）

出所：杉浦（2009, 51頁）を加筆修正。

ところで，上記の図3-3では，組織→作業組織→人間→作業組織→組織…というように経時的統合の側面が示されているものの，「環境」が含まれていない。

そもそも社会－技術システム論は，オープン・システム・アプローチの立場から環境との相互作用を念頭に置いている。また，ボルボの事例では，「ス

ウェーデンの労働市場問題に向けた戦略的対応」(Berggren, 1992, p. 166, 邦訳 185 頁) もあった。そこで，岸田 (2013, 12 頁) の「環境－戦略－組織－業績 (ESOP) パラダイム」(図 3-4) を参考に，図を作成することとする。

図 3-4　ESOP (Environment, Strategy, Organization, Performance) パラダイム

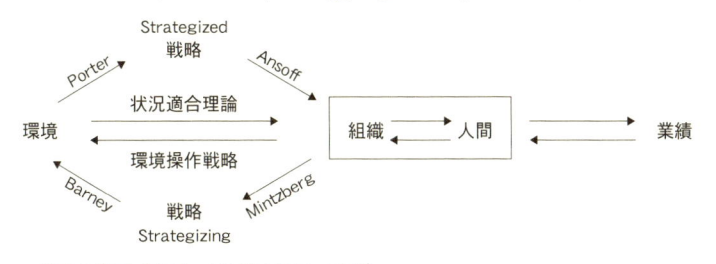

```
              Strategized
                  戦略
         Porter ↗        ↖ Ansoff
              状況適合理論
    環境  ←――――――――→  組織 ←→ 人間 ←――→ 業績
              環境操作戦略
         Barney ↘       ↙ Mintzberg
                  戦略
              Strategizing
```

出所：岸田 (2009b, 129 頁；2013, 12 頁)。

「環境」について，Emery and Trist (1965) は，組織－環境関係のタイプを4つに分類している (図 3-5)。ⓐ組織内部の相互依存状態 (L_{11})，ⓑ組織と環境との間の交換プロセス：組織から環境への影響 (L_{12})，ⓒ組織と環境との間の交換プロセス：環境から組織への影響 (L_{21})，ⓓこの交換状態を規定する環境そのものプロセス (L_{22}) である。

図 3-5　組織－環境関係のタイプ

$$L_{11} \quad L_{12}$$
$$L_{21} \quad L_{22}$$

L：組織と環境との関係を示す。1：組織を表す。2：環境を表す。
出所：Emery and Trist (1965, p. 22).

岸田 (1985) は，Emery and Trist (1965) を引用し，組織－環境関係における「環境」は，少なくとも以下の3つのレベルを持つことになる，としている (岸田, 1985, 35 頁)。

① 組織内の個人あるいはグループに焦点をあて，いわば組織の内部環境を問題とするもの。
② ある1つの組織に焦点をあて，その組織を取り巻く諸要素 (組織) のうち，どの部分が当該組織と関連を持つか，即ち当該組織とその外部環境を問題とするもの。

③ ある一定の全体環境に焦点をあて、社会システムとしての環境を問題にするもの。

②、③は外部環境であり、③の環境には社会的背景と社会環境がある（岸田, 1985）。

社会－技術システム論は、L_{22} を念頭に置き、作業組織に着目しながら組織と環境との相互作用を考慮する（L_{11}, L_{12}, L_{21}）。したがって、主な分析レベルは作業組織ではあるものの、①～③の環境を考慮している。

先述のボルボの事例では、労働市場の加熱により、ボルボは深刻な新規採用問題に直面していた[5]（「②当該組織とその外部環境」）。特にウデヴァラ工場の設置に関しては、政府から非常に大きな支援があったが[6]（「②当該組織とその外部環境」）、これは、その場所で国有の大造船所が閉鎖され、早急に新しい仕事を創出しなければならなかったためである[7]（「③社会的背景と社会環境」）。また、組合では、ウデヴァラ工場の設計がスウェーデンの他の産業にも影響を及ぼすと考えられ組合内部の討議に火が付き、その議論に金属労組の研究部門が積極的に参加することになった。その結果、金属労組がカルマル・コンセプトを拒否し、金属労組からボルボに対して4つの要求が提出された[8]（「②当該組織とその外部環境」）。このような状況の中、労働市場問題に向けた戦略的対応としてプロジェクトが立ち上げられ実行されたのである[9]。このように、環境→戦略→組織→プロジェクトチーム、作業組織という側面が見られる。

また、プロジェクトでは、その当初から、組合、エンジニア、研究者、コンサルタントらが積極的に急進的な代替案を模索した。さらに、経営上層部の支援を取り付け労働者にとって魅力のある作業現場を創造し、会社内の労働者だけでなく社会や労働市場に向けて戦略的な対応策（代替案）が提示された[10]（「②当該組織とその外部環境」）。このように、作業組織、プロジェクトチーム→組織→戦略→環境という側面も見られる。以上を図で示すならば以下のようになる（図3-6）。

なお、「ESOPパラダイム」（岸田, 2013）の「P（業績）」については、「ESOPパラダイム」の分析レベルが組織であるのに対し、ここでの分析レベルはさまざまな人々からなる作業組織であることを考慮し、生産性・満足とした。このとき、職務特性に関する人間の内発的・外発的要求についてまとめた Trist

図3-6 ESOW (Environment, Strategy, Organization, Work Organization) パラダイム

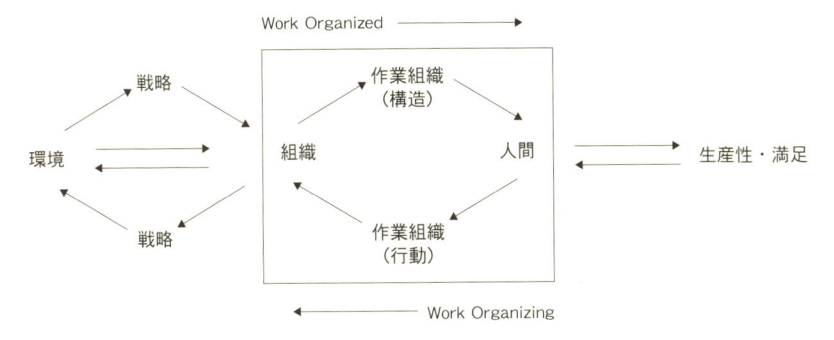

出所：岸田（2009b, 129頁；2013, 12頁）を加筆修正。

(1981) の表が参考になる（表3-1 参照）[11]。たとえば，環境からの要求により大量に安く製品を製造する必要があるならば，環境→戦略→組織→作業組織→人間というように生産性向上という合理的目的の達成が追求されるであろう（Organized）。そして，業績が上がり，Trist (1981) が外発的要求として挙げている「公正で適切な給料」や「職務保障」等を手にすることができるならば，労働者は満足するであろう。また，同じく環境からの要請により，生産性よりも品質の維持・向上が求められるならば，それを追求することが合理的であり，環境→戦略→組織→作業組織→人間というように働きかけられる場合もあるだろう（Organized）。この場合は，生産性が低下することもある。しかし，Trist (1981) が内発的要求として挙げている「意味ある社会貢献」のように，社会的責任を果たすことにより満足が得られることが考えられる。

表3-1 職務特性

外発的	内発的
公正で適切な給料	多様性とやりがい
職務保障	継続的な学習
給付金	自由裁量，自律性
安全	承認と支援
保健・衛生	意味ある社会貢献
正当な法手続き	望ましい将来
雇用条件：	職務自体：
社会経済的	心理社会的

出所：Trist (1981, p. 42).

他方,Trist(1981)が挙げている「多様性ややりがい」「自由裁量や自律性」等を求めて,人々が相互に連結する(Organizing)こともあれば,自分たちの用いる技術自体を選択し,自分たちが用いやすいように「継続的な学習」等を行い,活動を連結する(Organizing)こともあるであろう。

III. 作業組織の生成・発展のプロセスと,社会システム,技術システム

　前節では,作業組織の生成・発展のプロセス(経時的統合)についてみてきた。そこで本節では,Organizing, Organizedと,社会システム,技術システムとの関係について考えてみたい。

　岸田(2001b)によると,「総じて,合理的モデルでは組織の技術的側面が,自然体系モデルでは社会システムの側面が強調される」(岸田,2001b,211頁)とある。これは,Organizedでは技術システムの側面が,Organizingでは社会システムの側面が強調されると言い換えることができる。

　しかしながら,注意しなければならないのは,あくまでも,Organizedでは技術システムの側面が強調され,Organizingでは,社会システムの側面が強調されるということである。「Organized＝技術システムの側面」「Organizing＝社会システムの側面」なのではない。

　Trist(1981)は,社会によって技術が選択され,技術の変化が社会の変化を引き起こすというように,技術の選択や,技術システムと社会システムの相互作用を念頭に置いたうえで,環境のタービュランス(Turbulence)に人間や組織が対処することを指摘している。これからもわかるように,社会による技術の選択が,技術的な利点を生かすという合理的な目的の追求である(Organized)こともあれば,個々の人間の決して合理的とは言えない社会的・心理的欲求を支援する(Organizing)こともある。技術の変化が,合理性を追求する社会を形成することもあれば,人間の非合理的な側面を許容し,個々の自由な行動を通じた一義化(Organizing)を促進することもあり得る。つまり,「Organized≠技術システムの側面」「Organizing≠社会システムの側面」なので

Ⅲ．作業組織の生成・発展のプロセスと，社会システム，技術システム　　79

ある。

　以下の図3-7，図3-8は，技術システムにも社会システムにもOrganizedの側面があること，また，技術システムにも社会システムにもOrganizingの側面があることを，それぞれ図3-3，図3-6に加筆したものである。

　上記のように，Organizing, Organizedと社会システム，技術システムの関係には，「Organizingにおいて社会システムの側面が強調される」場合だけでなく，「Organizedにおいても社会システムの側面が強調される」場合がある。たとえ

図3-7　作業組織の生成・発展のプロセスと社会システム，技術システム

Open & 自然体系モデル（Work Organizing）

社会システム
技術システム

人間　→　作業組織（行動）

Loosely Coupled System

作業組織（構造）　←　組織

Tightly Coupled System

技術システム
社会システム

Open & 合理的モデル（Work Organized）

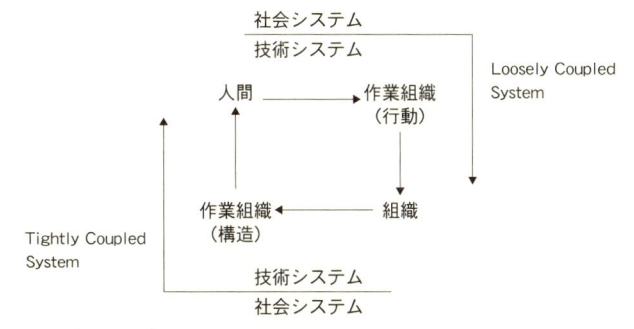

出所：杉浦（2009, 51頁）を加筆修正。

図3-8　ESOWパラダイムと社会システム，技術システム

Work Organized　社会システム／技術システム

環境　⇄　戦略　⇄　組織　→　作業組織（構造）　→　人間　⇄　生産性・満足

　　　　戦略　　　　　　　作業組織（行動）

技術システム／社会システム　Work Organizing

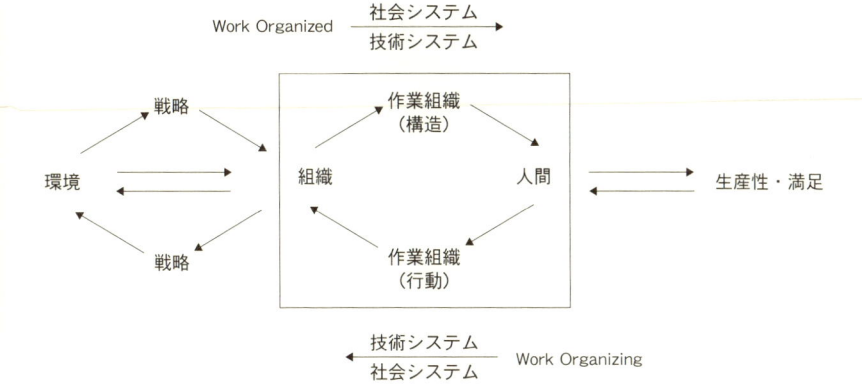

出所：岸田（2009b, 129頁；2013, 12頁）を加筆修正。

ば，組織メンバーの「社会化」などは，Organized において社会システムの側面が強調される一例といえよう。

同様のことは，技術システムに関しても言える。技術システムの場合，Organized の側面が強調されることが多く，組織論でも，当初はそのような傾向が強かった。しかしながら，Herbst（1974）も指摘しているように，技術が発展したことにより，技術は，組織を制約するものではなく，選択するものになっている。したがって，技術システムの Organizing の側面にも注目すべきであり，そのことを，今後は，より強調すべきである。

そこで，本節では，代表的な Organized の理論と Organizing の理論を取り上げ，技術システムの Organizedの側面・Organizingの側面について言及する。

1．Organizedの理論と状況適合理論

岸田（2009c）では，テイラー，ファヨール等の理論も Organized の理論として挙げられているものの，「Organized の理論（状況適合理論）」（岸田，2009c，256 頁）との記述があることから，Organized を考える際に，まず，状況適合理論を念頭に置いていることがわかる。

状況適合理論の代表的な研究者としては，Woodward, Perrow, Lawrence, Lorsch, Thompson などが挙げられる。なかでも Woodward に関しては，彼女が1965 年に出した著書が状況適合理論のアイデアの起点となり，これに反応したアメリカの研究者（Perrow, Lawrence, Lorsch, Thompson など）が研究書を刊行し状況適合理論が成立したことが，岸田（2012a, b）によって指摘されていることからもわかるように，状況適合理論に言及する際，必ず挙げるべき研究者の 1 人である。

Woodward の研究（Woodward, 1965）は，サウス・エセックス研究として知られるようになる。その後，その研究作業を受け継ぐ長期計画が，インペリアル・カレッジで開始され，インペリアル・カレッジの研究チームのメンバーによって行われた研究の論文集として出版されたのが，Woodward (ed.) (1970) である（Woodward (ed.), 1970 参照）。もちろん，その本の中には，Woodward 自身も，単著，あるいは，共著で論文を載せている。

本章では，技術システムの Organizedの側面・Organizingの側面を考慮する

Ⅲ. 作業組織の生成・発展のプロセスと，社会システム，技術システム　　81

ために，Woodward（1965）の研究を受け継ぐ Woodward（ed.）（1970）を取り上げることにするが，その理由は，上述の事柄によるものだけではない。彼らが，社会システムと技術システムの両方の視点を取り入れなければならないと認識し，その点を強調しているからである（ただし，実際には，Woodward（1965），Woodward（ed.）（1970）では，技術システムとその Organized の側面が強調されているのではあるが）。

　そこで，以下では，Woodward（ed.）（1970）を中心に見ていくことにする。

2．Woodward（ed.）(1970) における Organized と Organizing の側面

　Woodward たちは，その著書の中で，彼らが「課業分析アプローチ」を採用しており，「企業組織に関する理論は，単に組織の技術的側面だけを取り扱ったり，社会的側面だけを取り扱ったりして両者の相互作用に関心を払わないならば，結局不完全なものになり，さほど役に立たない」（Woodward（ed.），1970，p. 4，邦訳4-5頁）という想定に基づいていることを記している。彼らは，管理システムを，「企業の社会システムの主要部分をなすもの」（Woodward（ed.），1970，p. 4，邦訳5頁）と見なしており，技術と管理システムは，個人の行動の自由を制約すると同時に，随意的な行動を誘発するさまざまな便益や機会をも生み出す，と考えている（Woodward（ed.），1970）。

　個人の行動を，組織の技術的特性ないし管理面での特性に，系統的に関連させるために，まず，キナストン・リーブスによって行動のタイポロジーが編み出された。この行動のタイポロジーの基礎をなす想定は，組織階層のあらゆるレベルのメンバーが，その組織に特有の，一連の拘束（Constraints）や便益（Facilities）を受ける，というものである（Woodward（ed.），1970）。

　この点を明示したのが，図3-9であり，この図は，拘束ならびに便益と，組織行動に影響を及ぼす他の要因との関係を示したものである（Woodward（ed.），1970）。Woodward たちは，この図に関して以下のように解説を加えている。「社会的な組織においては，少なくとも長期的には，一方通行的な因果関係はほとんどない。……たとえば図の外縁を走る破線は，個人が環境を変えることもあれば環境の影響を受ける場合もあり得ることを示唆している。……いうまでもなく個人の行動は，環境の影響力の性質と強さはもちろんのこと，彼が

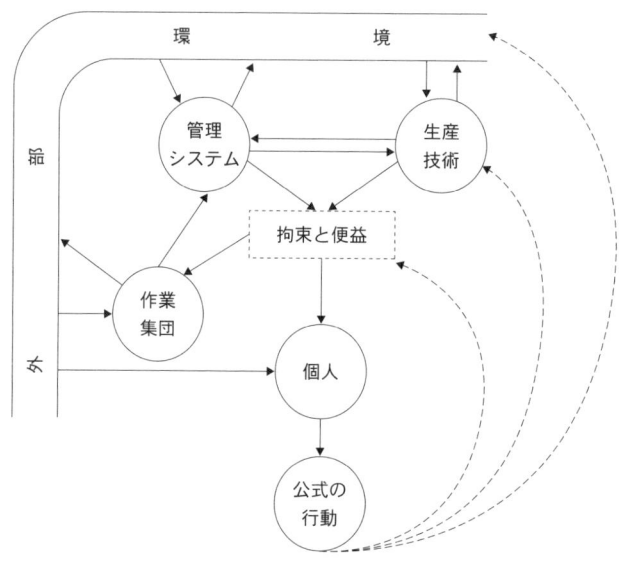

82 第3章 社会−技術システムと作業組織の生成・発展

図3-9 経済組織におけるビヘイビアの源泉

出所：Woodwrad (ed.)(1970, p. 8, 邦訳8頁).

それをどのように感じとり解釈するかによっても，さらには彼の，仕事に対する態度や他の個人的要因によっても，変わり得るのである」(Woodward (ed.), 1970, p. 7, 邦訳9頁)。

3．Woodward (ed.)(1970) における「想定」と「限定」

以上からわかるように，Woodward (ed.)(1970) では，技術システムも社会システムも，Organizedの側面を持っていること（個人の「行動の自由を制約する」(Woodward (ed.), 1970, p. 6, 邦訳8頁)），そして，技術システムも社会システムも，Organizingの側面を持っていること（「随意的な行動を誘発するさまざまな便益や機会をも生み出す」(Woodward (ed.), 1970, p. 6, 邦訳8頁)）を示唆している。また，そのことを，図3-9を用いてみてみると，① Organized に関しては，「生産技術」「管理システム」→「拘束」→「個人」→「公式の行動」という因果関係が示されていること，② Organizing に関しては，「生産技術」「管理システム」→「便益」→「個人」→「公式の行動」→「生産技術」

III. 作業組織の生成・発展のプロセスと，社会システム，技術システム　　83

あるいは「外部環境」という因果関係が示されていることからもわかる。さらに，「個人」→「公式の行動」→「便益」→「作業集団」→「管理システム」→「生産技術」あるいは「外部環境」といった因果関係なども Organizing の側面の一例である。

このように，Woodward (ed.)(1970) では，社会システムの Organizing の側面だけでなく，Organized の側面も，そして，技術システムの Organized の側面だけでなく Organizing の側面も，想定しているといえる。

しかしながら，想定はしているものの，彼らは，そこから，技術システムの Organized の側面，そして，技術システムの Organized の側面の影響を受けて社会システムも Organized の側面を呈するということだけに限定してしまうのである（図3-10 参照）。そのことは，以下の記述からもわかる。

たとえば，Woodward たちは，組織の技術的側面と社会的側面の相互作用は，2つのレベルで記述可能だと想定し，それらに言及している（Woodward (ed.), 1970)。

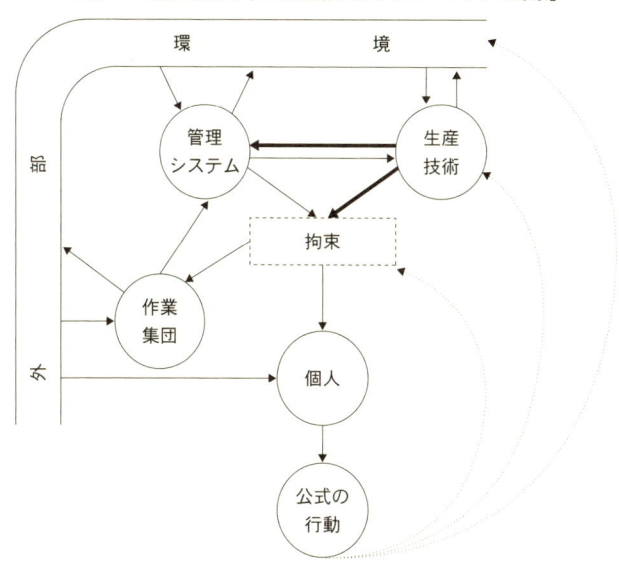

図 3-10　限定された「経済組織におけるビヘイビアの源泉」

出所：Woodwrad (ed.)(1970, p. 8, 邦訳 8 頁) を加筆修正。

① 個別作業員のレベル：作業員の公式の行動は，その作業員が最も直接的な形で関与している技術または生産ハードウェアに，ある程度制約されるなり，拘束されるなりする。だが，それ以外にも，管理者の要求，同僚の要求，その他の制約要因があるため，それらの制約は，唯一無二のものでも，最重要のものでもない。しかも個別作業員と彼をじかに取り巻く技術的環境との相互作用は，必ずしも一方通行ではない。

② 組織のレベル：長期的に見れば，ある組織の技術は，大部分，一連の経営意思決定の結果として決まる。しかし，短期的に見れば，それらの大半は，与件として見なすことができ，その見地に立てば，特定の，技術の目立った特徴が，管理構造を制約している事例に出くわすことは十分期待できる。

以上を踏まえた上でWoodwardたちは，技術と行動との関係は，以下の2つのレベルで研究することが可能である，としているのである（Woodward (ed.), 1970, p. 5, 邦訳6頁）。

① 組織の技術と直接的な関わりを持つようになる個人の行動に加わる拘束（Constraints）を調べること。

② 組織の全体的な構造に多かれ少なかれ制約を加える，技術の目立った特徴を観察すること。

インペリアル・カレッジの研究チームの主たる関心は，②（組織のレベルにおける技術）であったが，①（個人のレベルにおける拘束）についても厳密な研究が行われ，この，「拘束」という考え方に対しても，Woodward (ed.) (1970) の中で，さらに詳しい検討が加えられた。彼らは，作業員が，その制約下におかれているところのさまざまな技術的拘束や管理上の拘束が原因となって生ずる行動を重視したのである（Woodward (ed.), 1970）。

4．Organizingの理論とWeick

岸田（2009c）では，状況適合理論の因果関係（環境→組織→人間）を考えたとき，Weick（1969, 1979）の議論はことごとく反対，即ち，人間→組織→環境という因果関係にあるとの指摘や，「Organizingの理論（Weick)」（岸田，2009c，258頁）との記述がある。これらのことから，岸田（2009c）では，

Organizing を考える際に，まず，Weick の理論を念頭に置いていることがわかる。

　岸田（1989）の，社会システムと技術システムに関する説明に基づけば，人間，そして，人間同士の対人関係が社会システムであり，社会システムを支配するのは，生物的，社会的・心理的原則である。他方，道具や機械等と，それを操作する知識が技術システムであり，技術システムを支配するのは，機械的法則である。以上のことから，Weick の Organizing の理論は，社会システムの側面を強調している訳であるが，本章では，技術に関して書かれた Weick （1990）を取り上げ，Organizing と技術システムの側面について考える。

　Weick（1990）は，技術に関して以下のように述べている。新しい技術，たとえばコンピューターを用いるような複雑な生産システムは，管理者 (Manager) やオペレーター (Operator) にとって，通常とは違う問題を作り出す。このような問題は，組織論の研究者たちが，以前は議論してこなかった方法で，組織構造に影響を及ぼす。新しい技術とその影響を理解するためには，既存の概念を補足する必要がある（Weick, 1990），と。

　そして，Weick（1990）は，新しい技術の特徴を記述している。「中心的なアイデアは，*多義性（Equivoque）としての技術*というフレーズによってとらえられる」(Weick, 1990, p. 2)。Weick（1990）によると，新しい技術は，確率論的で (Stochastic) 連続的で (Continuous)，そして難解な出来事 (Event) の原因であり，これら3つから構成される複雑なシステムは，限定的に意味づけられるだけでなく，多くの異なる意味づけがなされる。

　新しい技術について説明するために，Weick（1990）では，まず，技術の定義が3つ提示され，それぞれについて言及されている。

① 「知的な，あるいは知識のプロセスと物理的に結びついたものであり，それによって，何らかの形態の材料が，他の組織あるいは同じ組織の中のサブシステムによって用いられるアウトプットに変換される」(Hulin and Roznowski, 1985, p. 47)。

② 「人や人以外の，他の実体や力を結合し，ある方向に向ける方法の一群。ヘテロジニアス・エンジニアリング (Heterogeneous Engineering) を行うための，環境からの支援がない，あるいは敵対的な環境の中で創発性のある関連した小さな部分から比較的安定したシステムを構築するため

の，ある一つの方法」(Law, 1987, p. 115)[12]。

③「我々が世の中に働きかける手段，わざ，方式についての知識の一群。つまるところ，われわれの行動（Action）の原因と結果の関係についての知識‥‥。技術は，学ぶことができ，体系化でき，他人に教えることができる知識である」(Berniker, 1987)[13]。

①は，多くの学者によって言及されている，スキル，設備（Equipment），知識という構成要素を含むという意味で代表的な定義である。②の定義は，かなり独特である。この定義は，技術のデザインとオペレーション（Operation）の利害関係者からなる，対立する環境を強調している。③の定義は，Berniker (1987)によって，「何らかの価値のある結果を生み出すために用いられる，機械，設備，方法の，ある特定の組み合わせ‥‥。どの技術システムも，ある技術を具体化する。それはデザイン決定のための基礎を提供する，知識の大きな一群に由来する。」(Berniker, 1987)[14]と補足されている。知識（「技術」）によって与えられた機会と，技術システムから1つの組み合わせを選択することとを区別することによって，Bernikerは，技術のデザインを，エンジニアに残しておく必要のない，より明示的で，より公的なプロセスにしている（Weick, 1990）。

Weick (1990) は，①のような定義は，「技術は変えられる」というよりもむしろ，「技術は所与」という結果と結びつくと考えている。それに対し，Weick (1990) では，③の定義に着目しており，新しい技術が複雑で不可解であるため，新しい技術が「手段」となって結果を生み出す，機械や設備や方法のさまざまな組み合わせの選択が是認されるかもしれない，としている。また，Weick (1990) は，新しい技術は，技術システムとかなり重複するため，知識としての技術と，知識の明確な部分集合（Subset）としての技術システムとを区別することは，困難かもしれない，としている。

さらに，Weick (1990) は，以下のように続ける。新しい技術は，基本的に2つの部分からなる。それらは，個人やチームの頭の中に知的に展開している目に見えない想像されたプロセスだけでなく，現に展開する目に見えない物質的なプロセスでもある。新しい技術は，オペレーターが工場の床で行っているのと同じように，オペレーターの頭の中に存在する。このことは，認知と

ミクロ・レベルのプロセスが，新しい技術の組織への影響を理解する鍵であるということを意味している。決定論的な安定した技術は，決定論的な組織構造と一致するが，新しい技術，確率論的なオートメ化された技術への移行は，Structuration と Structuring に，より一層注意を払うように要求する（Weick, 1990）。そして Weick（1990）は，「Structuration[15]（構造体の組織過程）」のコンセプトによって，①システムが，相互作用とルールから作られていること，②行為は，人々が，自分達の組織をイナクトする（Enact）ために用いる手段であること，そして，③構造は，相互作用の結果でも，手段でもあるということを示す。さらに，機械化された技術に関する初期の議論で優位を占めていた，構造が行為を制約するという考え方は，構造を所与のものとして扱っており，人間の行為が構造を変えることができる程度を過小評価していること，逆に，構造は，進行中の行為の，現れ出る特徴であるという考え方を強調することも，制度的なパターンが，行為に対して，先に制約を課する程度を過小評価していることに言及する（Weick, 1990）。そして，技術と構造について，以下のように指摘するのである。技術（Technology）は，構造を形成するのみならず，技術自体も構造によって形成される。技術は，構造の原因であり結果でもある。行為，スクリプト（Script），そして制度的な形式の混合物が，いかに相互作用するかによって，技術自体は何か違ったものになる（Weick, 1990），と。

　Weick（1990）の議論は，新しい技術により，①技術の定義や技術システムの定義自体が変化し，技術と技術システムの関係も変化する，②社会システムの側（人間）の認知の重要性が増す，③技術システムと社会システムの相互作用が密接になる，ということを示している。そして，新しい技術が「手段」となって結果を生み出すような，機械や設備，方法のさまざまな組み合わせの「選択」に着目していることなどからも，技術や技術システムの Organizing の側面も重視しているといえるであろう。

IV. 結　語

　本章では，まず，作業組織の生成・発展のプロセス（経時的統合）について

取り上げたうえで，Organizing, Organized と，社会システム，技術システムとの関係について考察した。

従来，Organizedでは技術システムの側面が，Organizingでは社会システムの側面が強調されてきた。しかしながら，Herbst（1974）も指摘しているように，技術が発展したことにより，技術は，組織を制約するものではなく，選択するものになっている。したがって，技術システムの Organizing の側面にも，注目すべきではないのか。このように考えるならば，今後は，より，技術システムの Organizing の側面を重視する必要があることを，本章では，岸田（1994, 2005b, 2009b）の「組織の生成・発展のプロセス」を用い，それを「ESOP パラダイム」に援用して示した。

ただし，Weick（1990）からもわかるように，新しい技術によって，社会システム（人間）の認知の重要性が増すことにより，社会システムと技術システムの相互作用がより密接になる。今回用いた岸田（1994, 2005b, 2009b）の「組織の生成・発展のプロセス」は，Organizing, Organized を経時的に扱いそれらの統合を考慮しているため（岸田，2009b），Organizing, Organized を共時的に扱い（岸田，2009b, 2009c），技術システムと社会システムの相互作用についても考慮する必要がある。

このとき，本章でとりあげた社会－技術システム論は，技術システムと社会システムの相互作用を強調しているという点で，注目できる。また，社会－技術システム論は，その理論の中に，Organizing と Organized という正反対の側面を内包し，それらを共時的に統合している。即ち，Organizing と Organized を経時的に統合しているだけでなく，Organizing と Organized を1つ上の階層を付け加え次元をあげることで共時的に統合している。その意味で，革新のプロセス（岸田，2009c）をも内包している，と言うことができるであろう。

注
1) 「‥‥何をシステムと考えるかによって，種々の分析レベルがある」（岸田，2009a, ii 頁）。
2) 本章は，杉浦（2009, 2013）を加筆修正したものである。杉浦（2009）では，組織（Organization）レベルのプロセス（「人間→組織→環境（Organizing）というミクロ組織論」と「環境→組織→人間（Organized）というマクロ組織論」の統合）が，作業組織（Work Organization）レベルのプロセス（「人間→作業組織→組織（Work Organizing）」と「組織→作業組織→人間（Work Organized）」の統合）と同型性があることが示されている。

3) Trist（1981）は以下のように記している．今や彼らは，集団の結束と自己規制を取り戻し，自分たちの仕事の計画についての意思決定に参加する為のパワーを推進する機械化の方法を，より高いレベルで見つけ出した．Haighmoor のイノベーションは「代替案」があることを示し，それらが『組織選択（Organizational Choice）』（Trist et al., 1963）をつくったのだ，と（Trist, 1981）．
4) Emery（1963）は，グレーシャー・メタル・カンパニーでの研究を振り返り，一体なぜ，2, 3 人の代表者間で時々接触する方が，日々，職務に関して継続的に接触するよりも，意思の疎通がはかれると想定できるのか，と疑問を持ったのである．
5) Berggren（1992），Gyllenhammar（1977）参照．
6) Berggren（1992）参照．
7) Berggren（1992）参照．
8) Berggren（1992）参照．
9) Berggren（1992）参照．
10) Berggren（1992）参照．
11) Trist（1981）は，社会システムと技術システムの同時最適化の理念に接近するためには，仕事の設計（デザイン）を改善するための一連の原則が必要であり，そのためには，労働者個人が自分の仕事に関して持っている心理的要求を知る必要がある，と考えた．
12) Law（1978）は，「ヘテロジニアス・エンジニアリング」という用語によって，人間，人工物，自然現象などのような異質なものから構成される工学技術に言及している．
13) Berniker, E. (1987), "Understanding Technical Systems," Peper presented at Symposium on Management Training Programs: Implications of New Technologies, Geneva, Switzerland, Nov. p. 10.（Weick（1990）からの引用．）
14) *Ibid.*, p. 10.（Weick（1990）からの引用．）
15) 「メンバーがルールと資源を用いる相互作用を通じての，社会システムの生産と再生産」（Poole, n.d.）．Poole, M. S. (n.d.), "Communication and the Structuring of Organizations," Unpublished manuscript, p. 6.（Weick（1990）からの引用．）

参考文献

Berggren, C. (1992), *Alternatives to Lean Production: Work Organization in the Swedish Auto Industry*, Ithaca, N.Y., ILR Press.（丸山惠也・黒川文子訳（1997）『ボルボの経験—リーン生産方式のオルタナティブ—』中央経済社．）

Dickson, D. E. (1936), "The Morbid Miner," *Edinburgh Medical Journal*, Vol. XLIII, No. XI, pp. 696-705.

Emery, F. E. (1963), "Technology and Social Organisation," *Scientific Business: A Quarterly Review of the Applications of Scientific Method in Business*, Vol. 1, pp. 132-136.

Emery, F. E. and Thorsrud, E. (1976), *Democracy at Work: The Report of the Norwegian Industrial Democracy Program*, Leiden, Martinus Nijhoff.

Emery, F. E. and Trist, E. L. (1965), "The Causal Texture of Organizational Environments," *Human Relations*, Vol. 18, No. 1, pp. 21-32.

Gyllenhammar, P. G. (1977), *People at Work*, Reading, Mass.: Addison-Wesley Pub. Co.（阿部実監訳／亀田政弘訳（1978）『人間主義の経営—フォードシステムを越えて—』ダイヤモンド社．）

Halliday, J. L. (1948), *Psychosocial Medicine: A Study of the Sick Society*, New York, Norton; London, Heinemann, 1949.

Herbst, P. G. (1974), *Socio-technical Design: Strategies in Multidisciplinary Research*, London, Tavistock Publications.

Herbst, P. G. (1976), *Alternatives to Hierarchies*, Leiden, Martinus Nijhoff.

Hulin, C. L. and Roznowski, M. (1985), "Organizational Technologies: Effects on Organizations' Characteristics and Individuals' Responses," L. L. Cummings and B. M. Staw (eds.), *Research in Organizational Behavior*, Vol. 7, Greenwich, Conn., JAI Press, pp. 39-85.

Law, J. (1987), "Technology and Heterogeneous Engineering: The Case of Portuguese Expansion," W. E. Bijker, T. P. Hughes and T. J. Pinch (eds.), *The Social Construction of Technological Systems*, Cambridge, Mass, MIT Press, pp. 111-134.

Lawrence, P. R. and Lorsch, J. W. (1967), *Organization and Environment: Managing Differentiation and Integration*, Boston, Harvard University Press.（吉田博訳（1977）『組織の条件適応理論』産業能率短期大学出版部）。

Miller, E. (1999), "Introduction," E. Miller (ed.), *The Tavistock Institute Contribution to Job and Organizational Design*, Vol. I, Dartmouth, Ashgate, pp.xiii-xxvi, pp. 3-4, pp. 121-124, pp. 343-345, pp. 425-427.

Morris, J. N. (1947), "Coalminers," *The Lancet*, Vol. 250, Issue 6471, pp. 341-347.

Schein, E. H. (1980), *Organizational Psychology* (3rd ed.), Englewood Cliffs, N.J., Prentice-Hall.（松井賚夫訳（1981）『組織心理学』原書第3版, 岩波書店）。

Trist, E. L. (1978), "Adapting to a Changing World," *The Labour Gazette*, Vol. 78, pp. 14-20.

Trist, E. L. (1979), "Adapting to a Changing World," G. Sanderson, (ed.), *Industrial Democracy Today: A New Role for Labour*, New York, McGraw-Hill Ryerson, pp. 35-43.

Trist, E. L. (1981), "The Sociotechnical Perspective: The Evolution of Sociotechnical Systems as a Conceptual Framework and as an Action Research Program," A. H. Van de Ven and W. F. Joyce, (eds.), *Perspectives on Organization Design and Behavior*, New York, John Wiley & Sons, pp. 19-75.

Trist, E. L. and Bamforth, K. W. (1951), "Some Social and Psychological Consequences of the Longwall Method of Coal-getting: An Examination of the Psychological Situation and Defences of a Work Group in relation to the Social Structure and Technological Content of the Work System," *Human Relations*, Vol. IV, No. 1, pp. 3-38.

Trist, E. L., Higgin, G. W., Murray, H. and Pollock, A. B. (1963), *Organizational Choice: Capabilities of Groups at the Coal Face under Changing Technologies: The Loss, Re-discovery & Transformation of a Work Tradition*, London, Tavistock Publications.

Weick, K. E. (1969), *The Social Psychology of Organizing*, Reading, Mass., Addison-Wesley Pub. Co.（金児暁嗣訳（1980）『組織化の心理学』誠信書房）。

Weick, K. E. (1979), *The Social Psychology of Organizing* (2nd ed.), Reading, Mass., Addison-Wesley Pub. Co.（遠田雄志訳（1997）『組織化の社会心理学』文眞堂）。

Weick, K. E. (1990), "Technology as Equivoque: Sensemaking in New Technologies," P. S. Goodman, L. S. Sproull and associates, *Technology and Organizations*, San Francisco, Jossey-Bass, pp. 1-44.

Woodward, J. (1965), *Industrial Organization: Theory and Practice*, London, Oxford University Press.（矢島鈞次・中村壽雄訳（1970）『新しい企業組織―原点回帰の経営学―』日本能率協会）。

Woodward, J. (ed.) (1970), *Industrial Organization: Behaviour and Control*, London, Oxford University Press.（都筑栄・宮城浩祐・風間禎三郎訳（1971）『技術と組織行動―サウス・エセックス研究その後の展開―』日本能率協会）。

今村寛治（2000）「カルマル・ウデバラへの軌跡―ボルボにおける大量生産構想の挫折―」日本経営学会編『新しい世紀と企業経営の変革』千倉書房, 218-223頁。

岸田民樹（1985）『経営組織と環境適応』三嶺書房。

岸田民樹（1989）「社会・技術システム論の成立とその展開」赤岡功・岸田民樹・中川多喜雄『経営労務』有斐閣, 41-47頁。

岸田民樹（1994）「革新のプロセスと組織化」『組織科学』第27巻第4号, 12-26頁。

岸田民樹（2001a）「組織」山倉健嗣・岸田民樹・田中政光『現代経営キーワード』有斐閣, 25-54頁。

岸田民樹（2001b）「経営学説」山倉健嗣・岸田民樹・田中政光『現代経営キーワード』有斐閣, 207-

241 頁。
岸田民樹（2001c）「組織論と統合的解釈モデル」『経済学』（大阪大学）第 51 巻第 2 号，102-115 頁。
岸田民樹（2005a）「経営学説と組織」岸田民樹編『現代経営組織論』有斐閣，1-10 頁。
岸田民樹（2005b）「現代経営組織論―多元的傾向と統合的枠組み―」岸田民樹編『現代経営組織論』有斐閣，265-273 頁。
岸田民樹（2009a）「はじめに」岸田民樹編著『組織論から組織学へ―経営組織論の新展開―』文眞堂，i-v 頁。
岸田民樹（2009b）「組織の環境適応と戦略選択」岸田民樹編著『組織論から組織学へ―経営組織論の新展開―』文眞堂，108-131 頁。
岸田民樹（2009c）「組織学への道」岸田民樹編著『組織論から組織学へ―経営組織論の新展開―』文眞堂，255-269 頁。
岸田民樹（2012a）「まえがき」岸田民樹編著『経営学史叢書Ⅷ　ウッドワード』文眞堂，ix-xiii 頁。
岸田民樹（2012b）「ウッドワードと状況適合理論の生成・展開」岸田民樹編著『経営学史叢書Ⅷ　ウッドワード』文眞堂，187-207 頁。
岸田民樹（2013）「組織論から組織学へ」『経済科学』（名古屋大学）第 60 巻 3 号，1-17 頁。
岸田民樹・田中政光（2009）『経営学説史』有斐閣。
蔡展維（2005）「戦略論の展開とその理論的構図」名古屋大学大学院経済学研究科博士論文。
篠崎恒夫（1998）「ジャパナイゼーション・ボルボ軌跡・トヨタ実験」日本経営学会編『環境変化と企業経営』千倉書房，63-71 頁。
杉浦優子（2009）「社会―技術システム論と作業組織」岸田民樹編著『組織論から組織学へ―経営組織論の新展開―』文眞堂，39-53 頁。
杉浦優子（2013）「組織の生成・発展と技術システム」『経済科学』（名古屋大学）第 60 巻 3 号，71-80 頁。

〔杉浦優子〕

第 4 章

高信頼性組織の構造統制と組織化＊
――ノーマル・アクシデント理論と高信頼性理論の統合的考察――

I. はじめに

　2011 年，福島第一原子力発電所で発生した原子力事故は，企業の危機管理がいかに十全とはかけ離れたものであるかを露呈した。同時に，ひとつの組織事故[1]が社会にもたらす影響の大きさを我々に痛感させた。社会，組織，人間は，このような組織事故とどのように向き合っていけばよいのだろうか。また，組織学は，このような組織事故の防止に対し，どのような貢献をすることができるのだろうか。
　"組織は事故（アクシデント）を未然に防ぐことができるのか" という問いに対して，2 つの対立する見方がある。一方は，Charles Perrow らが示すように，高度な技術を有した複雑なシステムにおいては，複雑な相互作用とタイト・カップリングによって事故が避けられないと考える悲観的な見方であり，他方は，Karlene H. Roberts や Karl E. Weick らが示すように，冗長性や信頼性の組織文化の構築を通じて事故を未然に防ぐことができると考える楽観的な見方である。前者は，①組織事故の不可避性や原因究明に焦点を当てた「ノーマル・アクシデント理論（Normal Accident Theory：以下 NAT と略記する）」であり，後者は，②危険性の高い状況下で高い安全性の実績を残している組織の信頼性に焦点を当てた「高信頼性理論（High Reliability Theory：以下 HRT と略記する）」である。どちらも組織特性を分析対象としているが，NAT は事故を引き起こす原因としての組織特性を明らかにしようとするのに対し，HRT は事故を防ぐ要因としての組織特性を考察しようとする[2]。
　本章では，NAT と HRT の違いは，単に，組織の失敗例に焦点を当てるか，

成功例に焦点を当てるかの違いに起因するものとして終止するのではなく，NATとHRTの根底にある分析の視点の違いや重要な論点を明らかにした上で，岸田（1994, 2009）の組織の生成・発展のモデルを基に，両者を統合的視点から考察することを目的とする。したがって，まず，NATとHRTの対立点および関係性を明確にする。その上で，岸田（1994, 2009）が提示する組織の生成・発展のモデルを基に，「高信頼性組織（High Reliability Organization）」における「構造統制（Organized）」と「組織化（Organizing）」の側面をそれぞれ考察する。

組織事故を発生させる危険性の高い組織について，その構造統制と組織化のプロセスを明らかにすることは，不確実性の高い環境下で組織はどのように事故をマネジメントすればよいのか，すなわち，事故から学び，事故を防止する組織をどのように構築すればよいのか，という課題に対して何らかの解を提示することに繋がると考える。

II. 高信頼性組織研究の系譜

NATおよびHRTは，組織事故研究（組織が引き起こした事故の原因を解明し，防止策を考案しようとする研究）の一分野として位置づけることができる。組織事故研究の代表的なアプローチであるヒューマンエラー研究[3]から遅れて1980年代半ばにNATが誕生し，そのNATに対する批判からHRTが1980年代後半に誕生した。この2つのアプローチは対立しつつ，相互作用して，発展してきた（藤川, 2014）。

両者の共通点は，組織事故が発生した場合に社会にもたらす被害の大きい組織を分析対象としている点である。たとえば，原子力発電所や原子力空母，航空管制システムといった組織を想定している。相違点は，前述のように，組織事故の不可避性に関する見解である。NATは，高度な技術を有した複雑なシステムでは組織事故は避けられない固有の特性であると考える。それに対し，HRTでは，事故の危険性が高い状況下にありながらも高い信頼性を保っている組織を分析し，組織事故は未然に防ぐことが可能であると考える。

本節では，NATとHRTをそれぞれ概観した上で，2つのアプローチの根底

にある視点の違いや重要な論点について明らかにする。

1．ノーマル・アクシデント理論

　NATが誕生するきっかけとなったのは，1979年に発生したスリーマイル島（TMI）原子力発電所の事故である。TMIの事故発生後の政府の事故調査委員会による原因究明では，弁を閉めたままにした責任が誰にあるのかを特定するために多くの時間が費やされた。TMIの事故の調査に見られるように，事故の原因の約60％から80％がオペレーターのエラーに帰せられていたが，このことに疑問を呈したのがCharles Perrowである。

　Charles Perrow（1925－）は，アメリカの社会学者であり，Joan Woodward（1916－1971）を承けて，技術を，機械と技能を含むより広い変換プロセスと定義し，技術的制約に直面した組織や社会が人間生活に与える影響を研究していた（岸田，2012）。

　このような研究背景のもとに，Perrowは，TMIでの原子力発電所事故の原因究明を，従来から行われてきたヒューマンエラーの視点からではなく，システムの視点から行った。TMIでの事故後，Perrowに対して政府から産業の信頼性に関する調査報告の要請があったが，Perrowはそれを断り，事故をもたらした組織的要因の解明に着手した。また，原子力発電所だけでなく，石油化学工場や航空産業，海難，ダム，核兵器，宇宙飛行，遺伝子組み換えといったハイリスクなシステムの危険性に関する分析も同時に行い，TMIの事故から5年後の1984年に *Normal Accidents: Living with High-Risk Technologies* を上梓した。

　その中では，人にとって死が避けられないのと同じように，システムにとってアクシデントは避けられない固有の特性であるとして，ノーマル・アクシデント，すなわちシステム・アクシデントの解明が行われている。ここでの"ノーマル"という言葉は，アクシデントの頻発性や予測可能性の意味からではなく，システムにとって固有の性質であるという意味で用いられている。さらに，ハイリスクなシステムにおいて，アクシデントの不可避性をもたらす原因として，システムにおける2つの特性，①複雑な相互作用と②タイト・カップリング，に着目した[4]。

　まず，重要な概念であるシステムおよびアクシデントの定義について触れ

る。システムを4つの階層レベル，①部分，②ユニット，③サブシステム，④システム，に分割し，部分やユニット・レベルにおける混乱をインシデントと呼ぶ。それに対し，サブシステムやシステム・レベルにおける混乱をアクシデントと呼び，インシデントとアクシデントを区別した。すなわち，インシデントでは，ダメージが部分やユニットに限定されるのに対し，アクシデントでは，サブシステムやシステム全体における失敗により，システムの継続中の，あるいは将来に亘るアウトプットの中断や減少が余儀なくされる。

　たとえば，原子力発電所においては，弁のようなシステムの最小の構成要素が"部分"に相当し，部分の集合が蒸気発生器のような"ユニット"を作り出し，さらに，蒸気発生器と給水システムといったユニットの配列が二次冷却システムのような"サブシステム"となり，サブシステムの集合が原子力発電所のような"システム"となる。Perrowは，TMIの事故は，4つの失敗，すなわち①脱塩塔ラインの故障や計装用空気系への水の混入，タービンへの誤った信号，②補助給水貯蔵タンクから出ている配管の弁が閉められていたこと，③加圧器逃がし弁が開いたままで固着してしまったこと，④パイロット作動式逃がし弁の位置指示器が閉まっていることを示していたこと，の連鎖によって生じたシステム・アクシデントであり，オペレーターは気づくことはできなかったと説明する。

　このようなシステム・アクシデントは，3つの特徴を有する。第1に，ひとつひとつの些細な失敗（インシデント）が，タイトに連結されることで，システムは多元的な失敗の相互作用の結果（アクシデント）に遭遇する。第2に，アクシデントは，6つのDEPOSE構成要素，すなわちデザイン（design），設備（equipment），手続き（procedures），オペレーター（operators），供給・原材料（supplies and materials），環境（environment），の失敗の相互作用によってもたらされる。第3に，このような相互作用は，予期しえないだけでなく，危機的状況下においては，理解することもできない。

　さらにPerrowは，上述した①複雑な相互作用と②タイト・カップリングというシステム特性を検討する。具体的には，相互作用を線形であるか複雑であるかという次元と，システム内部の要素のカップリングがタイトであるかルースであるかという次元で分類し，2つの次元を組み合わせることで，システム

を相互作用／カップリング・チャート（I/Cチャート）の4つのタイプに分類し，位置づけた（図4-1）。

線形システムは，①空間的な分離，②専有の連結，③分離されたサブシステム，④容易な代用，④少数のフィードバック・ループ，⑤単一目的，分離されたコントロール，⑥直接的な情報，⑦広範な理解，を特徴としている。複雑なシステムは，①近接性，②共有の連結，③相互連結したサブシステム，④限られた代用，⑤フィードバック・ループ，⑥多元的な，相互作用するコントロール，⑦間接的な情報，⑧限られた理解，を特徴とする。したがって，線形の相互作用が予期可能な目に見える連結であるのに対し，複雑な相互作用は予期や即事的理解が困難である。

タイト・カップリングは，①プロセスの遅れが許されない，②不変の経路，③目標到達のための単一方法，④供給，設備，人員の可能なスラックの稀少，

図4-1 相互作用／カップリング・チャート

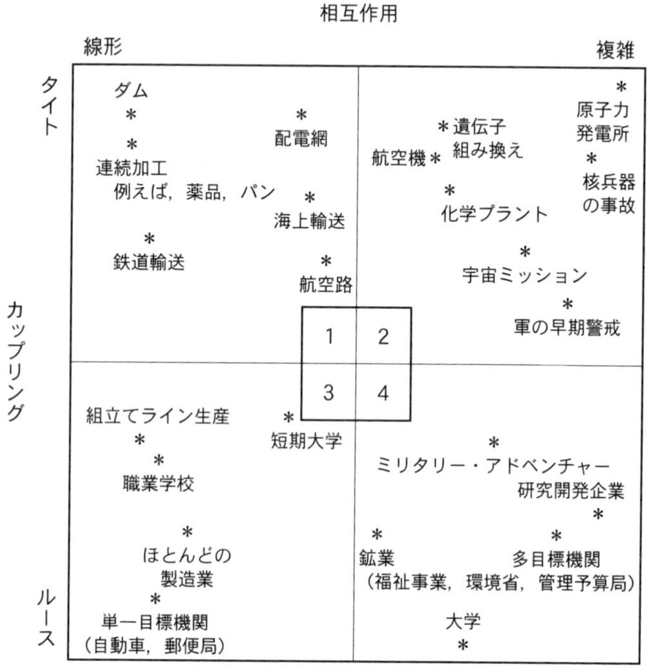

出所：Perrow（1999）より作成。

⑤計画的な緩衝物と冗長性，⑥限定され，計画された，供給，設備，人員の代用，といった特徴をもつ。ルース・カップリングは，①プロセスの遅れに対する許容，②変更可能な経路の順序，③利用可能な代替的方法，④可能な資源のスラック，⑤偶発的に利用可能な緩衝物や冗長性，⑥偶発的に利用可能な代用，を特徴とする。したがって，ルース・カップリングでは失敗からの回復が可能であるのに対し，タイト・カップリングでは失敗からの回復が困難である。

　以上のように，Perrow（1984）の論旨は，次の5点に集約される。第1に，潜在的に爆発性の，あるいは有毒な原料を変換するシステムや敵対的環境におかれたシステムは，可視や予期が不能な多くの相互作用を伴うデザインを要求する。第2に，DEPOSE構成要素（デザイン，設備，手続き，オペレーター，供給・原材料，環境）の全てが完全であることはありえないので，失敗は起こりえる。第3に，複雑な相互作用が，計画された安全装置を無効にする，あるいはそれらを迂回する場合，予期せぬ，理解困難な失敗となる。第4に，システムがタイトに連結されている場合，失敗から回復する時間がほとんど残されておらず，資源のスラックや偶発的な安全装置も稀少であるため，失敗は，部分やユニットに限定されず，サブシステムやシステムにまで波及する。第5に，これらのアクシデントは，最初は構成要素の失敗から引き起こされるが，こうしたシステムそれ自体の性質により，インシデントからアクシデントに発展する。したがって，複雑な相互作用，タイト・カップリングのシステム（セル2）では，システム・アクシデントは，避けられない，すなわちノーマル（Normal）である。

　さらに，Perrow（1984）は，相互作用とカップリングの分類を，権限の集権／分権と併せて分析を行っている（図4-2）。第1に，石油化学プラントのような線形のタイトリー・カップルド・システム（セル1）では，集権的組織が相応しい。第2に，原子力発電所のような複雑なタイトリー・カップルド・システム（セル2）では，タイト・カップリングでは集権的組織を要求するのに対し，相互作用の複雑さは分権的組織を要求するため，矛盾する要求が組織に存在する。第3に，ほとんどの製造業に見られるような，線形のルースリー・カップルド・システム（セル3）では，集権的組織あるいは分権的組織のいずれでもよい。第4に，大学のような，複雑なルースリー・カップルド・システ

図 4-2 危機に関連する権限の集権／分権

<table>
<tr><th colspan="2"></th><th colspan="2">相互作用</th></tr>
<tr><th colspan="2"></th><th>線　形</th><th>複　雑</th></tr>
<tr><td rowspan="2">カップリング</td><td>タイト</td><td>・タイト・カッブリングのための集権
・（予期された，可視的な）線形の相互作用と適合性のある集権</td><td>・タイト・カッブリング（疑いのない服従，即座の反応）に対処する集権
・失敗の計画されていない相互作用に対処する分権（サブシステムに最も近いものによる注意深くゆるやかな調査）
・要求が相容れない。</td></tr>
<tr><td>ルース</td><td>・集権あるいは分権が可能。複雑な相互作用は少ない。他方，構成要素の失敗のアクシデントは，上や下から解決されうる。中枢の検査や伝統が構造を決定する。</td><td>・複雑な相互作用のための分権が望ましい。
・システム・アクシデントの可能性があるので，ルース・カップリングのための分権が望ましい（人々が固有の代用や代替的経路を工夫するのを許す）。</td></tr>
</table>

出所：Perrow（1984）より作成。

ムでは，分権的組織が相応しい。

　こうしたPerrowの研究は，社会学の分野にとどまらず，政治学や経営学，心理学，工学，リスク・マネジメントといった広範な分野に多大な影響を及ぼした。その中でも，政治学者のSagan（1993, 1994, 2004）は，Perrowの研究を進展させ，NATとして確立させた。様々なインシデントやアクシデントの事例に対する考察を通じて，第1に，安全装置としての冗長性は，複雑性を増長し，それゆえアクシデントの可能性をかえって高めることに繋がる，第2に，ハイリスクなシステムでは，あいまい性の程度が高く，ゴミ箱プロセス（Cohen, March and Olsen, 1972），すなわち不安定で不明確な目標，誤った理解，誤った学習，偶然の出来事，手段に関する混乱が，一般的となる，第3に，システム内の集団の関心が，安全性へのコミットメントを妨げる，ことを示した。

　以上のように，NATでは，システムが複雑な相互作用とタイト・カップリングという特性を有する場合，インシデントがアクシデントに波及するのを食い止めることが困難であるため，組織事故を防止することは不可能であると主張する。

2．高信頼性理論

　1980年代後半，ノーマル・アクシデント理論に対する批判から高信頼性理論が誕生し，高信頼性組織に関する学際的な研究が行われた。こうした研究の背景として，1980年代には，インドのボパールにおける有毒化学物質の漏出事故（1984年）やチェルノブイリ原子力発電所事故（1986年），スペースシャトル，チャレンジャー号の事故（1986年）が発生しており，そのような事故の原因究明だけではなく，事故の防止策として事故を未然に防ぐ組織の特性を明らかにする目的があったと考えられる。

　したがって，HRTは，事故の危険性が高い状況下にありながらも高い信頼性を保っている組織に分析対象を限定した，組織論の一分野である。Roberts（1989, 1990a, 1990b）は，原子力発電所や原子力空母，航空管制システム，配電施設，国際的な銀行といった組織を想定している。ひとつの事故が社会に与える影響が大きく，試行錯誤の学習が許されず，危険性が高い状況下にもかかわらず，事故を未然に防ぐことに成功しているような「高い信頼性」の実績をもった組織が，HRTでは研究対象とされてきた。

　このように，HRTは，第1に，事故を防止する組織特性を解明しようとする。第2に，危険な状況かつ高い信頼性という条件を備えた組織に分析対象を限定する。つまり，HRTは，危険性が高い状況下で高い信頼性を保ち，事故の防止を可能にする組織の構築に資することを目標とする研究分野である。

　さらに，HRTは，ノーマル・アクシデント理論に対する立場の違いから，2つの潮流に分けることができる。1つは，NATに対して，批判的な立場をとるバークレー・グループ[5]を中心とした研究（Roberts, 1989, 1990a, 1990b；Rochlin, 1986, 1989；Halpern, 1989；La Porte and Consolini, 1991）であり，もう1つはNATとHRTの対立に中立的な立場をとるKarl E. Weickを中心とした研究（Weick, 1987, 1989）である。それぞれについて代表的な研究を取り上げながら，詳しく見ていく。

　高信頼性理論の1つ目の潮流である，バークレー・グループは，Perrowによって示されたシステムの事故の不可避性を反証すべく，高信頼性組織研究を創始した。バークレー・グループでは，研究開始当初，連邦航空局航空管制システム，パシフィック・ガス・アンド・エレクトリック・カンパニー，合衆国海軍

原子力空母，を高信頼性組織の調査対象としていた。

HRTの嚆矢とされるRoberts（1989, 1990a, 1990b）によれば，危険な業務を遂行する組織の中でも，長期間に亘って高い安全性を保持している組織がある。こうした組織では，「大災害に陥りかねなかった事態に，どのくらい遭遇し，防ぐことができたか」という質問に対し，何万回といったレベルの回答が得られる。そのような組織は，Perrowの言うインシデントを何万回も経験しながら，アクシデントは発生させていないので，高い信頼性を兼ね備えた組織ということになる。したがって，技術的リスクと信頼性における分類（図4-3）において，高信頼性組織は，セル3の右側，あるいはセル4に位置づけられる。

さらに，Roberts（1989, 1990a, 1990b）は，Perrow（1984）の研究において，逆機能をもたらす2つのシステムの特性，すなわち複雑な相互作用およびタイト・カップリング，を解決するための戦略やプロセスを示した。複雑性の要因となる①予期せぬ連鎖の可能性および②複雑な技術は「継続的なトレーニング」で対処が可能であり，③相容れない機能が相互作用する可能性は「機能を分離させる職務デザイン戦略」で，④間接的な情報源は「直接的情報源」で対処可能であることを示した。また，タイト・カップリングの特性である，⑤時間依存のプロセスと⑧稀少なスラックは，「冗長性」で，⑥オペレーションの順序の不変性は「階層分化」で，⑦目標到達への単一手段は「バーゲニング」で，対処が可能であることを示した。

その上で，高信頼性組織は，こうした複雑性とタイト・カップリングがもたらす負の効果を抑制する4つの特徴，すなわち①冗長性，②アカウンタビリ

図4-3　技術的リスクと信頼性の関係

	低技術的リスク	高技術的リスク	
低信頼性	1	2	
高信頼性	3	4	

出所：Roberts（1989）より作成。

ティ，③責任，④信頼性の文化，を有していることを明らかにした（図 4-4）。
高信頼性理論のもう 1 つの潮流である Weick（1987）は，「必要多様性」の問題に焦点をあてる。すなわち，すべての潜在的危険性を有する技術においては，多様性の問題に直面する。多様性は，システム内に存在するので，それを制御しなければならない人の多様性を超越している。その結果，重要な情報を逃し，診断が不完全となり，対策が近視眼的となり，問題を減らすどころか，むしろ増幅しさえすることもある。したがって，アクシデントを減らすためには，システムの複雑性と人間の複雑性の適合が求められると考える。こうした Weick の主張に関しては，次節で詳しく見ていく。

　以上のように，高信頼性理論における 2 つの潮流の 1 つであるバークレー・グループでは，危険な状況下でも高い信頼性の実績を残す組織を取り上げ，その組織では Perrow（1984）が示すシステムの逆機能を解決できていることを示す。他方，もう 1 つの潮流である Weick は，人間や集団の多様性の増大とそれを推奨する組織文化によって，システムの多様性に対処することが可能であることを示している。したがって，HRT では，組織は，適切な行動と心構えを創り出すことによって，高度に信頼できる状態になりえ，システム・アクシデ

図 4-4　逆機能をもたらす特性とその解決策

潜在的に逆機能をもたらす特性およびプロセス	逆機能を解決するために用いられる組織の戦略とプロセス	複雑性とタイト・カップリングの負の効果を減らすために用いられる戦略
複雑性 ・予期せぬ連鎖の可能性 ・複雑な技術 ・相容れない機能が相互作用する可能性 ・間接的な情報源	・継続的なトレーニング ・継続的なトレーニング ・機能を分離させる職務デザイン戦略 ・主要な直接的情報源	┌ 冗長性 ｜ ｜ アカウンタビリティ ｜ ｜ 責任 ｜ └ 信頼性の「文化」
タイト・カップリング ・時間依存のプロセス ・オペレーションの順序の不変性 ・目標到達への単一手段 ・希少なスラック	・冗長性 ・階層分化 ・バーゲニング ・冗長性	

出所：Roberts（1990b）より作成。

ントの発生を防止することができる（Weick and Roberts, 1993）と主張されている。

3．ノーマル・アクシデント理論と高信頼性理論の比較

本項では，前項で明らかになったNATとHRTの特色を比較することで，2つのアプローチの根底にある視点の違いや重要な論点について考察する。

Perrow（1984）の研究を進展させた政治学者のSagan（1993）は，NATとHRTの対立の構図を明確にした。NATとHRTの間の対立する想定や主張，結論について，次のように整理している。SaganがまとめたNATの特徴は以下の7点である。第1に，複雑かつタイトリー・カップルド・システムでは，アクシデントは避けられない。第2に，安全性は，多くの両立しえない目標の1つである。第3に，冗長性は，往々にしてアクシデントを引き起こす。すなわち，冗長性は，相互作用の複雑性と不透明性を増加し，リスクテイキングを助長する。第4に，複雑性には分権化が必要とされるが，タイトリー・カップルド・システムには集権化が必要とされるという組織の矛盾が存在する。第5に，厳しい訓練や社会化，分離の軍隊モデルは，民主主義の価値観と相容れない。第6に，組織は，想像を絶するような，高度に危険な，あるいは政治的嗜好に合わないオペレーションを訓練することはできない。第7に，責任の否認や欠陥のある報告，歴史の再構成が，学習の成果を損なわせる。

それに対し，HRTの特徴は以下の7点にまとめられている。第1に，アクシデントは，優れた組織デザインとマネジメントを通して，防ぐことができる。第2に，安全性は組織の優先目標である。第3に，冗長性は，安全性を高める。すなわち，複製や部分的重複が，信頼できない部分を信頼できるシステムにする。第4に，分権化された意思決定は，思いがけない事態に対する現場レベルでの迅速かつ柔軟な反応を許すことが必要とされる。第5に，「信頼性の文化」は，現場のオペレーターによる一定かつ適切な反応を奨励することにより，安全性を高める。第6に，継続的なオペレーションやトレーニング，シミュレーションは，高い信頼性をもったオペレーションを創造，維持することができる。第7に，アクシデントからの試行錯誤の学習は，有効であり，予期とシミュレーションによって補われることができる。

Sagan（1993）は，これらの要約を通して，危険な状況下にある組織の安全性に対する2つのパースペクティブの相違の核心について，次のように示している。HRTは，相互作用の複雑性とタイト・カップリングという構造条件が理論上，組織をアクシデント傾向にするというPerrowの根本的なロジックに異論を唱えてはいない。しかしながら，HRTでは，人間の活動（agency），すなわち文化やデザイン，マネジメント，選択が，危険な組織構造の圧力を無効にする，あるいは埋め合わせる，というビジョンをもつ。したがって，Perrowは安全性のグラスで1%の空白を見つけるのに対し，HRTは同じ安全性のグラスでも99%の完全さを見るという違いがある[6]。

NATとHRTの間の根本的な違いは，HRTは複雑な相互作用とタイト・カップリングのシステムであっても，努力すれば実質的にアクシデントとは無縁のシステムになることができると信じるのに対し，NATはいかに努力しようとも複雑な相互作用とタイト・カップリングのシステムに固有の特性によりアクシデントは避けられないと信じる点にある（Perrow, 1999）。

　さらに，このようなNATとHRTの視点の違いを，①組織事故に対する立場，②システム観，③パースペクティブ，④目的，⑤手段，⑥組織構造，⑦組織文化の役割，といった側面から横断的に比較することで，NATとHRTの立場を明確にする（表4-1）。

　第1に，NATとHRTは，両者ともに組織事故と組織特性の関係に着目しているが，組織事故に対する立場が異なる。NATでは，複雑な相互作用とタイト・カップリングの組織では事故は避けられないという悲観的な立場をとるのに対し，HRTでは，危険な状況下でも高い安全性の実績を残す組織があり，組織はアクシデントから無縁の組織になりえるという楽観的な立場をとる。第2に，高度な技術を有した複雑なシステムに対する研究者の見方（システム観）に関して，NATは不信が前提にあるのに対し，HRTは信頼が前提にある。第3に，NATは，社会（組織外部）の視点から組織事故を捉えるマクロ・パースペクティブであるのに対し，HRTは，組織事故を組織内部の人間や集団の視点から捉えるミクロ・パースペクティブである。第4に，研究の目的と手段に関して，NATは社会の安全性の向上のために，危険な組織を排除することであるのに対し[7]，HRTは組織の信頼性を向上するために有効な組織文化を

表 4-1 ノーマル・アクシデント理論と高信頼性理論

	ノーマル・アクシデント理論	高信頼性理論
組織事故に対する立場	悲観論	楽観論
システム観	不信	信頼
パースペクティブ	マクロ・アプローチ	ミクロ・アプローチ
目的	社会の安全性の向上	組織の信頼性の向上
手段	危険の排除	組織文化
組織構造	タイトリー・カップルド・システムの脆弱性	ルースリー・カップルド・システムの有効性
組織文化の役割	懐疑	信頼

出所：筆者作成。

示す。第5に，組織構造に関して，NATでは，「タイトリー・カップルド・システム（Tightly Coupled System：以下TCSと略記する）」の，失敗からの回復を妨げる逆機能の側面に着目するのに対し，HRTでは，高信頼性組織の特徴は，被害が他の部分に波及しないという「ルースリー・カップルド・システム（Loosely Coupled System：以下LCSと略記する）」の有効性を示している。最後に，組織文化に関して，NATは，組織文化の機能に対して懐疑的であるのに対し，HRTでは，信頼性の文化やマインドを備えた文化が事故を防止する安全装置として有効に機能すると考える[8]。

以上のように，NATとHRTの比較を通じて，両者の視点の違いを明らかにした。NATとHRTの見解の相違は，高信頼性組織に内在するジレンマ，すなわち，高信頼性組織では，平時と有事の際とで，求められる管理が大きく異なること，を示している。組織事故を未然に防ぐ組織を設計するためには，両者の統合の方途を検討する必要がある。したがって，次節では，岸田（1994, 2009）の組織の生成・発展のモデルを基に，両者を統合的視点から考察し，危機管理のための組織デザインの状況適合理論の必要性およびその方途を提示する。

Ⅲ. 高信頼性組織研究の統合的考察

　前節では，NAT と HRT が組織事故に対して対照的な捉え方をするアプローチであることを明らかにした。こうした組織の対照的なパラダイムの統合という問題に対して，岸田（1994, 2009）は，2つの統合の方途を提唱する。すなわち，①階層（次元）による「共時的統合」と，②正反対の因果関係を時間の循環によって統合する「経時的統合」である。

　岸田（1994, 2009）は，システム（組織）を，上位システム（環境）と下位システム（個人，集団，部門その他）との関係から統合的に捉え，上位システム（環境）→システム（組織）→下位システム（人間）と下位システム（人間）→システム（組織）→上位システム（人間）という正反対の因果関係からシステム（組織）は構成されることを示した。すなわち，組織（Organization）は，Organizing（組織化，組織生成）と Organized（構造化，構造統制）からなり，Organizing と Organized を繰り返しながら，組織は成長・発展（自己組織化，段階的発展，進化）するとした。Organizing の理論は，人間→組織→環境（Open & 自然体系モデル）という因果関係をもち，典型は Weick の組織化の進化モデル（実現→淘汰→保持）である。他方 Organized の理論では，環境→組織→人間（Open & 合理的モデル）という因果関係をもち，状況適合理論（Contingency Theory）が典型である。したがって，組織（Organization）は，①新しい組織構造の形成に向けて人々の活動を相互に連結する組織生成（Organizing）の側面と，②形成された組織構造が集合目的に向けて人々の活動を規制する構造統制（Organized）の側面から成り，この①②の繰返しを通じて，古い組織形態から新しい組織形態へと段階的に発展していくことを明らかにした。

　このように，岸田（1994, 2009）は，組織には，主体決定論的傾向と環境決定論的傾向という対立する2つの力が働いていることを示している。また，Organizing（組織化，組織生成）と Organized（構造化，構造統制）は，組織（Organization）によって共時的統合がなされ，組織の生成・発展のプロセスが示す，人間→組織（行動）→環境→組織（構造）→人間という因果関係の循環

は経時的統合を示している。さらに，組織革新のプロセスでは，経時的統合と共時的統合が3次元で統合され，時間の経過とともに組織がらせん状に発展していくプロセスが示されている。

こうした岸田（1994, 2009）モデルに基づいて，まず，NATとHRTの共時的統合を試みる。NATとHRTは，共に高度な危険性を有した複雑な組織を想定している。したがって，そのような事故の危険性が高い組織を，高危険性組織（High Hazard Organization）として，ひとつ上の階層で共時的に統合することができる。また，高危険性組織は，事故防止の信頼性が低いか高いかによって，NATが想定する組織事故を発生させる組織と，HRTが想定する組織事故を防止する高信頼性組織，に分化する（図4-5）。

次に，NATとHRTの経時的統合を試みる。NATは組織事故をマクロからの環境決定論的視点から捉えるものであり，岸田（1994, 2009）モデルの構造統制（Organized）の側面と符合する。他方，HRTは組織事故発生の防止をミクロからの主体決定論的視点から捉えるものであり，岸田（1994, 2009）モデルの組織化（Organizing）の側面に対応する。したがって，組織事故の発生・防止のプロセスを，環境→組織→人間→組織→環境という因果関係の循環で捉えることによって，NATとHRTを経時的に統合することができる。次項では，構造統制（Organized）および組織化（Organizing）という経時的な組織発展のダイナミクスの中で，いかにして組織の信頼性が喪失あるいは獲得されていくのかについて見ていく。

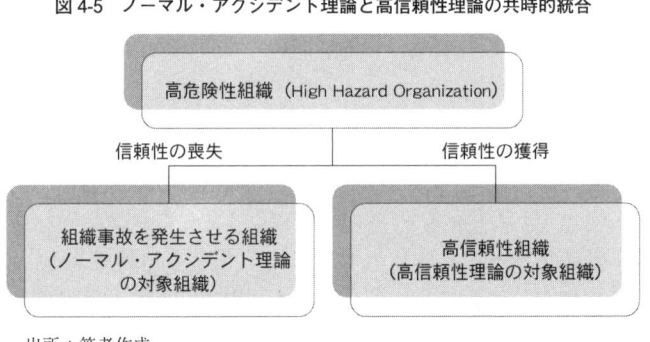

図4-5　ノーマル・アクシデント理論と高信頼性理論の共時的統合

出所：筆者作成。

1. 高信頼性組織の構造統制

本項では，高信頼性組織の構造統制（環境→組織→人間）の側面を考察することで，平時の安定的な環境の下で構築された組織構造が，危機的状況下では，脆弱なものとなる要因を明らかにしていく。

(1) 環 境

Emery and Trist（1965）は，全体環境の進化の4つの段階を識別している。すなわち，①静態的・散在的環境，②静態的・偏在的環境，③動態的・競争的環境，④激動的環境，の4つである。岸田（1985）は，この4段階を次のように要約している。第1に，静態的・散在的環境では，目標とその評価基準はほとんど不変でランダムに分布している。戦術と戦略の間に違いはなく，組織は単一，小規模な単位として存続することが可能である。第2に，静態的・偏在的環境では，戦略を戦術と区別する必要性が生じる。この状況下では，組織は，規模を拡大し，集権化された統制および調整に移行する。第3に，動態的・競争的環境では，同種のシステム，すなわち目標が同じ，あるいは関連がある組織が多数存在する。組織は，互いに競争相手を邪魔することによってチャンスを利用しようとする。戦略と戦術の間には，組織の反応の媒介物，すなわちオペレーションが生じる。統制は，それらが実施されるのを可能にするためより分権的になる。他方，安定性は競争者間に特定の協調関係を必要とする。さらに，第4に，激動的環境では，個々の組織は大規模化し，さまざまな面で組織同士の相互関連性が増大し，環境基盤そのものが変動する。組織は，価値の重要性を見極め，高めていく必要がある。このような環境の進化は，諸組織の相互依存性の増大を示している。

また，Duncan（1972）は，環境を，単純－複雑，静態－動態という2つの軸に沿って，①単純で静態的な環境，②複雑で静態的な環境，③単純で動態的な環境，④複雑で動態的な環境，の4つに分類した。環境の単純－複雑の次元は，意思決定の際に考慮される環境諸要因の数の多少および同質性の程度である。環境の静態－動態の次元は，考慮すべき環境諸要因が，時間の経過と共に絶えず変化するか否かの程度で示される。

高信頼性組織が直面する環境は，平時の際には，Emery and Trist（1965）の全体環境の進化の4段階のうち，第2段階の静態的・偏在的環境に相当すると

考えられる。また，Duncan（1972）の環境の4つの分類のうち，複雑で静態的な環境に相当すると考えられる。しかしながら，有事の際には，環境は一変し，Emery and Trist（1965）の第4段階の激動的環境，Duncan（1972）の複雑で動態的な環境へと急速に移行する。

(2) 組　織

状況適合理論では，唯一最善の組織はなく，最適な組織は，組織が置かれた状況に依存すると考える。Thompson（1967）は，不確実性をもたらす状況要因として，技術と課業環境をあげ，環境が安定的な場合，組織は技術的合理性を追求することを示した。高信頼性組織は，環境からの影響を最少化した長連結型のテクノロジーに相当する。また，Duncan and Weiss（1979）は，Duncan（1972）の環境の4つの分類に，分割可・分割不能という次元を加え，環境を単純・複雑，静態・動態，分割可・分割不能という基準によって6つに分類し，それぞれの環境に適した組織構造を提示した。高信頼性組織は，平時の際には，複雑・静態・分割不能の環境に位置づけられ，職能部門制組織が相応しい。しかしながら，有事の際には，複雑・動態・分割不能の環境の下では，既存の職能部門制組織の上に，水平的関係が付加された混成的職能部門制組織が求められる。

また，先述したように，Perrow（1984）は，図4-2において，相互作用（線形／複雑）とカップリング（タイト／ルース）の分類に加えて，必要とされる権限の集権／分権を示している。高信頼性組織が当てはまるセル2では，タイト・カップリングでは集権的組織を要求するのに対し，相互作用の複雑さは分権的組織を要求するため，矛盾する要求が組織に存在することを明らかにしている。

したがって，高信頼性組織は，平時の際には，比較的緩やかな技術進歩，少ない競争の環境の下で，技術的合理性を追求し，長連結型の職能部門制組織を構築する。しかしながら，このようなTCSでは，部分で生じたインシデントは組織全体に波及してしまう。したがって，有事の際には，インシデントの組織全体への拡大を防ぐため，部門間の横の繋がりを切断し，LCSに移行することで環境変化へ即時的かつ柔軟に対応することが求められる。

岸田（1992）は，LCSを，人間（下位システム）－組織（システム）－環境（上

位システム) の3つのレベルの相互作用として，次のように定義している。①下位システム (A, B) 内部の連結はタイト，②下位システム間 (A－B) の連結はルース，③下位システムの共通部分 (A∩B) が組織 (X) に与える影響は弱い。④組織全体 (X) と環境 (E) とのつながりはルース (環境が変化しても組織の全体構造は直ちには変化しない)，⑤環境部分 (EA, EB) と下位システム (A, B) 連結はタイト (環境部分に対して，それに対応する下位システムは敏感に反応する)，⑥部分環境間 (EA－EB) の連結はルース，である。

このように，LCSでは下位システム間の連結はルースであるため，部分の変化が組織全体に波及しない。高信頼性組織の構造統制の側面では，平時においてTCSが構築されることを示してきたが，そのような組織では，インシデントが組織全体に波及するのを食い止めることが困難である。したがって，有事の際には，TCSからLCSにスイッチングすることが1つの克服方法として有効であろう。

さらに，マトリックス組織は，激動的環境，複雑で動態的な環境に，妥当する集権的かつ分権的な組織構造ではあるが，二元的な権限構造により調整が難しいという問題が残されている。

(3) **人　間**

中岡 (1974) は，技術的合理性の追求によってもたらされるコンビナートの大型化・システム化が，労働にもたらす影響を分析している。1つの装置に変化が起こった場合，装置が独立している場合には，変化が波及しないが，装置が結合されている場合にはすぐに変化が波及してしまう危険性を示している。すなわち，プラント・インテグレーションを通じて，安定には強いが変化には弱いシステムが構築されてしまうことを示す。したがって，事故が発生した場合，コンビナートの巨大さと合理性は，損害の巨大さに転化することを示している。また，オートメーション化が進み，システムの安定性，信頼性が向上することが，現場の作業員を単調な労働へと追いやると同時に，学習機会を減少させ，トラブルへの対処能力を低下させることを示している。

さらに，March (1991a, 1991b) によれば，組織学習には，既にもっている知識の「活用 (exploitation)」と，新しい知識の「探索 (exploration)」があり，組織の存続・発展には，この「活用」と「探索」の適切な組み合わせが求めら

れる。しかしながら、組織は無意識のうちに「探索」を排除する傾向にある。なぜなら、「活用」の成功に比べて、「探索」が成功するかどうかは不確実であり、時間がかかり、空間的にも離れているからである。高信頼性組織の場合、経験による学習機会が極端に少ないにもかかわらず[9]、インシデントが発生した場合、即時的な学習が求められる。したがって、往々にして、未知の選択肢を「探索」する代わりに、既知の選択肢を「活用」し、問題に対処しようとする。しかしながら、「探索」よりも「活用」を推進することが、かえって事故の拡大を招く場合も多い。

　以上のように、高信頼性組織の構造統制（環境→組織→人間）の側面では、平時と有事で全く異なる組織が要求される。平時においては、静態・複雑・分割不能という環境の下で、長連結型のテクノロジーの技術的合理性を追求し、職能部門制組織を構築し、作業員やオペレーションに従事する人々は計器の監視のような単純な作業に取り組み、学習機会と学習能力を低下させる。しかしながら、有事の際には、何が起こっているのかもわからない理解困難な環境に置かれながらも、早急な対処が求められ、現場に権限を委譲し、即興的に解決し、インシデントからアクシデントへの拡大を食い止める必要がある。

2．高信頼性組織の組織化

　本項では、高信頼性組織の組織化（人間→組織→環境）の側面を考察することで、組織事故の防止のために求められる組織の信頼性獲得プロセス（Heedfulな個人の行為→ Mindfulな組織文化と集団の認知→ Reliableな実現環境）について明らかにしていく。

(1) 人間（コレクティブ・マインドに基づくHeedfulな個人の行為）

Weick (1979) が提示した組織化の進化モデルでは、まず実現過程（enactment）において行為が行われ、次に淘汰過程（selection）においてその行為に対する意味づけによって認知が形成され、それが保持過程（retention）において記憶として蓄えられる。また、その保持された記憶は、次に生じる行為と認知に影響を及ぼす。すなわち、組織化の進化モデルでは、①先に行為（実現）が行われ、それに基づいて環境の意味づけ（淘汰）が形成される側面（行為→認知）

と，②「実現環境（enacted environment）」（保持）が次に行われる行為（実現）と認知（淘汰）に影響を及ぼす側面（認知→行為）の両方が示されている。また，組織が存続，発展していくには，①行為→認知，あるいは②認知→行為，のいずれか一方を信頼し，他方を疑うことによって，安定性（信頼（＋））と柔軟性（不信（－））を同時に保有しなければならないことを強調する。本章では，このような信頼－不信が，表象の世界を実現（enact）する際の原動力となるものとして捉える。信頼－不信を基に，二重の相互作用や組織化が引き起こされると考える。

　Weick（1977）は，組織化のプロセスを説明する次のような興味深い指摘を行っている。すなわち，「私が（言ったことに相手が反応するのを）見るまで，私が考えていることを，どうして私が分かるというのか。（How can I know what I think until I see what I say ?）」という問いかけである。自らが行為をするであろうことに相手がどう反応するかを予測して行為を実行するという二重の相互作用が，組織化のプロセス（ミクロの創発性）の基盤となることを示している。このように，二重の相互作用を通じて，組織化が行われ，実現環境が創出される。実現環境は，その後の行為と認知に影響を及ぼす。したがって，組織は後で自らを制約する環境（実現環境）をしばしば創り出している（Weick, 1977）。

　さらに，Weick and Roberts（1993）は，個人の行為の注意深さ（Heedful），すなわち個人がコレクティブ・マインド（collective mind）に基づいて，組織の全体性を意識し，二重の相互作用を注意深く関係づけ，行為（enact）することが，予測不可能な事態に対処することを可能にすることを示している。

(2)　組織（Mindful な組織文化と集団の認知）

　Weick は，人間や集団の組織化（意味づけ）の過程とそれを規定する組織文化の役割に着目する。Weick and Sutcliffe（2001, 2007）は，高信頼性組織の特徴として，集団のマインド（複雑に組織化しようとする意志と能力）の高さを指摘する。高信頼性組織では，「マインドをフルに働かせておくこと（mindfulness）」で，不測の事態を適切にマネジメントすることが可能となっている。つまり，高信頼性組織では，マインドを高め，問題がまだ明確でない初期段階（インシデントの段階）で不測の事態を察知し，拡大を防ぐことによ

り，アクシデントを未然に防ぐことができる。さらに，Weick and Sutcliffe（2001, 2007）は，高信頼性組織であれ，企業であれ，あらゆる組織は，周囲の環境やそこに潜む危険に対する見方を，その組織文化から生み出すため，マインドを備えた組織文化を創造することが，不測の事態への対処に繋がると結論づける。Weick（1987）は，有事においては権限を現場に委譲することが求められるが，その際に集権的な役割をするのが組織文化であると考える。組織文化によって価値観や意思決定前提が共有されているため，集権かつ分権を同時に達成できると考える。つまり，有事の際に，組織文化によって集権的に全体性を意識し，個人や集団が柔軟に組織化を行う（Heedful な個人の行為→ Mindful な組織文化と集団の認知→ Reliable な実現環境）ことで，即興的に解決し，インシデントからアクシデントへの拡大を阻止することが可能になる。但し，このような個人や集団の行為を可能にするためには，有事の際，組織構造は，管理上分権的でなければならない。

(3) 環境（Reliable な実現環境）

組織化の側面における環境とは，「実現された環境（enacted environment）」を意味する[10]。この実現環境が置き換わること，すなわち高信頼性組織における学習の特徴について考察する。

Weick and Sutcliffe（2001, 2007）は，常に過酷な条件下で活動しながらも，事故発生件数を標準以下に抑えている高信頼性組織には，次の5つの特徴が備わっていることを示した。すなわち①失敗から学ぶ，②単純化を許さない，③オペレーションを重視する，④復旧能力を高める，⑤専門知識を尊重する，という特徴である。

このように，Weick and Sutcliffe（2001, 2007）は，高信頼性組織の5つの特徴のうちのひとつに，失敗からの学習をあげているが，高信頼性組織では，失敗が許されない環境にあるため，通常の試行錯誤の学習を行うことができない。構造統制において増大した複雑性に対処するためには，組織化における学習が必要不可欠である。但し，試行錯誤の学習が許されないので，試行錯誤の学習に代わる学習を通じて，複雑性を増大させなければならない。Weick（1987）は，試行錯誤の学習に代わる学習として，想像や代理経験，物語，シミュレーション，表象をあげている。これらに価値を置くことによって，組織は起こり

うるエラーとその対処方法を学習することができると考える。

Weick（1987）は，アクシデントを減らすためには，システムの複雑性と人間の複雑性の適合が必要であると主張する。そこで，適合のための2つの戦略，①システムの複雑性を減らす，②人間がより複雑になる，のうち，②を問題とする。すなわち，人間や集団の多様性を増大させることによって，システムの多様性に対処することが可能になり，アクシデントの削減に繋がると考える。さらに，組織内で，対面でのコミュニケーションやチームの解釈の異質性，物語に重きを置く組織文化を構築することが，多様性の獲得に繋がることを明らかにしている。

以上のように，組織の信頼性は，組織化のプロセスを経て創出された実現環境が，現実の環境の複雑性を捉えることができているかどうか，また組織学習を通じ，現実の環境の変動に即応して，実現環境を変化させることができているかどうかに依存する。すなわち，必要多様性（Weick, 1987）が，組織の信頼性の条件であり，組織事故の発生防止の鍵となる。

本節では，高信頼性組織の構造統制と組織化の側面を考察してきた。高信頼性組織では，構造統制によってもたらされる組織構造の複雑性や個人の学習機会の減少が，組織化を困難にさせる特性をもつ。しかしながら，構造統制の側面のみが推進され，組織化の側面が弱められたままであれば，組織革新は生じえない。すなわち，高信頼性組織は，想定外の事態に対処することが困難となり，インシデントをアクシデントに波及させてしまう。したがって，社会に重大な影響を及ぼす組織を，事故から学び，それを防ぐ組織にしていくためには，NATが示す構造統制（環境→組織→人間）の側面から組織事故を見る視点（マクロ・アプローチ）と，HRTが示す組織化（人間→組織→環境）の側面から組織事故を見る視点（ミクロ・アプローチ）を統合的に考察し，組織を発展させていくことが求められている。

IV. 結 語

本章では，ノーマル・アクシデント理論と高信頼性理論の根底にある分析の

視点の違いや重要な論点を比較した上で，岸田（1994，2009）の組織の生成・発展のモデルを基に，両者を統合的視点から考察した。

第1に，NAT は構造統制の側面に着目するのに対し，HRT は組織化の側面に注目していることを明らかにした。第2に，高信頼性組織は，平時には，安定的な環境の下，技術的合理性を追求し，TCS のような集権的な機械的組織が構築されるが，有事の際には，不測の事態に柔軟に対処し，事故の拡大を防ぐため，LCS のような分権的な有機的組織に移行する必要があることを明らかにした。第3に，高信頼性組織は，その特性から，構造統制が強められ，組織化が弱められる傾向にあり，それが組織事故の発生に繋がることを明らかにした。

最後に，今後の課題として，次の6点を挙げることができる。第1に，平時から有事への移行に即応する組織デザインのスイッチングのプロセスについて解明する必要がある。第2に，有事において多元的適合関係をもつ組織形態を分析する必要がある。第3に，Perrow（1999）が問題はリスクではなく，パワーであると述べているように，リスクとの評定とそれに関わるパワーの問題を取り扱う必要がある。第4に，失敗も許されない危険な状況下に置かれながらも学習し，即興的に偶発的な事故に対処する組織の組織構造や組織文化の特性を明らかにする必要がある。第5に，高信頼性組織研究の知見を組織一般へと拡張する可能性を探究する必要がある。第6に，高信頼性組織研究の知見を実証的に検証することで，理論の有効性を示す必要がある。

時代の進展とともに，組織は，技術的な合理性を追求し，高度の複雑性を有するようになったが，人間や集団がそれに対処できる複雑性を持ち合わせなければ，組織事故は繰り返される。したがって，マクロとミクロの統合的視点から経営組織を捉えることが必要である。

注
1） Reason（1997）は，事故には，その影響が個人レベルで収まる事故（個人事故）と，その影響が組織全体に及ぶ事故（組織事故）の2種類があることを示した。
2） 高信頼性組織研究とは，一般には HRT の方を指し，高信頼性組織研究は，組織事故研究と密接な関連性がある（高信頼性組織研究とその他の組織（企業）事故研究の関連については，谷口（2012）を参照されたい）。本章では，組織事故研究の中でも，組織事故の発生原因あるいは防止要因を，組織レベルから分析する NAT と HRT に的を絞り，考察する。

3）ヒューマンエラー研究は，元来，ヒューマンファクターを研究対象にしてきたが，近年では，ヒューマンエラー研究の代表的な研究者である Reason（1997, 2008）に見られるように，分析対象を人間から組織まで拡大している。その結果，ヒューマンエラー研究と高信頼性組織研究の研究領域は，近接している。

4）Perrow は，後の Personal Note（Perrow, 2004）の中で，原子力発電所と自分自身が勤める大学との違いを考えていたときに，このような相互作用とカップリングに注目するという閃きが得られたと語っている。

5）西本（2006）によれば，バークレー・グループとは，高信頼性組織研究を創始したアメリカ西海岸 UC バークレー校に籍を置く研究者群を指す。そこには生みの親である Karlene H. Roberts や政治学専門の Todd R. La Porte，エネルギー・資源政策を専門とする Gene I. Rochlin, Paula Consolini, Jennifer Halpern などが含まれている。また，Karl E. Weick が corresponding member としてプロジェクトに参加しており，Charles Perrow や W. Richard Scott が調査研究コンサルタントとしてアドバイスを提供していた。

6）しかしながら，現実社会において取り組むべき問題は，1％の危険を重視するか，あるいは 99％の安全性を重視するかの問題ではなく，1％を更に下げながら（信頼性を高めながら），それでも 0％にはならないので，事故が生じたときの万全の対策を準備することである。

7）Perrow（1984）は，I/C チャートでセル 2 に位置づけられたハイリスク・システムを，大災害をもたらす可能性と代替コストの観点から，3 つのカテゴリーに分類し，次のような政策的提言を行っている。第 1 に，大災害をもたらす可能性が高く，不可欠でないシステムは，廃止されるべきである。第 2 に，大災害に繋がる可能性が高・中程度で，システムが不可欠である，あるいはシステムの予想される便益がリスクをとるだけの価値がある場合，制限を強化し，規模を縮小する。第 3 に，大災害の可能性が低く，自動制御が可能である場合，存在を許容するものの，再デザインや改善を進める。

8）但し，Perrow（1999）は，組織文化への傾倒に苦言を呈する。組織事故を，文化の差異や悪条件のせいにすることは，真の原因究明から安易な説明に逃げることに繋がる。また，複雑な相互作用とタイト・カップリングのシステムでは，最善の文化であっても十分でないかもしれないと考える。

9）高信頼性組織研究が対象とする組織には，原子力発電所や原子力空母，航空管制システムが含まれるが，学習機会を比較した場合には，原子力発電所では学習機会は非常に限られているのに対し，原子力空母や航空管制システムでは，パイロットや管制官は天候の変化といった環境変化に日々直面し，インシデントを経験する機会も多い。そのような日々の学習機会の差異が，アクシデントを未然に防止する能力の差異に繋がるとも考えられる。

10）Daft and Weick（1984）によれば，組織化の進化モデルにおける狭義の学習は，保持過程に蓄えられた知識が置き換えられることである。

参考文献

Cohen, M. D., March, J. G. and Olsen, J. P. (1972), "A garbage can model of organizational choice," *Administrative Science Quarterly*, Vol. 17, No. 1, pp. 1-25.

Daft, R. L. and Weick, K. E. (1984), "Toward a model of organizations as interpretation systems," *Academy of Management Review*, Vol. 9, No. 2, pp. 284-295.

Duncan, R. B. (1972), "Characteristics of organizational environments and perceived environmental uncertainty," *Administrative Science Quarterly*, Vol. 17, No. 3, pp. 313-327.

Duncan, R. and Weiss, A. (1979), "Organizational learning: implications for organizational design," in B. M. Staw (ed.), *Research in Organizational Behavior*, Vol. 1, JAI Press, pp. 75-123.

Emery, F. E. and Trist, E. L. (1965), "The causal texture of organization environments," *Human Relations*, Vol. 18, No. 1, pp. 21-32.

Halpern, J. J. (1989), "Cognitive factors influencing decision making in a highly reliable organization," *Industrial Crisis Quarterly*, Vol. 3, pp. 143-158.

La Porte, T. R. and Consolini, P. M. (1991), "Working in practice but not in theory: theoretical challenges of high-reliability organizations," *Journal of Public Administration Research and Theory*, Vol. 1, pp. 19-47.

March, J. G. (1991a), "Exploration and exploitation in organizational learning," *Organization Science*, Vol. 2, No. 1, pp. 71-87.

March, J. G. (1991b),「組織のエコロジーにおける経験からの学習」『組織科学』Vol. 25, No. 1, pp. 2-9.

March, J. G. and Olsen, J. P. (1975), "The uncertainty of the past: organizational learning under ambiguity," *European Journal of Political Research*, Vol. 3, No. 2, pp. 147-171.

March, J. G. and Olsen, J. P. (1976), *Ambiguity and Choice in Organizations*, Bergen, Norway: Universitetsforlaget. (遠田雄志・アリソン・ユング訳 (1986)『組織におけるあいまいさと決定』有斐閣, 87-92 頁。)

Perrow, C. (1984), *Normal Accidents: Living with High-Risk Technologies* (1st ed.), Princeton, NJ: Princeton University Press.

Perrow, C. (1999), *Normal Accidents: Living with High-Risk Technologies* (2nd ed.), Princeton, NJ: Princeton University Press.

Perrow, C. (2004), "A personal note on normal accidents," *Organization & Environment*, Vol. 17 (1), pp. 9-14.

Reason, J. (1997), *Managing the Risks of Organizational Accidents*, Ashgate Publishing Limited. (塩見弘監訳／高野研一・佐相邦英訳 (1999)『組織事故―起こるべくして起こる事故からの脱却』日科技連。)

Reason, J. (2008), *The Human Contribution: Unsafe Acts, Accidents, and Heroic Recoveries*, Ashgate Publishing Limited. (佐相邦英監訳 (2010)『組織事故とレジリエンス』日科技連。)

Roberts, K. H. (1989), "New challenges in organizational research: high reliability organizations," *Industrial Crisis Quarterly*, Vol. 3, pp. 111-126.

Roberts, K. H. (1990a), "Managing high reliability organizations," *California Management Review*, Vol. 32 (4), pp. 101-114.

Roberts, K. H. (1990b), "Some characteristics of one type of high reliability organization," *Organization Science*, Vol. 1 (2), pp. 160-176.

Rochlin, G. I. (1986), "High reliability organizations and technical change: some ethical problems and dilemmas," *IEEE Technology and Society*, September, pp. 3-9.

Rochlin, G. I. (1989), "Informal organizational networking as a crisis-avoidance strategy: US naval flight operations as a case study," *Industrial Crisis Quarterly*, Vol. 3, pp. 159-176.

Sagan, S. D. (1993), *Limits of Safety: Organizations, Accidents, and Nuclear Weapons*, Princeton, NJ: Princeton University Press.

Sagan, S. D. (1994), "Toward a political theory of organizational reliability," *Journal of Contingencies and Crisis Management*, Vol. 2 (4), pp. 228-240.

Sagan, S. D. (2004), "Learning from normal accidents," *Organization & Environment*, Vol. 17 (1), pp. 15-19.

Thompson, J. D. (1967), *Organizations in Action*, New York: McGraw-Hill. (大月博司・廣田俊郎訳 (2012)『行為する組織―組織と管理の理論についての社会科学的基盤』同文舘出版。)

Weick, K. E. (1977), "Enactment processes in organizations," in B. Shaw and G. Salancik (eds.), *New Directions in Organizational Behavior*, Chicago, IL: St Clair.

Weick, K. E. (1979), *The Social Psychology of Organizing* (2nd ed.), Addison-Wesley. (遠田雄志訳 (1997)『組織化の社会心理学』文眞堂。)

Weick, K. E. (1987), "Organizational culture as a source of high reliability," *California Management Review*, Vol.

29(2), pp. 112-127.
Weick, K. E. (1989), "Mental models of high reliability systems," *Industrial Crisis Quarterly*, Vol. 3, pp. 127-142.
Weick, K. E. and Roberts, K. H. (1993), "Collective mind in organizations: heedful interrelating on flight decks," *Administrative Science Quarterly*, Vol. 38 (3), pp. 357-381.
Weick, K. E. and Sutcliffe, K. M. (2001), *Managing the Unexpected*, (1st ed.) John Wiley & Sons. (西村行功訳 (2002)『不確実性のマネジメント』ダイヤモンド社。)
Weick, K. E. and Sutcliffe, K. M. (2007), *Managing the Unexpected* (2nd ed.), John Wiley & Sons.
岸田民樹 (1985)『経営組織と環境適応』三嶺書房。
岸田民樹 (1992)「ルースリー・カップルド・システムと組織の生成」『経済科学』(名古屋大学) 第39巻第4号, 125-143頁。
岸田民樹 (1994)「革新のプロセスと組織化」『組織科学』第27巻第4号, 12-26頁。
岸田民樹 (2009)「組織学への道」岸田民樹編著『組織論から組織学へ―経営組織論の新展開―』文眞堂, 255-269頁。
岸田民樹 (2012)「ペロー」経営学史学会編『経営学史事典』第2版, 文眞堂, 357頁。
谷口勇仁 (2012)『企業事故の発生メカニズム―「手続きの神話化」が事故を引き起こす―』白桃書房。
中岡哲郎 (1974)『コンビナートの労働と社会』平凡社。
西本直人 (2006)「HRO研究の現状と課題―事故分析における研究対象の移行とHRO―」『ICT業界にみる高信頼性組織 (HRO) の現状と課題』JPCERTコーディネーションセンター。
藤川なつこ (2014)「高信頼性組織研究の展開―ノーマル・アクシデント理論と高信頼性理論の対立と協調―」経営学史学会編『経営学の再生―経営学に何ができるか―』経営学史学会年報第21輯, 文眞堂, 101-105頁。

＊本稿は, 平成23年度～26年度科学研究費助成事業学術研究助成基金助成金 (若手研究B, 課題番号：23730348) および平成26年度～28年度科学研究費助成事業学術研究助成基金助成金 (若手研究B, 課題番号：26780221) に基づく研究成果の一部である。また, 本稿は, 藤川なつこ (2013)「高危険組織の構造統制と組織化―ノーマル・アクシデント理論と高信頼性理論の統合的考察―」『経済科学』第60巻第3号, 51-69頁, に加筆修正を加えたものである。

〔藤川なつこ〕

第5章

組織間関係の生成と統制
―Networking と Networked―

I. はじめに：環境のレベル

Open Systems Approach の導入以来，組織と環境の相互作用が，当然のごとく問題にされてきたが，何が環境かについては，必ずしも定まった見解がある訳ではない。これは，組織に関連する研究分野が多岐にわたり，研究者がそれぞれの視点と分析単位を，独自に採用しているからである。

Evan（1976）によれば，およそ「環境」と呼ばれるものは，次の7つである。
 1. 組織風土（Organizational Climate）
 2. コンテクスト（Context）
 3. 課業環境（Task Environment）
 4. 組織セット（Organization-Set）
 5. 組織の活動領域（Organizational Domain）
 6. 社会的背景（Social Setting）
 7. 社会環境（Societal Environment）

組織風土とは，組織成員によって知覚される組織環境の，主観的な性格あるいは質を記述する概念である。個々の成員にとっては，組織そのものが，心理的に一定の意味をもった「環境」である。コンテクストとは，一定の構造を生じさせる背景であり，技術と規模が典型的な変数である。課業環境とは，管理者の直面する環境総体のうち，目標設定および目標達成に関連する環境部分である。組織セットとは，当該組織が，その環境内において相互作用を行っている他の組織群である。組織の活動領域は，当該組織が追求したいと思っている特定の目標およびその目標を遂行するために，その組織が行う諸機能である。

組織セットと課業環境の概念はよく似ているが，後者には，組織されていない消費者も含まれる。また，活動領域には，組織セットおよび課業環境と違って，目的達成のための手段だけでなく，目標そのものも含まれる。そのため，環境要素との間に，活動領域についての合意（Domain Consensus）が必要とされる。

組織風土とコンテクストは，謂わば内部環境であり，組織内部にいる個々の成員にとっての心理的・社会的・物的な環境である。

組織セット，課業環境，活動領域は，当該組織にとっての外部環境である。ここには，2つの問題が含まれる。1つは，これらの環境と1つの組織との関係が問題にされる場合である。たとえば，課業環境の不確実性が低いと，情報処理の必要性は低く，したがって単純な組織で適応できる。しかし，課業環境の不確実性が高いと，情報処理のための複雑な組織が必要となる。状況適合理論では，課業環境の不確実性が，当該組織の組織デザインに与える影響が論じられる。もう1つは，複数の組織間の関係である。組織セットとは，当該組織と，当該組織と取引を行う複数の組織との関係である。また，活動領域の合意とは，複数の組織間の取引が成立するための，組織間の関係，すなわち組織間の相互依存性を表わす概念である。これを組織間関係論と言う。本章では，この組織間関係論の展望を通じて，組織間関係の生成（Networking）と統制（Networked）を分析する。

社会環境は，文化と社会構造からなるが，複数の組織が相互作用を行う場としてのより広い全体環境である。文化という概念は，しばしば「国が違えば文化も違う」というように，具体的な次元が特定されることなく，使用されることが多い。また，下位文化（e.g. 組織風土や企業文化）と区別されることなく使用されることもある。一般に文化が組織に与える影響が論じられるが，長期的に，人間の行動が文化を形成する。文化が人間行動からどのように形成されるかの，文化の生成についての研究は，極めて少ない。社会構造は，全体社会の諸関係や相互作用に関する概念であるが，文化と同じく明確な同意はない。一般には，規範，社会的役割，組織，制度の4つの要素からなるとされる。制度や体制が，この社会構造にあたる。

II. 組織間関係論の生成と展開
―組織セット・モデルと IOR システム・モデル―

　Negandhi（1975）は，組織間関係論の発展を，次のように3つに分けている。第1は，外部環境要因が組織の内部特性に与える影響を扱ったものである。これは，環境から組織への影響を分析する状況適合理論の枠組みと同じであり，組織間関係論というよりは，Open Systems Approach に基づく組織論と言った方がよい。第2は，異なった組織間の相互作用を問題にする議論であり，たとえば，組織セット・モデルがこれにあたる。ここでは主に，当該組織と，それと取引する組織群を，一連の集合として考える研究である。企業集団や系列の研究は，ここに含まれる。第3は，社会（societal）システム・レベルで組織間関係を対象とする研究であり，諸組織が相互作用するネットワークとしての組織間関係システム（Interorganizational Relations System：以下，IOR システムと略す）についての議論がこれにあたる。

1. 組織セット・モデル

　組織セット・モデルの意義は，対境担当者の行動や組織間の調整を通じて，複数の組織間の連結の態様を明らかにしようとしたところにある。すなわち，環境から組織への影響ではなく，当該組織から環境への影響を，組織間の相互作用を通じて，明らかにするところに，組織セット・モデルの特徴がある。この意味で，組織間の相互作用が，創発的な場を生成するという，いわば inter-organizing の側面を問題にする。

　佐々木（1990）は，組織間関係を説明する方法として，次の3つをあげている。第1は，組織間の共同意思決定という視点から，組織間意思決定の調整を分析する立場である。第2は，対境担当者や対境部門の行動から組織間関係をみる立場である。第3は，個別企業の戦略と組織セットとの関係を取り上げる立場であり，戦略の展開を通じて組織セットが生成・変化する態様を明らかにしようとする研究である。

対境担当者あるいは対境担当組織から組織間調整を考える場合，対境担当者の特性それ自体が，組織間関係システムの特性と考えられる傾向がある。また，戦略と組織間関係システムの関係については，Chandler（1962）の枠組みを援用して，戦略－組織構造－業績（SSP）パラダイムに沿った適合関係に重点がおかれることが多い。したがって，個別組織の戦略が，組織間関係システムを形成していくプロセスの分析が必要である。

2．IORシステム・モデル

IORシステムは，取引のネットワーク，資源，規制と統治，および（IORシステム）の環境，という4つの要素からなる（Koenig, 1981）。

取引のネットワークとは，IORシステムを構成する諸組織の連結の仕方である。複数の組織間の調整や個別組織から組織間関係への影響を問題にする組織セット・モデルよりも，包括的な組織間関係の研究が可能である。

取引のネットワークを構成する次元は，次の4つである。第1は，連結の程度（Density）である。可能な連結の数に対する実際の連結の数で示される。第2は，中心性（Centrality）であり，他の全ての組織に直接接近できる組織は，このネットワーク内の，中心的な組織である。第3は，連結の方向性（Directionality）である。組織間関係が双方的で交互的であるほど，パワーと影響力がバランスしており，IORシステムは安定的である。第4は，諸組織の関与の程度（Intensity）であり，重要な取引であるほど関与度は高く，組織間の連結は強い。

IORシステムの環境とは，取引の生じる背景であり，資源を供給してくれる源泉であり，同時に規制と統治が行われる領域である。

IORシステムの変化を引き起こすのは，次の2つの条件である。第1は，外部（環境）からの刺激である。IORシステムの取引の方向性や目的を示す指令，手続き，ルールなどの変化，あるいは希少資源を提供する環境の変化は，このシステムの多様性を増大させる。第2は，IORシステム内部の連結能力の変化，すなわちシステム内の諸組織が同意を作り出し，コンフリクトを解決する能力の変化である。たとえば，広範な価値の共有がある場合は，IORシステムが環境からの影響力に対処する能力は高くなる（Turk, 1977）。

ただし，IOR システムの変化の条件は述べられているが，そのタイプの識別と，これらのタイプの変化は，明らかにされていない。

III．環境操作戦略と社会関係資本論の展開

1．環境操作戦略の展開

組織セット・モデルでは，当該組織が他の諸組織との相互作用を通じて，創発的な場を生成する inter-organizing の側面を分析することが必要である。Thompson（1967）によると，次の3つの方策がある。第1は，緩衝戦略であり，個別組織の中核技術を，環境の影響から緩衝する必要性から生じる。標準化，スラック，取引の平準化，予測，割当，成長がここに含まれる。しかし，これに成功しないなら第2に，組織内の資源，手腕に頼って環境に働きかけ，自律性を維持しながら依存性を処理し，不確実性を減らすのが，自律的戦略である。ここには，競争，PR，自発的対応（社会的責任の遂行），制度化が含まれる。しかしながら第3に，当該組織の資源には限界があり，他の諸組織（＝環境要素）に依存しなければならないなら，組織間の協調や調整を行う協調的戦略をとることになる。ここには，暗黙の協調，契約・交渉，役員の導入（Co-optation），連合，戦略的工作が含まれる（Galbraith, 1977）。

緩衝戦略は，組織内にいわば緩衝装置を設けて，環境からの変動を和らげるものであり，他組織と協調するものではない。さらに，自律的戦略も，他の諸組織を考慮に入れず，対応する戦略である。これに対して，協調的戦略は，共通の問題を解決するために，複数の組織が活動を調整して，環境の諸要素と暗示的・明示的に協調する方法である。したがって，組織間関係の調整に直接関係するのは，この協調的戦略のみである。

第1の暗黙的協調は，行動がパターン化されて予測可能なので，他組織との協調は可能であるが，調整のためのコミュニケーションや明示的・公式的な試みがないときに採用される戦略である。環境を構成している要素の数が少なく，少数の組織がパワーをもっているとき，日常の相互作用があれば，協調のためには十分である。1975年4月，日経連は，事実上の春闘相場の決定者で

あった金属巨大企業8社の社長の朝食会を催した。これに対して組合は、個別企業の労使関係に介入しようとする不当労働行為であると訴えた。この事件は結局、ガイドラインは日経連の見解の指標に過ぎないが、使用者の中には、それに拘束されると考えるものもいると組合が指摘しているので、今後そのような誤解が生じないよう配慮するということで、和解が成立した（赤岡・岸田・中川，1989）。

　第2の交渉・契約は、将来の活動の不確実性を処理するために、一定期間当事者の間で、明示的な形で同意を取り決めることである。支持を提供する組織と支持を求める組織（当該組織）との間で、効果が釣り合っているとき、契約を交わすことによって、両者が利益を得る。契約は、相手の支持を必要とするので、当該組織の意思決定プロセスに、相手側の影響力を受けいれることになり、当該組織は一定程度、自律性を失う。したがって契約は、依存性と不確実性が高く、包括的で費用のかかるものなので、緩衝戦略、自律的戦略および暗黙の協調では、環境要素からの十分な支持が得られないときに採用される。Galbraith（1977）は、石炭会社と電力会社が20年の長期契約を交わすなら、両者は不確実性を減少させ、それによって資本集約的な高価な技術の導入が可能になるという例を紹介している。

　第3は役員の導入であり、当該組織のリーダーシップや政策形成に、環境から新しい要素を吸収して、組織の安定性を確保したり、生存への脅威を回避したりする方法である。これは、契約よりも高いレベルの問題について採用される戦略である。これは、支持を求める諸組織（当該組織を含む）は分散しているが、支持を与える能力が少数の組織に集中している場合、力の弱い組織（＝当該組織）が採用する戦略である。一定地域の大銀行の役員を、資金調達に困っているその地域の企業の取締役として迎える場合である。たとえば、外部からの資金調達を必要とする病院では、金融機関からの役員が目立ち、都市の病院では製造業からの、田舎の病院では農協からの役員が多かった（Pfeffer and Salancik, 1978）。また、天下りを受け入れる組織がこの典型例である。

　第4は連合であり、少数の環境要素が支持能力をもっており、集中された需要とのバランスはあるが、契約によって得られるパワーでは不十分な場合に、連合が行われる（Thompson, 1967）。連合は、複数の組織が、ある問題に関し

て，一定期間合体して共同で行動することであり，各組織の最終的な自律性は保持されるが，互いに制限を受ける。2つ以上の組織が融合して一体化する合併とは違って，脱退する最後の自由は残されている。カルテル，合弁，協会がこれにあたる。Pfeffer and Nowak（1976）は，資源の相互依存性が高いほど，またもっとも競争圧力の高い，集中度の中間レベルの産業で，合弁が生じやすいと述べている。Galbraith（1977）は，国際的な合弁事業の例として，ジーマンス（西ドイツ），フィリップ（オランダ），CII（フランス）の，世界コンピュータ市場におけるIBMとの競争のために，データを一本化して，データの重複の回避，規模の経済性，協調を行うべく，連合を行ったとしている。

協会（Associations）は，同種の組織，あるいは競争している組織が，何らかの規範を確立して，相互の目的を追求し，共通の利益の改善を行うために生じる戦略である（Scott, 1981）。利害を同じくする諸組織の上に，調整のための組織を作って，階層的に調整・統合を行うのが協会である。日本相撲協会や日本体育協会などがこれにあたる。

第5の環境操作戦略は，戦略的工作（Strategic Maneuvering）である。これは連合をさらに進めて，参加諸組織が，1つの組織になった状態である。これまでの環境操作戦略が，不確実性を回避する方法であったのに対し，戦略的工作は，重大な環境要素を取り込んで，課業環境の不確実性を吸収する戦略であり，課業環境を管理するプロセスの最終段階である。これは，依存性を削除し，課業環境そのものを変えようとする試みである。合併，垂直統合，多角化がこれにあたる。

以上，組織がその依存性を処理して環境を管理するさまざまな戦略（＝環境操作戦略）について述べた。当該組織は，自己の目標設定や資源配分のプロセスに，依存すべき他の環境要素を含むことによって環境からの支持を得，不確実性を削減できる。ただし，環境要素を含む度合いにしたがって，当該組織の自律性は少なくなる。自律性を放棄する程度は，環境からの支持を必要とする程度，その不確実性，他の環境要素を利用できる程度によって変わる。

戦略的工作は，もっとも高い依存性と不確実性に直面して，環境要素を吸収して，課業環境自体を変化させようとする戦略である。この戦略的工作が，Chandler（1962）の「戦略」に相当する。その意味で，Chandler（1962）が言

う垂直統合戦略や多角化戦略は，組織が環境に働きかける環境操作戦略の最終段階であり，これによって，課業環境自体が質的に変化する。「組織構造は戦略に従う」という Chandler（1962）の命題は，戦略に適合的な組織構造が選択されるというだけでなく，その背景となる環境＝IOR システムのタイプも変化するということを意味する。言い換えれば，戦略－組織構造－業績（SSP）パラダイムであるだけでなく，より広く環境－戦略－組織－業績（ESOP）パラダイムであるということである。

2．社会関係資本論の展開

IOR システムの構成要素は，取引のネットワーク，資源，規範と規制，および（IOR システムの）環境，である。近年，こうしたネットワーク内での取引に伴う，当該組織に与えるインフラ（資源）を，社会関係資本（Social Capital）と呼ぶことが多い。社会関係資本とは，社会的ネットワークであり，ネットワーク内の組織に収益を与えるようなすべての社会構造資源である（三隅，2013）。

社会関係資本の形式には，結束型（Bonding）と橋渡し型（Bridging）の2つがある。前者は，排他的なアイデンティティと同質的な集団構成を強める形態であり，それによって特定の互酬性を安定させ，連帯を動かしていくネットワークであり，内向きの志向をもつ。

内集団への強い忠誠心が，外集団への排他性を生み出す可能性がある。後者は，さまざまな社会的集団をまたいで人々を包含する形態であり，そのため外部資源との連携や情報伝播において効果的である。外向きの志向をもち，より広いアイデンティティや互酬性を生み出す可能性がある（三隅，2013）。

社会関係資本論では，一般に，弱い結束と強い橋渡しの組み合わせが，当該組織に利益を与えると想定されてきたため，それ以外の組み合わせの可能性について，深く論じられることはなかった。前者の結束型には，強い紐帯と弱い紐帯の2種類の連結の態様がある。後者の橋渡し型には，密ネットワークと疎なネットワークの2種類がある。ここでは，橋渡し型を構造次元と呼び，結束型を関係次元と呼ぶ。

(1) 構造次元

構造次元とは，組織間関係の構造特性に関わる性質であり，複数の組織がお互いに直接あるいは間接に，どのくらい関係し合っているかを示す。関係の度合いが多ければ，「密な」ネットワークと呼ばれ，関係の度合いが低いなら「疎な」ネットワークと呼ばれる。Coleman（1988）は，ネットワークが閉鎖され，組織間連結が密なほど，望ましいと主張した。組織間に緊密な連携がある場合，頻繁なコミュニケーションが行われて，暗黙知的な情報や機密性の高く内容の濃い情報が流される。ここでは，ネットワークの閉鎖性が高まるので，同一の価値や規範の共有が進んで，信頼性が高まり，協調的な行動が支配的になるので，諸組織の機会主義を抑制できる。

これに対してBurt（1992）は，当該組織と他の諸組織との関係構造に焦点を当て，全ての組織間に連結がある閉鎖的なネットワークではなく，他の諸組織は，当該組織を経由しなければコミュニケーションができないようなオープンなネットワークが望ましいと，主張した。こうして，当該組織以外の組織にとっては，組織間の連結が分断されているほど，すなわち構造的空隙（Structural Holes）が多いほど，当該組織だけが情報に接近でき，したがってこのネットワークをコントロールできる地位を占めることができる。

以上より一般に，密なネットワークでは，どの組織も多様な情報に接近できる（情報の遍在）ので，機会主義は抑制され，ネットワーク内の信頼関係も情報の質も高まる。逆に，疎なネットワークでは，ネットワークの中心にいる組織は，他組織の接近できない情報を排他的に獲得する（情報の偏在性）ので，ネットワークをコントロールする位置を占めることができる。

(2) 関係次元

関係次元は，組織間の結びつきあるいは関係の強弱に関係する。この関係のことを紐帯と呼ぶ。強い紐帯とは，組織間に長期にわたって高い頻度で取引が行われるので，高い信頼関係が構築される。弱い紐帯とは，取引の頻度は低いが，組織の自律性が高いので，1つ1つの組織は，多様な情報に接近できる。

Uzzi（1996）は，強い紐帯で結び付けられているネットワークが望ましいと言う。紐帯が強いなら，暗黙知のような情報に至るまで，詳細できめ細かな情報が得られ，これによって相互信頼と互酬性が確保され，機会主義が抑制されるからである。これとは逆に，Granovetter（1973）は，弱い紐帯の利点を主張

する。強い紐帯の場合は，結局狭い範囲内の組織との取引に限定されてしまうため，同質的な情報を共有する傾向が高いが，弱い紐帯の場合は，多くの種類の組織と結びつくことができるので，多様で異質な情報を獲得できる可能性がある。また，紐帯の数が一定であれば，強い紐帯を維持するコストは高いが，弱い紐帯を維持するコストは低い。

　以上より，強い紐帯は，詳細できめ細かい情報が得られるので，相互的な信頼関係が得られ，長期にわたって安定的な協力関係が維持されるが，同質で狭い関係になりやすいので，紐帯を維持するコストは高く，組織の自律性は低い。弱い紐帯は，さまざまな組織との結びつきが可能なので，当該組織は自律的に行動することができ，それだけ異質で多様な情報に接近できる。

(3) **ネットワークの4つのタイプ**

　以上の構造次元（密なネットワークと疎なネットワーク）と関係次元（強い紐帯と弱い紐帯）の2つの次元を考えるなら，4つのタイプのネットワーク（= IORシステム）が得られる（図5-1，表5-1）。この4つのタイプは，networkedされた4つの組織間関係である。

図5-1　ネットワークの4つの形態

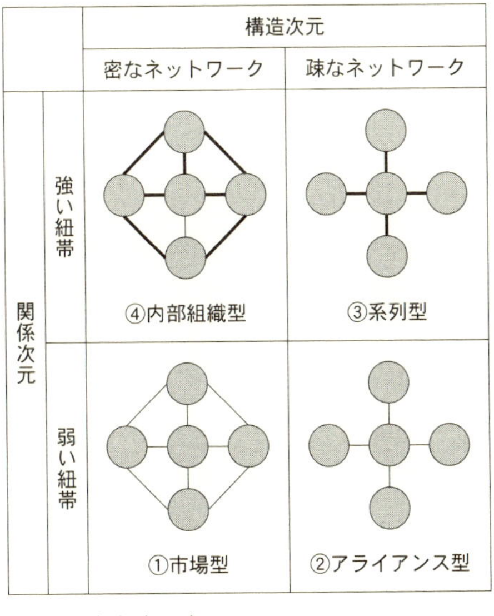

	構造次元	
	密なネットワーク	疎なネットワーク
関係次元 — 強い紐帯	④内部組織型	③系列型
関係次元 — 弱い紐帯	①市場型	②アライアンス型

出所：宮崎（2012）。

表 5-1　4つのネットワークの特徴

	密なネットワーク	疎なネットワーク
強い紐帯	内部組織型 ○詳細で多様な情報の獲得 ○相互信頼の確立・互酬性 ×コントロール上の利点を得る機会の欠如 ×自律性の欠如	系列型 ○コントロール上の利点 ○詳細な情報による相互信頼の確立・協力 ×多様な情報への接近の欠如 ×自律性の欠如
弱い紐帯	市場型 ○多様な情報の獲得 ○高い自律性 ×コントロール上の利点を得る機会の欠如 ×互酬性の欠如・競争	戦略提携型 ○コントロール上の利点 ○高い自律性 ×多様な情報への接近の欠如 ×互酬性の欠如

出所：鐘（2009）より作成。

　第1は，密なネットワークと弱い紐帯からなる市場型のネットワークである。ここでは，どの1つの組織も自律的で，多様な情報に接近できる（情報の遍在性）ので，機会主義を抑制できるが，どの1つの組織もコントロール上の利点を得ることができず，互いに自分の利益を求めて競争関係が生じる。

　第2は，弱い紐帯のまま疎なネットワークが形成される場合であり，これを戦略提携型のネットワークと呼ぶ。ここでは，互いに組織は自律的であるが，構造的空隙が生じるため，ある組織がコントロール上の利点を得る可能性がある。しかし，ネットワークが疎になるため，多様な情報への接近は限定される。また，紐帯が弱いため，十分な信頼関係および協力関係が必ずしも得られない。

　第3は，疎なネットワークであるが，紐帯が強い場合であり，系列型ネットワークと呼ぶことができる。疎なネットワークであるため，構造的空隙が生じ，しかも強い紐帯なので，当該組織はコントロール上の利点を得ることができる。またここでの組織は，紐帯が強いので関係が密なため，詳細できめ細かな情報がネットワーク内を流れるので，相互信頼と互酬性が確保され，この意味で機会主義が抑制される。しかし，ネットワーク外からの情報は限定されるため，多様な情報に接近するという点では，問題がある。個々の組織の自律性は制約される。

　第4は，強い紐帯で結ばれると同時に，密なネットワークが形成される場合

であり，内部組織型のネットワークと呼ぶことができる。ここでは，より限定的であるが，詳細できめ細かな情報が得られる。しかも相互信頼の確立と互酬性の確保がさらに促進される。ただし，紐帯が強くなると，コントロール上の利点を得られるというより，ネットワーク全体の利益への考慮の方が強くなり，こうした立場から利害の調整が行われる。1つ1つの組織も自律的ではありえず，組織という上位システムの下位部門という立場になる。その意味で，明確な階層構造（タテの分業）とヨコの分業関係（専門化）が生じる。かつてのトヨタ自工とトヨタ自販のような関係である（宮崎，2011）。

　以上のように，社会関係資本論の立場に基づいて，構造次元（密なネットワークと疎なネットワーク）と関係次元（強い紐帯と弱い紐帯）の2つの次元で整理すると，ネットワーク（＝IORシステム）を，4つのタイプに分類できると共に，これらのネットワークのタイプの変化を想定することができる。たとえば，ネットワークが疎から密になるほど，また弱い紐帯から強い紐帯に移行するほど，組織化が次第に進むことになる。言い換えれば，市場型→戦略提携型→系列型→内部組織型への移行は，networkingすなわちinter-organizingの進行であり，内部組織型のネットワークによる諸組織のマネジメントは，networkedすなわちinter-organizedの側面である。たとえば，トヨタによるジャスト・イン・タイム（JIT）は，トヨタのJITであり，グループ会社であるデンソーのJITでもアイシンのJITでもなく，原価企画は，トヨタが決めた自動車の価格の，系列会社への価格の割当である。これは，（内部組織型に近い）ネットワークを通じての系列のマネジメントであり，networkedの側面である。

　本節では，組織セット・モデルの延長上にあるinter-organizingの理論として，環境操作戦略を紹介し，社会関係資本論に基づいてIORシステム・モデルを拡張して，inter-organizedの理論を展開し，4つのネットワークを識別した。環境操作戦略の進展は，ネットワークの形成を意味し，最終的に，戦略的工作を経て1つの組織になるが，この途中で，市場型，戦略提携型，系列型，そして戦略的工作（Chandlerの言う戦略）によって，内部組織型のネットワークが形成される。環境操作戦略のうち，自律的戦略に属する競争戦略では，市場型のネットワークが前提され，暗黙の協調や交渉・契約では，戦略提携型のネットワークが想定され，役員の導入や連合は，系列型のネットワークの形成

へと至り，最後の戦略的工作では，内部組織型のネットワークの下で，組織の再編成（垂直統合戦略では職能部門制組織，多角化戦略では事業部制組織）が行われるというプロセスを考えることができる。

組織間関係システムの生成と統制は，組織－組織間関係－環境の関係として捉えることができるが，組織→組織間関係→環境は inter-organizing あるいは networking の側面であり，環境→組織間関係→組織が inter-organized あるいは networked の側面である。

Ⅳ. 戦略論の新展開と統合的枠組み
―Strategizing と Strategized―

これまで組織行動論とは，組織における人間行動の議論であった。すなわち，Organizational Behavior とは，「組織的な人間行動」論であった。したがって，組織学習論も，組織における個人の学習の研究であった。近時の戦略論は，戦略の計画（Strategic Planning）だけでなく，戦略の実施と統制も含む「戦略経営（Strategic Management）」へと拡張されている。組織そのものの，市場あるいは環境における行動が「戦略」である。産業組織論における市場構造－市場行動－市場成果という SCP モデルを個別企業の経営政策に応用したのが，Porter の競争戦略論であるが，ここでの戦略（コストリーダーシップ，差別化，焦点化）は，文字通り，市場行動すなわち市場における企業の行動である。したがって，市場や環境において，組織が相手組織の行動を予測して，これに対応するのが（競争）戦略であり，組織と環境を媒介するのが戦略の役割である（図5-2）。

Chandler（1962）のように，「組織構造は戦略に従う（戦略→組織）」だけではなく，逆の因果関係（組織→戦略）も考えられる。すなわち，戦略論から

図 5-2　戦略の媒介的役割

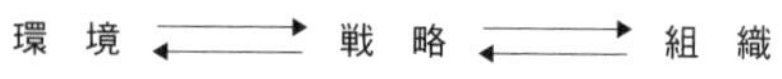

環　境　⇄　戦　略　⇄　組　織

出所：岸田（2009）。

みた環境―戦略―組織という三者の間には相互作用があり，環境→戦略→組織という因果関係と，組織→戦略→環境という正反対の因果関係が生じる。前者は，戦略が外部環境から生じるという意味で，外部アプローチあるいはStrategizedの議論，後者は内部アプローチあるいはStrategizingの議論と言うことができる。

　以上のように考えるなら，戦略論は4つに分類することができる。内部アプローチの因果関係は，①組織→戦略と②戦略→環境の2つである。①は創発的アプローチ，②は資源ベース・アプローチである。外部アプローチの因果関係は，③環境→戦略と④戦略→組織の2つである。③はポジショニング・アプローチ，④は計画アプローチである[1]。

1．計画アプローチ（外部アプローチ）

　計画的アプローチとは，Chandler（1962）やAnsoff（1965）以来の，伝統的・正統的な戦略論である。外部環境と戦略策定のプロセスに注目して，戦略の本質は「計画」であり，行動指針，ガイド・ライン，事前に策定されるべき意図的・熟慮的プロセスとみる考え方である。

　1960年代から1970年代にかけて，アメリカ経済の成長が鈍化した時代に，既存事業に代わる有望な新事業の創出による多角化が焦点になったとき，このアプローチが出現し，戦略計画という公式の計画立案の発展に寄与した[2]。その後，戦略概念の定着と拡大を経て，戦略策定から戦略実施を含むより広い領域へと研究が拡大した。すなわち，戦略計画から，戦略の実施と統制を含む戦略経営へと発展した。

　第1に，Chandler（1962）は，1920年代のアメリカの4つの大企業（デュポン，GM，スタンダード・オイル・ニュージャージー，シアーズ・ローバック）を分析して，多角化戦略と事業部制組織との間に，適合的な関係があることを発見し，「組織構造は戦略に従う」という有名な命題を提示した。戦略とは，長期的な視野に立って，企業の目的と目標を決定し，その目的を達成するのに必要な行動を選択し，（事業部に）資源配分を行うことである。ここには，後にAnsoff（1965）によって分類された，戦略的意思決定と管理的意思決定の両方が含まれる。また組織構造とは，職能部門制組織か事業部制組織かと

いう，組織形態の選択を指す。

Ansoff（1965）の中心的論点は，部分的無知（ある手段をとったときにその結果が分からない状態[3]）の下での製品－市場分野の選択が「戦略的意思決定」であること，この選択には，成長ベクトルとギャップ分析に基づいて，関連事業への多角化に伴うシナジー効果（範囲の経済性）を考慮することが必要であること，本社の事業部管理は，ROI（投資収益率）をベースにした分権的管理（各事業部への業務的意思決定の委譲）であること，である。

Andrews（1971）は，この多角化戦略には，内部（組織）および外部（環境）の両方の要因への考慮が必要であるとして，SWOT（強みと弱み，機会と脅威）分析を提唱した。

第2に，1950年代の長期経営計画に代わって，戦略計画論（Strategic Planning）が論じられ，本社と本社の計画部門による事業部のコントロールのための，計画策定の手続きの開発に焦点があてられた。ここでは，分析対象のチェックリストが詳細に記述され，計画策定の包括的なステップがフローチャートで示された。

第3に，以上の研究を集大成したHoffer and Schendel（1978）は，戦略の階層性を指摘して企業戦略と事業戦略（および職能戦略）を区別し，戦略の識別→環境分析→資源分析→ギャップ分析→戦略の代替案の識別と策定→戦略評価→戦略実施の7段階を識別した。

1980年代の，アメリカ企業の競争力の減退と計画アプローチへの批判を背景に，Mintzberg（1994, 1998）は，計画アプローチの3つの誤りを指摘した。1つ目は，「事前決定の誤り」である。事前の予測と計画の策定が有効なのは，安定的で連続的にしか変化をしない環境においてである。ここでは，Plan → Do → See（計画→実施→統制）という順序によるマネジメントが前提である。不安定で不連続に変化する現今の環境では，予測が不可能であり，事前の戦略策定は意味をなさない。

2つ目は，「計画と実施の分離の誤り」である。トップの戦略策定と事業部によるその実施（業務的意思決定）という形では，事業部に関する情報がトップに集まりにくく，トップの戦略を迅速に実施するための組織の役割が欠如している。

3つ目は,「公式化の誤り」である。戦略策定における論理や分析を強調して,公式的にそれらを進めることを前提にしているので,正当化された決定が保証されるが,現場の直接の情報に基づく下から活動を無視するので,非公式で迅速な対応は困難である[4]。

以上のような批判に対して,計画アプローチでは,次のような形でこれに対応しようとした。1つは分析手法の進歩であり,たとえば「シナリオ・プランニング」がこの典型例である。これは,上述の1つ目の批判に応えるべく考案された手法であり,シナリオを構築する学習プロセスと公式の計画プロセスを結合しようという試みであり,不確実な未来に起こりうる事業環境の変化とそれに対する企業行動をいくつか事前に想定することにより,不測事態に備えようとするものである[5]。

もう1つの計画的アプローチの進展は,Ansoff（1979）の戦略経営である。これは,事前に公式に対応するという前提を残しながら,上の2つ目の批判に応える理論である。環境と戦略と組織の三者の適合が,企業に高業績をもたらすという主張であり,戦略自体の計画（戦略計画論）だけでなく,実施と統制をも行う（戦略的意思決定の計画ー組織ー統制）という,文字通り戦略の「経営」を行うことが必要であるという議論である。ここでは,環境（外部要因）と組織（内部要因）が戦略のあり方を決める（環境→戦略と組織→戦略）。こうして,今日の激しく変化する環境の下では,環境の変化に即座に戦略が対応できず,むしろ柔軟な組織が,戦略より前に環境変化に対応することがあると言う。したがって,ここにはChandler（1962）の言う戦略→組織という因果関係ではなく,反対の組織→戦略という因果関係が含まれることになる。

以上,計画的アプローチは,環境変化に対する公式の事前評価に基づく戦略の策定が基本的前提であり,企業に1つの指針（規範）を与えてきた,伝統的・正統的戦略論である。

2．創発的アプローチ（内部アプローチ）

計画アプローチの対極が創発的アプローチであり,ここでは戦略は,組織の自発的な行動の積み重ねの結果,自然発生的に生じる,事後的なPatternである。このアプローチは,計画アプローチを批判して出現した主張であり,トッ

プダウン型の計画的戦略策定以外の戦略的行動があり，トップの意図した戦略と現実に実現・実施された戦略とは違うと述べる。

第1に，Quinn（1978）は，重大な意思決定はほとんど戦略計画のような公式の計画策定プロセスの枠外で行われており，組織は，社内の意思決定や社外の出来事に対して，漸進的な決定の積み重ねを通じて反応を行い，次第にトップの間の合意によって論理的に戦略が発現するものであると述べた。またトップは，組織における下位システムでなされた意思決定の中に，一貫したパターンを見出し，頭の中で維持・発展させるので，謂わば，戦略策定は，データを一堂に集めて1回切りで全部を決めるのではなく，走りながら行われるプロセスである。これを，論理的漸進主義という。

第2に，Mintzberg（1987）は，戦略は，未来の行動への計画であると同時に，過去の行動の一貫性（＝パターン）でもある，と主張した。戦略は，一定の意図の下に計画立案されると同時に，実際に追求され実現されるものである。計画案がいつも1つのパターンを生む訳でもないし，行為のパターンも，計画の結果であるとは限らない。こうして彼は，戦略を，意図された戦略と実現された戦略に分け，トップによる当初の計画が全て実現される方向に向かう戦略を計画的戦略と言い，当初意図されていないが，結果として実現された戦略行動を創発的戦略と呼んだ。さらに，Mintzberg（1987）は，創発的戦略の生成を促すような組織的な仕組みが必要と考えて，戦略作成の「草の根モデル」を提示した。戦略は，温室で計画的に作成されるのではなく，庭の雑草のように，現場での日常行動から，自然発生的に戦略パターンが生じると述べた。

第3に，Bugelman（1983）は，社内ベンチャーについての実証研究を通じて，戦略的行動がデザインされるルートには，導出された戦略行動（Induced Strategic Behavior）と自律的戦略行動（Autonmous Strategic Behavior）があると主張した。前者は，計画的アプローチにあたるものであり，公式的な計画プロセスを通じて，デザインされる。後者は，創発的アプローチにあたるものであり，現場のメンバーが新しい事業機会を認識し，その事業のために，資源を獲得するように活動を展開する。社内ベンチャーは，この典型例である。

以上の創発的アプローチでは，戦略が日常業務からボトム・アップ的に生成

し，行動が結果として集積されて，一貫性やパターンが形成されることが，共通の認識となっている。計画アプローチが Plan から始まる（Plan → Do → See）のに対し，ここでは，現場の個人の行動（Do）から，新しい戦略が生成する（Do → See → Plan）。ここでは，戦略の本質は計画ではなく実施であり，事前的な計画ではなく，事後的な，行動の結果としてのパターンである。したがって，結果としてのパターンは示されるが，どのような方向にどう行動すればいいのかを示す規範性はない。また，危機的な状況では，企業は，試行錯誤的に漸進的に，あれこれ行動を試している時間はない。さらに，組織が一貫して安定した行動を行うよりも，その時々にはアド・ホックな行動を示す柔軟な組織を前提している。

こうした批判に対して Mintzberg (1985) は，トップが，理念やイデオロギーに代表される戦略の方向性を明示しながら，細かい行動について，ミドルが工夫するという「傘戦略」を提唱した。これは，規範モデルが欠如しているという批判に答えようとしたものである。

3．ポジショニング・アプローチ（外部アプローチ）

1950年代，完全競争論を批判して，各産業ごとの実効的な競争（Workable Competition）を明らかにしようとした産業組織論が，J. S. Bain によって提唱された。この産業組織論の主張は，市場構造－市場行動－市場業績という枠組みをもち，英語の頭文字をとって，SCPモデルと呼ばれた。ここでの因果関係は，S → C → P であり，市場構造（企業数，製品差別化の程度，参入・退出のコスト）が，市場行動を決め，この両者の適合が市場の業績を決めるというものである。しかしここでは，競争が抑制されている公共部門に専ら焦点が当てられ，企業がどのような戦略をとるかについては，必ずしも分析がなされなかった。

Porter (1980) は，業界の超過利潤の最小化を目的とする公共政策ではなく，利潤最大化を目的とする経営政策に焦点をおいて，競争戦略（事業部レベルの戦略策定）を分析した。そのために，市場構造－市場行動－市場業績の SCP モデルを，個別企業の市場（環境）－戦略－業績に応用して，産業構造とそこでの事業戦略の問題を取り上げた。すなわち，企業の環境を5つの産業構造要

因（既存の競争業者，売り手の脅威，買い手の脅威，新規参入の脅威，代替品の脅威）に分け，そこでの3つの競争戦略（コスト・リーダーシップ，差別化，焦点化）を識別した。

Porter（1980）の基本的主張は，つぎの2つである。第1は，競争の決め手は，外部要因（5つの産業構造要因）に対する企業の対処能力であり，他企業より有利な相対的地位を占めるための，特定の戦略の選択が焦点である。すなわちここでの戦略とは，有利なポジションを獲得するための手段であり，それによって競争上の優位を築くことが，企業の基本的目的である。第2は，事業の下の職能部門レベルで，持続的な競争優位を維持するための手段が価値連鎖であり，この価値連鎖を通じて，事業部内の職能活動の適合性と効果を保持することが必要である。

ポジショニング・アプローチは，計画アプローチと同じく外部アプローチであり，Plan → Do → See が大前提であり，規範的なアプローチである。ただし，全社戦略ではなく，事業戦略あるいは競争戦略の視点から，市場（環境）での，有利なポジションを探索するという特徴をもっている。

しかし，次の2つが問題点として指摘できる。第1は，計画アプローチと同じく，公式的・定量的分析であり，質的・定性的な分析がない。第2に，産業構造という外部要因に注目しているが，資源や組織についての分析はない。これが，次に取り上げる資源ベース・アプローチの，ポジショニング・アプローチに対する批判の要点である。

最初の批判に応えようとしたのが，Markides（2000）である。彼は，独自の戦略ポジションは，経営者の直観やアイデアの創造によって達成されることを認め，これに基づいて，事業領域の定義，ターゲット顧客の選定と効果的な競争戦術，組織の整備，を提案した。

Porter（1980）の言う戦略は，事業部レベルの競争戦略（事業戦略）であるが，ポジショニング・アプローチを全社レベルで展開したのが，PPM（Product Portfolio Management）である。

この議論の前提は，次の2つである。まず，経験曲線の考え方である。これは，製品の累積生産量とコスト低下の関係を示す概念であり，経験的に，累積生産量が2倍になれば，コストは20〜30％下がる。したがって，最大の市場

占有率は，コストの低下を通じて，最大の利潤を当該の企業にもたらす。この市場占有率と収益との関連に注目して，膨大なデータベースの回帰分析を行ったのが，PIMS (Profit Impact of Market Strategies) である。次に，製品のライフサイクル（導入期・成長期・成熟期・衰退期）と資金流入・流出の関係である。製品の導入期・成長期では，市場成長率が高く，設備投資と運転資金が必要なので，資金流出は，資金流入を上回る。これに対して，成熟期・衰退期では，市場の成長率が低く，追加投資は不要なので，資金流入が資金流出を上回る。

市場の成長率と市場占有率の2つの軸に沿って，次の4つのタイプを識別できる。第1は，低市場成長率と高市場占有率からなる「金のなる木」である。ここでは，資金流入が資金流出を上回る。第2は，高市場成長率と高市場占有率の組み合わせであり，「花形」と呼ばれる。第3は「問題児」であり，高市場成長率と低市場占有率の組み合わせである。ここでは，資金の投入が必要なのに市場占有率が低く，利潤が上げられない。第4は「負け犬」であり，成長率も占有率も低く，資金の流入も流出も低い。

以上の前提に基づいて，最適な全社戦略（事業の組合わせ）を考えると，次のようになる。まず，「金のなる木」から花形への資金配分が必要である。すなわち，「金のなる木」は，市場占有率が高いので資金の流入は大きいが，市場成長率が低いので，将来の投資は不要であり無駄である。したがって，市場占有率が高いので資金の流入は大きいが，市場の成長率が高い分野で，その占有率を維持するためには，資金投入が必要な「花形」に資金をまわす方がよい。あるいは，「問題児」に資金を投入して，市場占有率を上げて「花形」へ変身させることが望ましいかもしれない。次に，「負け犬」は，「問題児」と違って，成長率も低いので，将来の投資は無駄であり，撤退が望ましい（水越，2003）。

これまでROI（投資収益率）が，事業部評価の唯一の基準であった。しかし，ROIを基準とすると，将来も「金のなる木」に投資し続けることになる。こうして，事業部間の資金配分の最適化を考慮して，全社的な最適化の基準を提示したのが，PPMである。

しかしPPMには，次の2つの問題点がある。個別の事業部の競争戦略に言

及していない。「問題児」をどうやって「花形」に育てるのか,「金のなる木」の競争優位を維持することはできないのか,などは論じられていない。さらに,4つのタイプの背後にある市場の概念が不明である。たとえば,ベンツは全体の自動車市場では,占有率は低いが,高級自動車というニッチ市場では,占有率はきわめて高い。PPMでは,市場の占有率が低いのは,「問題児」か「負け犬」であるが,ベンツは「問題児」あるいは「負け犬」とは言えない。

4．資源ベース（RBV）・アプローチ（内部アプローチ）

ポジショニング・アプローチは,競争優位の源泉を外部環境に求める。すなわちどのような市場に進出するかが問題であるが,既存の市場でどう競争優位を高めるかには言及していない。資源ベース・アプローチは,ポジショニング・アプローチとは反対に,競争優位の源泉を,内部資源の保有やその活用能力に求める。

このアプローチの淵源は,Penrose（1959）にある。彼女は,企業を「資源の束」と考え,市場の不完全性のために,企業に独自な資源の蓄積が行われ,競争優位が導き出される,と主張した。

この企業の所有する資源の独自性という考え方から,レント（地代）概念が導入され,土地と同じく生産性の高い資源をもつ企業は,高い業績をあげることができると主張された。レントの概念は次の4つの意味を含む。第1は,Ricard的なレント概念であり,地代は（生産性の高い）土地の所有権からの収入であると考える。第2は独占的レントであり,独占的な企業が,人為的にアウトプットを制限することによってもたらされる利益である。第3は企業家的レントであり,革新によって発生するレントである。第4は準レントの概念であり,もっともよく資源を利用できるときの価値と,2番目にうまく利用できることから生じる価値との差を意味する。

このアプローチにはRBVとケーパビリティ・アプローチの2つがある。前者のレントとは,資源の保有に関するレントであり,特にインプット資源の稀少性に関係するものである。ケーパビリティ・アプローチのレントは,むしろ資源利用,資源の活用能力に基づくものであり,近時ダイナミック・ケーパビリティ論として,論じられている。

RBV の代表的研究者は，Rumelt, Wernerfelt, Barney である。ここでの基本的主張は，企業内部の資源が競争優位の源泉であるということである。

第 1 に，資源とは，組織の効率性と有効性を向上させる戦略の策定と実施に寄与した資産，能力，組織プロセス，組織構造，知識等である。第 2 に，希少資源（の保有）が，競争優位の源泉であり，資源の模倣，代替，移転の不可能性が持続的競争優位の源泉である。第 3 に，Barney (2002) によれば，模倣困難な要因は次の 4 つである。すなわち，独自の歴史的条件，因果関係の複雑性，社会的複雑性，制度的条件がそれである。先行者利益や資源の蓄積過程は経路依存的であり，後発企業にとって，模倣は困難である。個々の資源と競争優位の関係があいまいなら，模倣すべき資源が何かを特定できない。組織内の特定の人間関係や組織文化によって支えられた経営資源は，模倣困難である。最後に，特定資源の模倣は，特許などの制度によって，制限されていることが多い。

ケーパビリティ・アプローチの代表は Teece である。RBV に言う資源が，製造過程へのインプット，企業の所有する財務資源・人的資源・技術資源・名声であり，直接に生産的ではないのに対し，ケーパビリティ・アプローチのケーパビリティは，複数の資源の集合から生じるアウトプット，企業の諸活動の職能的分類を扱う能力であり，生産活動に必要な，複数資源の組み合わせがもつ複雑性である（Teece, 2007）。

RBV とケーパビリティ・アプローチには，以下の問題点がある。第 1 に，資源やケーパビリティの構築や開発プロセスは不明である。第 2 に，組織が既存資源をどのように補完するのかという点には，触れられていない。第 3 に，組織内部で資源を蓄積するにはかなりの時間を要するので，急激な環境変化に対応できない。

以上のような批判に対して，RBV やケーパビリティ・アプローチは，一定程度次のように答えている。第 1 に，資源が学習プロセスを通じて開発されるものであることを強調し，動態的かつプロセス的な側面へと，議論が拡張され，ダイナミック・ケーパビリティ論が提示された。第 2 に，より広く資源を活用する能力として，戦略提携論が展開された。これは同じく資源を重視しながらも，内部資源の蓄積ではなく，より迅速に外部資源を導入しようとする戦

図 5-3 戦略の共時的統合

```
           Strategy
          /        \
    Strategizing   Strategized
```

出所：岸田（2009）。

図 5-4 戦略論の統合と戦略変化

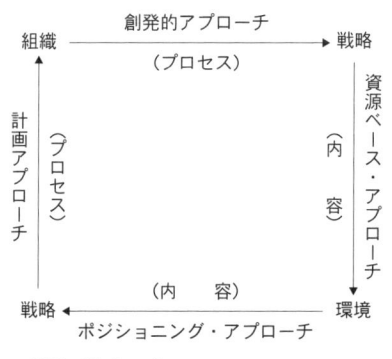

```
              創発的アプローチ
         組織 ──────────────→ 戦略
              （プロセス）
        ↑                        │
   計画   （プロセス）    （内容）  資源ベース・
  アプローチ                       アプローチ
        │                        ↓
         戦略 ←────────────── 環境
              （内容）
              ポジショニング・アプローチ
```

出所：蔡（2009）。

略である。たとえば，Co-option や Co-specialization がこれにあたる。前者は，潜在的なライバルや補完的な製品・サービスを提供する他企業との提携によって，新しいビジネスを生み出そうとする戦略である。後者は，資源や業界の地位を利用して，技能や知識を結びつけることにより，新たな資源や価値を創造しようとする戦略であり，産業集積のような共同的分業がこれにあたる。

　以上，戦略を，組織と環境を媒介する要因と考えて，その結びつき（因果関係）から，4つのタイプの戦略論を識別した。組織→戦略→環境を Strategizing と考え，組織→戦略を創発的アプローチ，戦略→環境を資源ベース・アプローチとして，説明を行った。逆に，環境→戦略→組織を Strategized と考え，戦略→組織を計画アプローチ，環境→戦略をポジショニング・アプローチとして，説明した。これによって，戦略論を，共時的および経時的に統合することができる（図 5-3, 図 5-4）。

V. 結語—NetworkingとNetworked

　組織間関係（システム）のレベルにおけるOrganizingとOrganizedについての理論を概観した。すなわち，組織間関係（Inter-organization）をInter-organizingとInter-organizedからなると考えて，両者を統合する枠組みを提示した。

　第1に，組織にとっての環境とは何か，という視点から，環境をいくつかのレベルに分けた。そうして，組織—組織間関係システム—環境という，組織間関係を分析する視点を設定した。ここに，組織から組織間関係システムをみる組織セット・モデルと，環境から組織間関係システムをみるIORシステム論を区別して，両者から組織間関係論が構成されることを主張した。

　第2に，組織セット・モデルの議論を，環境操作戦略の問題として，組織→組織間関係システムの生成について論じた。このことは，組織が組織間関係システムを形成するInter-organizingが，たとえば企業集団や系列を形成するNetworkingの問題でもあることを示している。これに対して，IORシステム論を紹介して，より広い環境がIORシステムとしての組織間関係に影響を与える態様を明らかにした。また，IORシステム論との関連で，近年の社会関係資本論の成果を基に，4つのネットワーク・システム（市場型，戦略提携型，系列型，内部組織型）を区別すると共に，このネットワークの動態と変化を分析し，この順序でNetworkingが進むことを明らかにした。こうして，組織→組織間関係システム→環境という因果関係をもつInter-organizingあるいはNetworkingと，環境→組織間関係システム→組織という因果関係をもつInter-organizedあるいはNetworkedが，経時的および共時的に統合されうることを示した。分析レベルは異なるが，ここでもOrganizingとOrganizedという視点から，組織（Organization）を分析するのと同じく，組織間関係論も，Inter-organizingとInter-organizedの視点から分析できることが判明した。

　第3に，Inter-organizingとInter-organizedの活動は，組織にとっての戦略の実施と関わる行動であり，戦略論と深いつながりがあると考えて，近年の戦略論

の発展を展望した。戦略は組織と環境をつなぐ媒介要因であるとするなら，組織—戦略—環境が，ここでも分析の視点であると言うことができる。したがって，組織→戦略→環境が Strategizing の因果関係であり，創発的アプローチと資源ベース・アプローチがここに含まれる。これに対して，環境→戦略→組織が Strategized の因果関係であり，ポジショニング・アプローチと計画アプローチがここに含まれる。こうして，ここでも，戦略は，Strategizing と Strategized の経時的統合および共時的統合として把握することができる（蔡，2009）。

組織間関係システム（IOR システム）にとっての環境は，本章の最初で分類した環境レベルのうちの，特定環境（組織セットと組織の活動領域）に相当する。さらに広い環境レベルとして，文化や社会構造を含む社会環境がある。文化もやはり，文化の生成という Organizing の側面と，文化が組織や人間行動に影響を与える Organized の側面がある。本章では，この側面には触れていない。文化よりさらに広い環境として社会構造がある。次章では，この社会構造の一要素としての制度を分析し，Institutionalizing（制度の実現）と Institutionalized（制度的制約）の 2 つの側面があることを指摘する。

今後，これらの環境レベルのそれぞれのレベルでの研究成果を比較して，それらの共通点と類似点を明らかにし，上位レベルでの「創発性」が何かを解明するという課題が残されている。

注
1）この戦略論の 4 つのタイプの分類は，次のように言うことができる。創発的アプローチは，プロセス重視—組織重視，資源ベース・アプローチは，内容重視—組織重視，ポジショニング・アプローチは，内容重視—環境重視，計画アプローチは，プロセス重視—環境重視，の戦略である。
2）多角化されていない 1950 年代の大企業は，職能部門制組織をとっており，この場合の全社的な計画は，一般に「経営政策（Business Policy）」と呼ばれた。1960 年以降の多角化され複数の事業をもった大企業は，事業部制組織をとっており，この場合の全社的計画は，「戦略（Strategy）」と呼ばれた。したがって，単一事業を経営する場合には，経営政策，複数事業の経営の場合には，戦略と呼ばれた。
3）統計的意思決定論では，ある手段をとった際に，100％ 1 つの結果が生じる場合を「確実性（Certainty）」，客観的確率が分かっている場合を「リスク（Risk）」，主観的確率をつける場合を「不確実性（Uncertainty）」，とるべき手段が分からない場合を「部分的無知（Partial Ignorance）」と言う。
4）戦略計画は，通常，本社—事業部—職能部門を循環する中で，決められるものであり，一概に「計画と実施」を分離しているとは思えない。計画なしに Do から始まるのは，短期的な適応であり，ある種の試行錯誤であって，将来を見据えた意思決定とは言えない。その時々の状況に応じ

て，右往左往するのではなく，長期の将来を見据えて計画的に対応することは，決して問題ではない。こうした「計画」では，ある程度「実施」との分離は止むを得ないし，計画＝長期志向，実施＝短期志向と考えるなら，それは別の人間あるいは部署で行ったほうがよい。非公式な反応は，迅速であるかもしれないが，非公式であることは，十分な正当性を得ることはできないかも知れない。Fayol の「渡り板の原理」は，非公式のヨコのコミュニケーションであるが，状況適合理論にいう「統合メカニズム」は，公式の水平的関係であり，公式である限り，権限の行使には裏づけがある。

5）ロイヤル・ダッチ・シェル社は，2次に亘る石油ショックの際に，このシナリオ・プランニングを利用して，不足の事態が生じたときのために，複数のシナリオを想定して，この危機を乗り切ったと言われている。

参考文献

Andrews, K. R. (1971), *The Concept of Corporate Strategy*, Dow Johns-Irwin.（山田一郎訳（1976）『経営戦略論』産業能率短期大学出版部。）

Ansoff, H. I. (1965), *Corporate Strategy*, McGraw-Hill.（広田寿亮訳（1969）『企業戦略論』産業能率短期大学出版部。）

Ansoff, H. I. (1979), *Strategic Management*, Macmillan.（中村元一訳（1980）『戦略経営論』産業能率短期大学出版部。）

Barney, J. B. (1991), "Firm Resources and Sustaining Competitive Advantage," *Journal of Management*, Vol. 17, No. 1.

Barney, J. B. (2002), *Gaining and Sustaining Competitive Advantage*, Prentice-Hall.（岡田正大訳（2003）『企業戦略論（上・中・下）』ダイヤモンド社。）

Burgelman, R. A. (1983), "A Model of the Interaction of Strategic Behavior, Corporate Context, and the Concept of Strategy," *Academy of Management Review*, Vol. 18, No. 1.

Burt, R. S. (1992), *Structural Holes*, Harvard University Press.（安田雪訳（2006）『競争の社会的構造—構造的空隙の理論—』新曜社。）

Chandler, Jr., A. D. (1962), *Strategy and Structure*, MIT Press.（三菱経済研究所訳（1967）『経営戦略と組織』実業之日本社。有賀裕子訳（2004）『組織は戦略に従う』ダイヤモンド社。）

Coleman, J. S. (1988), "Social Capital in the Creation of Human Capital," *The American Journal of Sociology*, Vol. 91, No. 1.

Evan, W. M. (1976), *Organization Theory: Structures, Systems, and Environments*, John Wiley & Sons.

Galbraith, J. R. (1977), *Organizaton Design*, Addison-Wesley.

Granovetter, M. (1973), "The Strength of Weak Ties," *American Journal of Sociology*, Vol. 78, No. 6.

Hofer, C. W. and Schendel, D. (1978), *Strategy Formulation: Analytical Conceapts*, West Publishing.（奥村昭博・榊原清則・野中郁次郎共訳（1981）『戦略策定—その理論と手法—』千倉書房。）

Koenig, Jr., K. (1981), "The Interorganizational Network as a System: Toward a Conceptual Framework," in G. W. England, A. R. Negandhi and B. Willpert (eds.), *The Functioning of Complex Organizations*, Og&H.

Markides, C. C. (2000), *All the Right Moves*, Harvard Business School Press.（有賀裕子訳（2000）『戦略の原理—独創的ポジショニング競争優位を生む—』ダイヤモンド社。）

Mintzberg, H. (1978), "The Strategy Concept I: Five Ps for Strategy," *California Management Review*, Vol. 30, No. 1.

Mintzberg, H. and Waters, J. A. (1985), "Of Strategies, Deliberate and Emergent," *Strategic Management Journal*, Vol. 6.

Negandhi (1975), *Interorganization Theory*, Kent State University Press.

Penrose, E. (1959), *The Theory of the Growth of the Firm*, Wiley.（末松玄六訳（1980）『会社成長の理論』ダイヤモンド社。日高千景訳（2010）『企業成長の理論』ダイヤモンド社。）

Pfeffer, J. and Nowak, P. (1976), "Joint Ventures and Interorganizational Interdependence," *Administrative Science Quarterly*, Vol. 21, No. 3.

Pfeffer, J. and Salancik, G. R. (1978), *The External Control of Organizations: A Resource Dependence Perspective*, Harper & Rows.

Porter, M. E. (1980), *Competitive Strategy*, Free Press.（土岐坤・中辻萬治・服部照生訳（1982）『競争の戦略』ダイヤモンド社。）

Quinn, J. B. (1978), "Strategic Change: Logical Incrementalism," *Sloan Management Review*, Fall.

Scott, W. R. (1981), *Organizations: Rational, Natural, and Open Systems*, Prentice-Hall.

Teece, D. J. (2007), "Explicating Dynamic Capabilities: The Nature and Microfoundations of (Sustainable) Enterprise Performance," *Strategic Management Journal*, Vol. 28, Is. 13.

Thompson, J. D. (1967), *Organizations in Action*, Mcgraw-Hill.（高宮晋監訳（1987）『オーガニゼーション イン アクション』同文舘。

Turk, H. (1977), *Organizations in Modern Life*, Jossey-Bass.

Uzzi, B. (1996), "The Sources and Consequences of Embeddedness for the Economic Performance of Organizations: The Network Effect," *American Sociological Review*, Vol. 61, No. 4.

赤岡功・岸田民樹・中川多喜雄（1989）『経営労務論』有斐閣。

岸田民樹（2009）「組織の環境適応と戦略選択」岸田民樹編著『組織論から組織学へ』文眞堂，第7章。

蔡展維（2009）「環境と組織の接点としての戦略」岸田民樹編著『組織論から組織学へ』文眞堂，第10章。

佐々木利廣（1990）『現代組織の構図と戦略』中央経済社。

鐘瑋（2009）「組織間の協力関係と環境操作戦略モデルの模索」岸田民樹編著『組織論から組織学へ』文眞堂，第12章。

三隅一人（2013）『社会関係資本―理論統合の挑戦―』ミネルヴァ書房。

宮崎智子（2012）「環境変化と組織間ネットワーク―焦点組織の環境適応に関する考察―」2011年度名古屋大学博士学位請求論文。

水越豊（2003）『BCG戦略コンセプト』ダイヤモンド社。

〔岸田民樹〕

第6章

制度と実現
―制度の生成と統制―

Ⅰ．はじめに

　本書第2章において明らかにされたように，組織学の要諦の1つは，Organizing（組織化，組織生成）とOrganized（構造化，構造統制）の繰り返しから生じる組織の成長と発展である。前者は組織の進化を，後者は組織の段階的発展を意味している。すなわち，組織化の進化モデルにおける実現環境（Enacted Environment）が課業環境の不確実性に変換され，続いて課業環境の不確実性に適応した組織デザインを行うこと（状況適合理論）によって，組織の生成と統制が描かれるのである。さらには，この経時的なプロセスの積み重ねと，それに伴う共時的な階層・次元増加との統合によって，組織革新への道が拓かれる。

　マクロ組織論の一大分野である状況適合理論では，主たる状況要因として，組織と技術（Woodward, Perrow），組織と課業環境（Lewrence and Lorsch）との適合に焦点が当てられてきた（詳しくは本書第2章を参照）。状況適合理論に加えて，組織に影響を与える主要なマクロ的要因を挙げるとすれば，それは制度的環境であろう。制度学派は，現代組織論において，一大潮流をなしている。本章は，組織を取り巻く制度的環境と組織・個人との関係に焦点を当て，制度の生成と統制について論じることを目的とする。当然のことながら，組織が様々な制度的環境（歴史，社会，文化，規制，規範・・・）を考慮せずに存続することは不可能である。しかしながら，制度的環境を創り出すのもまた，組織および個人である。つまり，制度によって組織が抑制・抑圧されることもあれば，組織や個人は自ら制度を創り変えることもある。両者はどのような関

連を持つのであろうか。本章では第1に,新制度学派の特徴を整理し,当学派への疑問点を提示する。第2に,新制度学派と対になる議論である Weick 理論の骨格について詳述する。そして第3に,上記の議論を踏まえて制度を,Institutionalizing（制度の意味生成）と Institutionalized（制度の統制的機能）の2つの側面から捉え,両者の理論的統合を試みるものである。

II. 制度の統制的側面（Institutionalized）

　制度派組織論[1]は,オープン・システム（組織を拘束し,組織のなかに浸透する,より広い文脈や環境の重要性を強調：Scott, 1995, 邦訳序文）の延長線上に位置し,「技術的環境―諸資源や技術的ノウハウ―の重要性を強調するかつての方法に対比して,社会的・文化的環境の重要性,特に社会的な知識システムや文化的な規則システムへの注意を喚起するもの[2]」（Scott, 1995, 邦訳序文）と定義される。この学派では,組織を原子論的に一個の合理的構造,存在として捉えるのではなく,組織を歴史的・社会的・文化的文脈によって捉えようとする。組織や個人は,何らかの制度的環境に埋め込まれた存在とされる。
　70年代に登場した新制度派組織論は,現代の組織研究において主要な位置を占めている。この学派は,いくつかの制度的環境の中でもとりわけ認知的構造からの影響を重視する。本節では,新制度学派の理論を簡潔に整理し,当学派に対する疑問点を提示する。

1. 新制度学派

　Meyer and Rowan（1977）は,組織の安定・存続に関して,社会・環境からの「正当性」（legitimacy）の要求と獲得に着目した。Meyer and Rowan（1977）における制度的環境とは,「世論,教育制度,法律,裁判所,専門的職業,規制機関,認証認可機関,政府などであり,それらによって制度的規則は作成され,擁護される」（渡辺,2007, 131頁）。そして,「現代における組織の公式構造の多くの要素は,制度的環境が作り出した規則を反映するものとされる」（渡辺 2007, 131頁）。しかしながら,このような制度的規則は,必ずしも完全

な合理性・能率性を保証するものではなく，広く世間一般に「合理的である」と想定的に認知されているものである。社会一般の認知的構造が重要な意味をもつのである。このように，認知的な制度環境に焦点を当てた研究群は，新制度派組織論と分類される。「組織は，外部環境に対して，現代的・合理的・能率的に見せかけるように，制度的規則を外部から組織構造に取り込むのである」（渡辺，2007，132頁）。すなわち，多くの組織は「合理化された神話」＝広く一般に「共有された信念体系」に基づき組織を構築することによって正当性を獲得するのである（渡辺，2007）。そして，社会的な正当性を得た組織＝「社会的に共有された意味が染み込んだ組織」（渡辺，2007）には，安定化がもたらされる[3]。

正当性の獲得は，言い換えれば社会性の獲得という意味合いをもち，組織の一般化・同型化をもたらす。組織の同型化メカニズムの理論については，DiMaggio and Powell (1983) による，権威や規制から生じる強制的同型化，不確実性が他組織の模倣を促す模倣的同型化，専門職ネットワークの規範から生じる規範的同型化が広く知られている。

スコット (Scott, 1995) は制度学派の歴史を概観して，制度的環境を構成し同型化圧力をもたらす①規制的システム，②規範的システム，③認知的システム[4]という3つの要素を抽出した（表6-1）。これらの3つの構成要素は相互に依存，補強し合い，多重的に制度を構成するものと考えられるが，このような包括的なモデルでは，厳密に個々の要素からの影響を分析するには不向きであり，実際に多くの理論家の分析は，3つの要素のうち，どれか1つに焦点を当てたものが多いとされる（邦訳54-55頁）。以下は，スコット (Scott, 1995) による現代の制度理論の総括・要約である。

第1に，規制的支柱による制度化は，監視や制裁の機能が強調される。個人や組織は，道具主義的かつ便宜主義的に行動する存在とみなされる。明示的に規制プロセス（規則設定，監視，制裁の活動）を取扱う強制的な側面をもつ。関連する法的ないし疑似法的な要求に従うことで正当性が獲得される。第2に，規範的支柱による制度化では，社会生活における指示的・評価的・義務的な側面が強調される。価値（評価基準の構築と望ましいものの概念化）と規範（目的の遂行のための正当な手段の規定）の双方を含む。目的の設定だけで

表6-1 制度環境の3支柱

	規制的	規範的	認知的
服従の基礎	便宜性	社会的義務	当然性
メカニズム	強制的	規範的	模倣的
論理	道具性	適切性	伝統性
指標	規則，法律，制裁	免許，認可	普及，異種同型
正統性の基礎	法的認可	道徳的支配	文化的支持，概念的性格性

出所：Scott（1995, 邦訳 56 頁）．

はなく，遂行にあたっての適切な方法も重要視されるのである。正当性は，社会的に共有された信念や規範，価値，道徳的義務の観点から説明される。第3に，認知的支柱による制度化では，現実の性質を構成する規則と意味を形成する認知枠の重要性が強調される。外的世界と個人との間には，世界に関して内面化された象徴的描写の集合が介在する。ここでは，シンボル体系や文化的規則は，客観的・外在的なものと規定される。個々人において，理解と有意味な行為の選択の指針となる台本（scripts）や「自明視されている程度」（taken for grantedness）などが重要視される。認知的一貫性から生じる共通の準拠枠に由来する正当性が強調される（Scott, 1995, 邦訳第3章）。

新制度学派のキー・ワードとして「正当性の要求と獲得」，「合理化された神話」，「同型化メカニズム」，「自明視されている程度」等々が挙げられる。このことから，新制度学派はマクロ的な認知的構造に焦点を当て「自明視された認知的構造が組織や個人の行為を規定する」点を強調しているものと考えられる。すなわち，マクロによるミクロの規定，Institutionalized の側面が強調されてきたのである。

2．いくつかの疑問点：ミクロ的基礎の欠如

「新」制度学派は，「旧」制度学派（後述）と比較して，組織に影響を及ぼす包括的なマクロレベルからの視点（多様な社会学的視点）を広げ過ぎてしまったために，ミクロレベルからの視点（内発的な変化や過程など）を失っていると指摘される（Aldrich, 1999 ; Hirsch and Lounsbury, 1997）。「新」制度学派は，その包括的な説明によって，組織研究における長年の論争の的であった

Ⅱ. 制度の統制的側面 (Institutionalized)

行為と構造との結びつきを説明できると思われてきたものの,実際の研究は,制度の存在を自明視し,その創造ではなく,採用と伝播を調べてきたとされる (Aldrich, 1999, 邦訳 75-76 頁)。

新制度学派への疑問点として第1に,制度変化への説明が,不十分であることが挙げられる。制度理論の要諦は,社会から何らかの正当性を獲得することによって,組織の安定や規律,存続が実現されるというものである。「制度がいったん構築されれば,制度自体はさらなる変化は受けにくいと想定されてきた。行為者の性質と行為が,制度によって構成され抑制されるのであれば,行為者は,自らが埋め込まれた制度をどのように変化させるのであろうか」(Scott, 2001, p. 181)。Scott (2001) は,いくつか事例研究を踏まえて,制度変化をもたらす8つの次元を提示している[5]。

- 資金の集中：フィールドの行為者によって採用される金融資源が集中される程度のこと
- 統治の単位：統治構造が司法と一致していて,かつ強化されたルールのシステムと適合である程度
- 統治の公的と私的：公的権威と私的（民間）権威がフィールドへのコントロールをきかせる程度
- 構造的同型：フィールドの組織的行為者が単一の原型もしくは構造的モデルに従う程度
- 組織的境界の一貫性：組織形態がはっきりとよく区分けされた境界線を示せる程度
- 制度的ロジックについての同意：フィールドの行為者がフィールドの行為を実行する際の,活動について同じ一般的信念と方法を共有し,こだわりをもてる程度
- 組織間の関係：フィールドの中での組織的行為者の間に多くのフォーマルもしくはインフォーマルな関連が比較的に多く存在する程度
- フィールドの境界線が明瞭であること：隣のフィールドから,行為者と構造との孤立と分離とが比較的しっかりとなされている程度（以上, p. 202)

Scottによれば，変化の種子は制度の内と外の双方に宿されている。内的テンションは，一般的ルールが特殊状況に適用されたときに創造される。ルールは採用され，修正されるが，時の経過とともにルールは発展し，腐食していく。テンションは，規制的・規範的・文化—認知的諸要素がきちんとした配列からはみ出してきたときに，枠組みの内部から生起するのである。外的テンションは，複合的制度が重なり合い，かつ行為について異なったレシピを準備した時に生まれてくる。広義の環境条件（政治的，経済的，技術的環境）は転移していき，現在の制度を急激な変化に対し弱いものにしていく。

変化の種子が芽生え，変化のプロセスが作動していく姿を捉えるには，分析の様々なレベルを組み入れる試みが有効であるとされる。社会的な行為者と構造は二重の関連で存立し互いに拘束され，かつ力を与えられる関係にある。社会的な構造それ自体は入れ子状態になっている。すなわち，グループは組織の内部で，さらに組織・組織間ネットワークはフィールドの内部で，フィールドは広範な社会システムの内部でそれぞれ入れ子状態になっている。Scottは，構造的連関に内的テンション，外的テンションという変数を導入することで，より明快に変化プロセスを解明しようとするのである（以上，Scott, R. S. (2001), *Institution and Organization*, 2nd edition, chap. 8 に依拠）。

しかしながら，上記の8つの次元は，経験的事例から抽出されたものであり，個別の分析から帰納的に導かれたものである。すなわち，制度変化への種子は至る所に存在するとされるが，上記の次元は多岐に亘り過ぎており，一貫した理論的体系としては不完全な印象を免れない。また，認知的構造が強調されてきたはずであるのに，そのミクロレベルでの変化についてのメカニズムは，ほとんど言及されていない。

第2に，新制度派組織論では，認知的な制度環境が強調されるが，その範囲がどのようにして把握されるかが明確でない[6]。つまり，社会的に自明視される程度が強調されているものの，制度理論における認知論は，interpersonalとsocietalの区別（対人関係における認知と社会的認知の区別）があいまいである。複数の人間同士が何らかの相互作用をしていれば社会的と言えるのかもしれないが，その相互作用の解釈は人それぞれである。加えて，制度理論の分析レベルは，世界システム，社会，組織フィールド，組織個体群，組織，組

織下位システム，の6つが存在するとされる（Scott, 1995）が，これらの分析レベルの境界は必ずしも明確ではなく（interpersonalとsocietalの区別があいまいであるように），全ての次元において認知的に共通して一貫する「自明視されるもの」は存在するのであろうか。もしくは，「自明視されるもの」はどこに存在するのであろうか。さらに，「認知論に立つ研究者は，知識がどのように構築されるかによって，選択が特徴づけられ制約がどれほどであるかを強調する。（中略）個々人は既存の知識や規則の諸システムによって束縛されるだけでなく，特徴づけられ，力が授けられたりする」（社会的構築主義：Scott, 1995，邦訳82-83頁）と主張されるものの，「合理化された神話」への追従や「同型化」の波及はマクロ→ミクロ（環境→組織，人間）・メカニズムであり，加えて，個々人の知識がどのように構築され，社会に向けて拡大・波及していくかについてのメカニズムについての説明がなく，新制度学派を構築主義と規定することに対しては疑問が残る。

第3に，社会的な認知は，必ずしも完全なものとはいえない。「合理化された神話」とは，制度的規則（世論，法律，裁判所，教育，専門職・・・等）によって擁護され，正当性のあるものとして自明視されているに過ぎない。「あくまでも，能率の存在が推定されるという意味での「神話」である」（渡辺, 2007, 131頁）。すなわち，社会的に認知された正当性とはあいまい性を伴うものであり，普遍性のあるものではない。

以上のような疑問点から，新制度学派（認知的構造の強調）には，ミクロ的基礎（ミクロ的な行為や認知の議論）が欠けており，制度変化と新しい制度の生成についての説明が不十分と考えられる。

3．意味生成におけるミクロとマクロ

盛山（2011）は，主観的意味論世界は，「ミクロ→マクロ」という形では説明できないことを，学説史批判により指摘した。盛山は，社会的世界においては，諸個人とその相互作用から構成されるという，社会学における常識的理解は誤りであると，以下のように指摘する。第1に，個人の心理や態度は，社会的（マクロ的）秩序によってあらかじめ規定されており，独立した概念ではないということ。第2に，ホマンズの「交換理論」（≒行動主義的心理学）にお

いては，学習において重要な役割を果たす「言葉を用いたコミュニケーション」が含まれていない点を指摘する。しかるに，通常言われているミクロの世界でのコミュニケーション，経験等を通して規範，制度，秩序，慣習等が出てくるのは，あらかじめ最低限の意味論的世界（人を殺してはいけない，といったアプリオリ（先天的）の規範意識が個人間に存在すること）を前提（所与）していると考えられるのである。第3に，ミードの「経験主義」における「経験」とは，実際には「観念」的体系のなかに存在し，意味づけられているということ。第4に，ブラウやコールマンに代表される自生的秩序論では「互酬性」「合理的選択理論」といった注目すべき概念を導入し，規範，制度等がいかに生成されてくるかを論じている。規範の生成を論じるには，あらかじめ「規範」のなんたるかが論理的に明確にされていなくてはならない。また，規範の存在を暗黙のかたちで前提してもいけない。しかし実際には，ブラウやコールマンは以上の課題をクリアできていないとして退ける。以上のような社会学理論の批判を通じて，盛山は，社会的世界を形成する根底にあるものは，主観的な意味世界・観念世界であると結論付けている。

　しかしながら，盛山は主観的な「意味世界」が社会的世界を構成すると述べているが，いかにして，諸個人において主観的な「意味世界」が構築されているかについては論じていない。さらには，主観的な「意味世界」の変化についても論じていない。「意味が社会的に規定されているとしても，どのように規定されているかは，個人によって異なるし，個人個人の社会的な了解の仕方は異なる」（岸田，本書第2章）のである。すなわち，岸田（2014）の指摘は，ここから前を見据えた議論になっている。すなわち，マクロ世界が個人（ミクロ）の意識に及ぼす影響力の個人的差異，ミクロの主体性などを重視した議論を展開しようとしている。そして，一般的・静態的世界に留まるのではなく，ミクロとマクロの相互作用，すなわち社会，組織，制度等といったものの生成，発展，衰退といった動態的・循環的世界を論じ，説明しようとするのである。その意味で，岸田の論点開示は，明確に問題の次元を引き上げたという積極的意味をもつ。主観的な「意味世界」は諸個人において異なっている（合理性が諸個人において異なっているように）のであり，「意味世界」の差異が許容されなければならない。さらには，そうした個体解釈の積み重ねが，構造変

動，社会変動，革命などに結び付くものと考えられるのである。

Ⅲ. 制度の意味生成（Institutionalizing）

DiMaggio and Powell（1991）は，新制度学派の嚆矢である Meyer（1977）やその後継者等の研究は，組織における文化，儀式，儀礼，組織に関するより高次の構造の効果によって，局所的な現象へ向けてのマクロ的影響へ執心しているとしている（p. 11-12）。DiMaggio and Powell（1991）は，「旧」制度学派と「新」制度学派との比較・相違点を以下のように述べている。

　　旧制度学派はグループ・コンフリクトと組織的戦略の分析においてはっきりと政治的であった。例えば TVA のリーダーシップは，農村電化計画を守るために，創造者（立案者）のよりポピュリスト的農業政策と相反する外部の有権者を意図的に取り込んだ（Selznick, 1949）。対照的に，新制度学派は，組織内および組織間での利害対立を，通常的に軽視してきた。さもなければ，組織が高度に洗練された管理構造によって，そのようなコンフリクトを，いかにして反応するかについて（新制度学派は）注意してきた。下記に記すように組織的変化に向けての制度的・政治的アプローチは，実り豊かな対話を始めていたけれども，初期の研究の焦点は，行為者が彼らの利害に基づいて認識したり，行為したりすることを邪魔しがちであるという制度の視点に関してであった。（p. 12）

　すなわち，初期の制度学派は，ミクロ的な視点を有していたのである。加えて，両学派における，「利害のコンフリクト」および「組織ダイナミクス」，「社会心理学」の強調点は，旧制度学派ではそれぞれ「中心的」，「変化」，「社会化理論」にあり，新制度学派ではそれぞれ「周辺的」，「持続」，「帰属理論」にあるとされる（DiMaggio and Powell, 1991, p. 13 の Table1.1 より抜粋）。
　制度は，ある瞬間に突然変化したり現れたりするのではなく，制度が変化したり生成されるプロセスが論じられなければならない。本節では，「旧」制度

理論（Selznick）においては組織に価値が浸透していく（マクロではなくミクロレベル（：個人間や集団間）の「過程」が強調されている点に着目し，制度の意味が生成されるメカニズム（Institutionalizing）を，Weick 理論を用いて考察する。

1．取り込むという方策（co-optation）とセンスメーキング

制度派組織論研究は，Selznick（1949）による TVA（テネシー河流域開発局：地域開発を目的とした公共事業）の意思決定プロセスに関する研究によって始まった。TVA の当初の目的は，「貯水池周辺の土地を公衆の使用とレクリエーション，および自然保護のために確保しようとする政策」（Selznick, 1957, 邦訳 55 頁）等であった。TVA は，この事業に関わる様々なステークホルダー（7 つの州の連邦補助カレッジの学外事業部，農業組合連合，富農層など）を意思決定過程に「取り込む」（co-optation）ことによって，事業を円滑に進めようと目論んだ。しかしながらこの目論見は，その意思決定過程の中で「TVA 内部に学外事業部の態度と目標を擁護する集団を生み出し，この集団は TVA プログラムに圧力をかけることに成功」（同上，邦訳 55 頁）し，当初の目的は大きく修正されることとなった。TVA はいくつかの修正を余儀なくされたものの，他方，「重要な地方利害関係者および強力な中央院外団の支持を確保した」（同上，邦訳 55 頁）。結果として，主要活動であった「電力設備の拡張の発展に成功するために必要な時間をかせぐことができたのである」（同上，邦訳 55-56 頁）。すなわち，制度化の過程において，意図しない修正と便益がもたらされたのである。

Selznick はこの事象を，「外部圧力に対する適応反応の組織内プロセス」（田中，2009，146 頁）の結果であると分析した。「組織の活動は，根本的に社会的文脈によって組み込まれているのであって，その文脈から切り離すことはできない」（田中，2009，146 頁）。Selznick によれば，技術的要求を超えた価値が染み込む過程によって，組織は「単に道具としてばかりでなく，直接的な個人的欲求充足の源泉として，また集団的完全性の媒体として重宝視されるとき，制度となる」（Selznick, 1957, 邦訳 51 頁）。「特定の目的を達成するために意図された機械的な道具としての組織と，環境からの多様な圧力および成員の社会

Ⅲ. 制度の意味生成 (Institutionalizing)

的な性格によっても影響される適応的・有機的なシステムとしての組織は区別される」(Scott, 1995, 邦訳28頁)。「構造や過程に価値を染み込ませることによって,組織の安定や存続は促進されるのである」(渡辺, 2007, 128頁)。主要な論点は,「組織は制度化を通じて組織内外の諸価値を取り込んで社会環境に適応する」(東, 2004, 83頁)ことである。

加えて,Selznick (1957) は制度化の事例として,ボルシェヴィキによる政治改革を挙げている。ボルシェヴィキは,社会民主主義的態度を改め,専任党役員の身分を著しく強化し中産階級指導者を統制する措置を図ろうとした。この転向を成功させるためには,長年の努力の末に確立されたそれまでの成員の態度と行為を再構成しなければならなかった。ボルシェヴィキは,新たな成員による社会的構成を統制するために,強制的かつ徹底的な教育課程を課した。人員を再教育し,厳格な教義上の統一を確立するためには,社会一般の普通の教育機関に頼ることができず,強権的で特殊な措置が必要だったのである。すなわち,政党(組織)は強権的・戦闘的に変化することを要求されたのである。新しい種類の政党・「戦闘的」政党は,自発的結社体の成員を規律のとれた戦闘員に変化させ,広域にわたる権力闘争において,権力を長期的に掌握する組織となったのである(同上,邦訳56-61頁の要約)。

TVAとボルシェヴィキの事例はかけ離れているものの,どちらの場合においても「作用と反作用の諸様式のかかりあい (commitment) が,組織の中に組み入れられて」(同上,邦訳59頁)おり,これらが統合されたとき,組織の「性格」が設定される(Selznick, 1957)。すなわち,上記の事例においては,「制度化の進行にともなう特殊能力と制約の出現」(同上,邦訳61頁)が論じられている。

Selznickと同じく,「旧」制度学派に属するとされるパーソンズは,より高次の制度システム (=共同体システム) が,組織の管理システムを統制すると論じている(渡辺, 2007; Persons, 1960)。しかしながらSelznickの研究は,パーソンズのシステム論(制度→管理→技術)や認知的構造からの影響・統制を強調する新制度学派とは異なっており,明らかに組織内外の相互作用によって価値が浸透する「過程」,つまり制度化 (Institutionalizing : 制度生成) の「過程」を強調している。ボルシェヴィキの事例では,既存の社会を再構成するため

に，組織は，強権的・戦闘的になることが要求され，最終的な結果としてはむしろ組織が社会的構成を統制する過程が論じられている。「制度化は1つの過程である。それは，組織独特の歴史，その内部にいままでいた人々，それが包含する集団とそれらがつくり上げた既得利権，環境に対するその適応様式を反映しながら，時が経過するうちに組織に起こるのである。（中略）すなわち，制度化の度合いは，個人的ならびに集団的な相互作用の余地がどれほどあるかにかかっている」(Selznick, 1957, 邦訳21頁) のである。組織内部の相互作用も見過ごされてはならない。

TVAの政策・目的は，組織内外の様々なステークホルダーが意思決定過程に加わることによって，言い換えれば相互作用の結果として，修正と便益をもたらしたのである。加えて，Selznickが用いたTVAの事例では，ステークホルダーの介入を，組織外部の要素の取り込みとして制度的環境と位置付けてあるものの，その本質は自らの利害を主張する集団・個人である。ボルシェヴィキの事例においても，組織内部の出来事について詳しくは論じられていないものの，専任党役員の利害関係が大きな影響を及ぼしているものと思われる。組織内には，いくつかの利害関係集団が存在し，それらの中には，組織内から支持を集めるものもあれば，組織外から支持を得るものもある (Selznick, 1957)。繰り返しになるが，組織内外の諸価値を取り込むことによって組織の「性格」や「意味」が生成されるのである。新制度学派では，何をもってして組織に影響を与え得る制度的環境とするのかが明確ではない。すなわち，組織外部の要素を，マクロ的な規範的構造や認知的構造という把握が困難な括りとして想定しているため（ミクロ的基礎の欠如），それが何を指すのかについて一定的かつ具体的ではない。したがって，TVAへのステークホルダーの介入を通じた組織化・制度化およびボルシェヴィキにおける戦闘的組織の設立は，ミクロレベルの現象（集団間・個人間の相互作用）と考えても良いものと思われる。組織の社会構造の1つである「信念体系は内部的に，社会的成層と利害関係集団の形成の所産として発生する」(Selznick, 1957, 邦訳120頁) ものとされる。

本章では，Selznickの研究において重要なことは，何らかの意図・意見をもったステークホルダーや組織成員が，議論を通じて，組織[7]的なセンスメーキング（意味生成）を行ったという点にあると考える。Weick (1995) によれ

III. 制度の意味生成 (Institutionalizing) 157

ば,「センスメーキングとは，何ものかをフレームワークの中に置くこと，納得，驚きの物語化，意味の構築，共通理解のために相互作用すること，あるいはパターン化といったようなこと」(Weick, 1995, 邦訳8頁) と定義される。センスメーキングは,「自分たちの解釈するものを自分たちが生成するという重要な特徴」(同上，邦訳17頁) があり,「明らかに活動あるいは過程に関するもの」(邦訳17頁) であり,「やがて有意味になるものの構築を暗示」(同上，邦訳18頁) する「解釈に先立つ発明」(同上，邦訳18頁) である。センスメーキングは，解釈よりももっと前の不確かな段階にあるパズルの萌芽に焦点を当てているため，解釈とは区別される (同上，邦訳19頁)。「何」を解釈するのかという問いかけから，センスメーキングは始まるのである。センスメーキングには，①アイデンティティ構築に根づいたプロセス，②回顧的プロセス，③有意味な環境を実現するプロセス，④社会的プロセス，⑤進行中のプロセス，⑥抽出された手掛かりが焦点となるプロセス，⑦正確性よりももっともらしさ主導のプロセス，という7つの特性がある (同上，邦訳22頁) が,「センスするための対象や，構造化の構造を創り出すプロセスだということがもっとも明らかになるのは (中略) イナクトメントにおいてである」(同上，邦訳49頁) とされる。

　Weick (1995) は，センスメーキング・プロセスの形態の1つとして，議論における相互作用を挙げている[8]。議論や会話における相互作用は，組織化におけるイナクトメント概念の中核をなしている (イナクトメントについては次項にて詳述)。Weick は，Billing (1989) を引き合いに出し，議論には，個人的側面 (推論された言説の断片) と社会的側面 (人と人との間の討論) があると指摘する (Weick, 1995, 邦訳183頁)。「意見の個人的表明はどれも，潜在的に論争的なもので，他の人が反対の主張をする社会的議論の潜在的な一部なのである」(同上，邦訳183頁)。組織は，さまざまな意見をもつ成員によって構成されている。Weick は，議論としての組織的センスメーキングは，共通のベースや調和の精神を求めることを仮定するものではなく，意味を創造する基盤を創造するものとしている (同上，邦訳193頁)。そしてその基盤にもとづいて,「矛盾の精神」(Billing, 1989) や多様な思考，意見の相違などが生み出され，顕在化したとき，人々は議論を通じて，自分たちが直面しているものに

新たな意味付与を行う（同上，邦訳193頁）。Weick（2003）は，主たる構築主義的活動の実践的な場として，会話（議論）における柔軟な相互作用が，組織化，制度化の素材を提供している点について，以下のように指摘している。

　対話的環境をイナクトすることは，語りの変化の秩序を破ったり曲げたりすることである。組織化に向けて機会と拘束をイナクトすることは，語っている相手を妨害することである，すなわち黙らせること，無視すること，警告なしに断言すること，参加すること，和らげること，和解させること，止めさせること，もしくは閉鎖すること。このような行為は，社会状況を奇抜な会話テキストに変換し，そしてそれらのテキストはその時，さらなる行為に向けてイナクトされたプラットフォームを提供する（p. 188-189）。

　組織は会話の契機に実現され，そして日常の相互作用に埋め込まれた行為に加わる。会話は組織現出の場であり，会話の間に生み出されたテキストである（p. 190）。

　フレームを創ること，行為すること，そして相互作用の気まぐれにその場への適応と結び付けられた会話に次ぐ会話による言語における継続性は，分割された理解を生み出す。それ（分割された理解）は，いかなる誰かの会話における明瞭性よりもより知性的なものである（Weick and Roberts, 1993）。マクロ的行為者（貢献的な会話のために行為する人々）が，この理解の部分を話好きな人にフィードバックしたときに，そのフィードバックは，話好きの人がより容易にかつよりはっきりと存在している組織について語ることを可能にさせる（p. 190）。

時間と場所の重なり合う会話・行為によって生み出されたテキストやさまざまに分割された理解（知性的ではあるが意味付けはなされておらず，あいまいなもの）は，継続している行為に影響を与え，このとき，「人や活動がかかわる経験の流れの，不連続性，違い，注意をひきつける変化（生態上の変化）」（Weick, 1979, 邦訳169頁）が発生する。生態上の変化とイナクトメントは，

Ⅲ．制度の意味生成（Institutionalizing） 159

図6-1 センスメーキングの出発点（生態上の変化とイナクトメント）

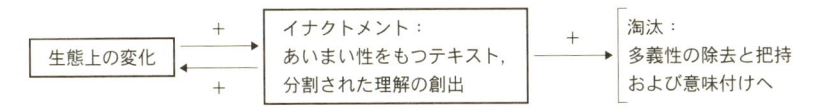

```
                  ＋　┌──────────────┐　　　┌──────────────┐
┌──────────┐─────→ │ イナクトメント： │ ＋ │ 淘汰：        │
│生態上の変化│       │あいまい性をもつテキスト,│───→│多義性の除去と把持│
└──────────┘←───── │分割された理解の創出│    │および意味付けへ│
                  ＋　└──────────────┘      └──────────────┘
```

出所：Weick（1979, 2003），岸田（2013）を基に作成。

逸脱－増幅関係にあり[9]，生態上の変化は，イナクトしうる環境（enactable environment）すなわちセンスメーキングの素材を提供するのである（Weick, 1979：邦訳，169，172頁）。ここにおいて，多様な意見や情報，データといった素材を，組織や制度としてセンスメークする機会が見いだされるのである。すなわち，議論としてのセンスメーキングにおける，意味を創造する基盤の創造である。

2．組織化の進化モデルとセンスメーキング

　Weickの組織観は，「新」制度学派とは対照的に，組織に影響を与える環境を構築することにおいて，より活動的なものである。すなわち，組織は，しばしば何が引き続き組織に課題を課すかという課題を課すのである（Weick, 1977, p. 179）。Weickによるこの指摘は，組織が様々な制度的環境に対して，単なる従属的な存在ではないことを示唆している。ミクロとマクロの恣意的な分割は，マクロレベル（文化や組織フィールド）からの影響を重要視し，環境を構築する組織内の活動（行為や会話，テキスト化など）を些末なものとして退けがちである（Weick, 2003）。Weick（1977）は，「外部的（external）－内部的（internal）もしくは外側（outside）－内側（inside）というカテゴリーは論理的には存在するけれども，それらは経験的には存在しない。外側もしくは外部的世界は知りえない。自ら関わった確認的プロセスとは独立に，客体・対象（object）の存在を確証しうる方法論的プロセスなどありえない。外側は空っぽであり，内側だけが存在する。人間の世界（「内側もしくは内部的」という見方）は，知られうるすべてである。残りは推測の対象にすぎない」（p. 184）としてオープン・システムを批判する[10]。

　Weickにとって，組織と環境は客観的に截然と区別できるものではなく，環

境は，あくまでも行為を通じた認知によって，行為者の心の中に内在するものである。別の言い方をすれば，行為を通じて回顧的に知りえた内部世界を除いた外部世界は，行為者にとっては無関係・無意味なものに過ぎず，自動的かつ受動的に自らの行為・認知に関わる「環境」として意識される契機は存在しえないだろう。始まりにおいて，主体的な行為を抜きにした，新制度学派における，客観的に外在する自明視された認知的一貫性から生じる共通の準拠枠（Scott, 1995）などは知覚し得ないのである。環境は，行為（Enactment）と淘汰（Selection）プロセスを経て創出され，保持（Retention）される（組織化の進化モデル）。組織化の進化モデルにおいて，イナクトされた環境（実現環境：Enacted Environment）は，センスメーキングのアウトプット（成果・結果）であり，インプットではない（Weick, 1977, 1979, 1995）。このモデルは，意味がミクロレベルから創出される非常に有益なメカニズムを提供しており，センスメーキング・メカニズムともいくつかの密接な関連がある。但し，センスメーキングと組織化（イナクトメント－淘汰－保持の修正された進化的過程）は，通常の組織論とはいささか異なった視点を提供するものとして，以下のように区別される（Weick, 2003）。

　　組織化とセンスメーキングの成り行きの全ては，社会的なものと仮定される。しかしながら，センスメーキングの概念は，組織理論上の，意思決定と合理的モデルが有していた抑圧を破壊しがちであるという意味において，組織化とは異なる。センスメーキングは，重要な組織的出来事が，人々がしなければならないいくつかの決定が存在することを疑わしく思うよりもずっと前に生じていることを意味する。意思決定は付随しておこるものであり，センスメーキングは主権的なものである（Weick, 2003, p. 186）。

Weick（1977）は，多くの組織論者が特定環境（the environment）を自明視していることを非難し，行為者の内部で（心の中で）環境を捉えようとする数少ない研究者としてPiagetを挙げている。組織が直面している環境は，ある環境（an environment）ではなく特定環境であり，特定環境を経験の流れにおいて論じることが，組織にとって有効であるとされる。Weick（1977）は，セン

スメーキング・メカニズムの完全要約版として，Piaget（1962）を引き合いに出し，以下のように論じている。

　・・・（ある人の）最初の領域世界（universe）は因果関係のネットワークではなく，彼自身の諸行為の拡張に押し寄せる出来事の単なる集積である・・・（Piaget, 1962, pp. 191-192）

　我々がイナクトされたセンスメーキングを連想する諸要素のすべては，かの文章の中に見出される。イナクトメント・プロセスそれ自体（per se）に対するもっとも周到な接近法は，次のフレーズに含まれている。すなわち「彼自身の諸行為の拡張に押し寄せる」というフレーズに。押し寄せるという心象は，事態がうまく言葉で表現されていないことや（not well delineated），事態が個々人の諸行為の集約度（intensity）や性質の結果として変化するといったことを示唆している。さらに人が何をなそうとしているかは彼が結局のところ何を知ろうとしているのかということであることも示唆している（Weick, 1977, p. 185）。

　上記の引用文は，イナクトメント・プロセスが，センスメーキングの出発点となることを示唆するものである。すなわち「諸行為の拡張」によって，行為者にとってまだ知覚されていない漠然とした全体が押し寄せてくる。行為者は，行為によって押し寄せてくる出来事を知覚して意味付けを行わなければ，自らが直面している特定環境を理解することはできない。本項では，この視点を起点として，組織化の進化モデルとセンスメーキング・メカニズムとの関連および意味がミクロから生じ，マクロ（社会）へと波及していくメカニズム（Institutionalizing）について考察する。

　これらのイナクトされた生データ（raw data）を情報に転換するプロセスは，Piagetによって2段階の業務として示唆されている。最初に識別されていない（undifferentiated）流れが単純な集積（collection）に転換される大まかな区切り局面（punctuation）がある。単純な集積というフレーズは，一部が

括弧で括られたり，分けられたりすることを意味する（経験の細流（stream）の流れ（flow）が凍結され，諸単位（units）に分割される）。そして大変大雑把な関係が諸単位間において確立されることも意味する。さらには生データから情報への控えめの転換が生じるということも意味する。以下のようなことすら論じられるかもしれない。すなわち，細流を出来事の単純な集積への大雑把な分類（breaking up）は，さらなる仕事へ向け経験の細流の一部を括弧に括ることと，括弧に括られたものにラベルをはり，関係付けることとの間のどこかにある。

　生データから情報への転換の第2段階は，しかし，指揮（conduct）に対し，より影響力のあるものである。人は，出来事が因果関係のネットワークに転換されるまでに出来事の集積に関する認識論上の仕事を続けようとする。イナクトメントの最終生産物は，ゆえに，どのようにして単純な集積における出来事（event）が因果関係に関連付けられるかを描く因果関係図（causal map）（Weick, 1975）となろう。

　Piaget が出来事を，徐々にではなく突然生じることを意味する emerging ではなく，むしろ，押し寄せる（surging）ものとして描いていることは興味深い。ここに暗示されているセンスメーキングのコースは，スムーズに継続していくというよりむしろギザギザのある不連続なものである。驚きはたくさんあり，どんな行為者が望むより難問は手ごわい。環境が組織されているとき，人は認識論的にも物理的にも活動的であることが再度強調されるべきだろう。人はデータ収集家ではない，また環境のレプリカ（複写物）収集家でもない。さらには，外側の出来事のコピーでもない。替わりに人は，経験の流れに区切りをつけたり，イナクトしたりする。これらの行為の結果は因果関係や因果関係図のネットワークに保留されている（Weick, 1977, pp. 185-186）。

イナクトメントとは，「なされた錯誤についての判断をいっさい含まない純粋な試行[11]」（Weick, 1977, p. 193）である。イナクトメント・プロセスには，センスメーキングの特性である「有意味な環境を実現するプロセス」と「進行中のプロセス」が関連付けられる（Weick, 2003；Weick, Sutcliffe and Obstfeld,

2005)。行為（純粋な試行）によって処理すべき情報を得るための生データが生産される。行為は，純粋持続的であり，「進行中のプロセス」に該当する。集積した雑多な生データ[12]（センスメーキングの観点で言えば，「意味を創造する基盤」）は，限定合理性の作用によって，経験の流れの中のある特定部分が着目され，括弧に入れられる（囲い込み）。括弧入れは，雑多な生データの中から，細流の一部を括り出すものであり，「有意味な環境を実現するプロセス」に該当する。「これらの二重のイナクトメント行為（発生させたり，括弧に入れたり）は，センスメーキングの最初の段階で生じ，過去の経験により抑制されうるし，情報よりも生のデータを生産している。そして，行為が経験の細流の一部を除外しているので，部分的にはセンスメーキングを抑制している」（Weick, 1977, p. 186）とされる。このようにして，行為者にとって，環境の中の特定部分のみが処理されるべき現実となる。行為者は，「自分が信じるものだけを現実だと見るようになる（believing is seeing）」（岸田，1998，13頁）。

続いて，「区切り方」と「関係付け」という諸行為（この行為は錯誤の知覚であり，淘汰プロセスに関連する：Weick, 1977, p. 189）の拡張によって情報へと転換され，環境がイナクトされる。この関係付けは，ある特定の行為（生データの生産と括弧入れ）を通じて形成される。雑多な生データが情報へと転換されるプロセスにおいて，自然発生的な所与としての因果関係は存在しない。雑多な生データが情報へと変換される因果関係は，あくまでも行為者による「囲い込み」行為の拡張としてのみ存在する[13]。行為の後に認識は形成される。「イナクトメントがいかにして行われるかということは，組織が何を知ろうとしているか，ということである」（Weick, 1977, p. 187）。「イナクトメントは，人々が次に何をすべきかということの意味を発達させるために行為する強固な主張である」（Weick, 2003, p. 186）。Weickが，イナクトメント概念を通じて強調しようとしている点は，「いかにして組織が環境の自己承認的（self-validating）知識を生成するかということをより明確に示すために，環境の発明に影響を及ぼすプロセス」（Weick, 1977, p. 187）である。

加えてイナクトメントは，信じられた現実（＝具体的に埋め込まれた期待：Weick, 2003）を生じさせるため，「毎日あるいは日常生活において人びとが期

待したり予期したり予測したりありふれた予想」(Weick, 1979, 邦訳213頁) として実現される「自己達成予言」に類似している。

　淘汰プロセスでは，上述の通り，「区切り方」と「関係付け」が行われる。淘汰プロセスには，センスメーキングの特性である「回顧的プロセス」と「抽出された手掛かりが焦点となるプロセス」が関連付けられる（Weick, 2003；Weick, Sutcliffe and Obstfeld, 2005）。イナクトメント・プロセスにおいて，雑多な生データ（漠然とした全体）が生み出され，その一部が経験の細流の中で括弧に入れられる。この段階では，まだ意味は生じていない。

　人々が，環境としての情報上で展開している組織について語るとき，かれらは生データとは何であり，それらがいかにして創造されたのかということを詳しく規定できない。こうした失敗は，組織がいかに解釈されるのか，それらがいかにして知り，何を知ることになるか，を理解することを難しくする。イナクトメント・プロセスの概念は，生データと情報との間にある違いを強調することによって，さらに行為が結局，知覚しやすい経験に分解される生データを生み出すことを主張することによって，かのギャップ（溝）を埋めようとする（Weick, 1977, p. 193）。

　錯誤の知覚は，淘汰の行為である。錯誤は，保持されている知恵の抑制のもと，進行中の経験の細流を分析する特殊の方法である。イナクトメントは，人が，失敗（錯誤）がなされたと結論付ける生データを生み出す。しかしそれらの同じデータが，真理が語られ，自明の理がうっかり語られ，不合理が確認されたり等々と同じように容易に区切られている。もしあなたが精神的に試行の連鎖のなかの錯誤から真理を解き放つことができないならば，その時あなたはイナクトメント・プロセスによって何が意味されているのかということのイメージを得られるだろうし，さらにあなたはそれを形づくる適度の抑制に気づき始める（Weick, 1977, p. 193）。

　生データと情報は明確に区別されている。「区切り方は経験の細流を，敏感で記憶すべき，名前をもった諸単位に分断されることを意味」(Weick, 1977,

p. 189) する。生データを有意味な情報に変換する認知的行為が区切り方であり，センスメーキングにおける「抽出された手掛かりが焦点となるプロセス」に該当する。続いて，「関係付けの諸行為は，区切られた諸要素の間に押し付けられた関係性，典型的な因果関係を巻き込む」(Weick, 1977, p. 189) ものである。区切られた諸要素は，センスメーキングでいう「回顧的プロセス」によって，因果的に関係付けられる。さらに，「完了した行為に対してのみ，意味付けが行われる」(岸田, 1999, 14頁)。区切られた諸要素が生み出され（多義性[14]の創出），回顧的にある要素は除去され，ある要素間は因果的に関係付けられ意味付けられる（一義化）。すなわち淘汰プロセスにおいては，多義性の把持と除去によって，一義性が生じるのである (Weick, 1979, 1995；岸田, 本書第2章)。このようにして一義化・意味付けされたアウトプットが，実現環境である（岸田, 1999）。

保持プロセスにおいては，文字通りに，因果関係として紡ぎ出された実現環境が保持される。保持プロセスには，センスメーキングの特性である「アイデンティティに根差したプロセス」と「正確性よりももっともらしさ主導のプロセス」が関連付けられる (Weick, 2003；Weick, Sutcliffe and Obstfeld, 2005)。保持された実現環境は，特定のイナクトメント・プロセスと淘汰プロセスを経て創出されたものであり，それはつまり雑多な生データから何らかの一義性が見出されるプロセスであり，「自分の考えていることを知ること」(Weick, 1977, 1979, 1995) である。認知的行為によって，多義性を除去した結果として一義性が見出されるため，一義化された因果関係の原因と結果の間には，不確実性の程度が存在すると考えるのが妥当である（岸田, 本書第2章）。実現環境は，当事者にとってのものであり，偶然のことも含まれうる。「因果関係図は，近似値であり，可能性を論じるのであり，確実性ではない」(Weick, 1977, p. 202)。その意味において，実現環境は「因果関係の信念の確立」であり，保持プロセス（一義化された後）において「不確実性」が生じる（岸田, 本書第2章）のである。すなわち，「信念の確立」は「アイデンティティに根差したプロセス」に該当し，「不確実性の創出」は「正確性よりももっともらしさ主導のプロセス」に該当するものと考えられる。もっともらしさ主導とは，行為者は，ある企画を遂行し続けるために自分の考えを知っていればよ

図 6-2 組織化の進化モデル

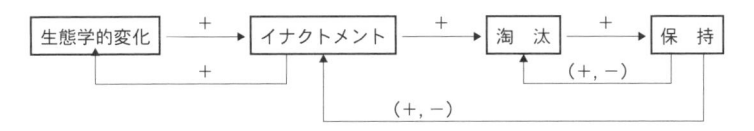

生態学的変化 →(+) イナクトメント →(+) 淘汰 →(+) 保持
イナクトメント →(+) 生態学的変化
保持 →(+, −) 淘汰
保持 →(+, −) イナクトメント

注：＋は信頼する，−は信頼しない。
出所：Weick（1979, 邦訳172頁）.

いのであって，十分性は必要ないという意味である（Weick, 1995, 邦訳84-85頁）。

実現環境の情報は，イナクトメント・プロセスと淘汰プロセスに，「信頼するか・信頼しないか」という形でフィードバックされる。「イナクトされた環境は，因果の形で蓄えられた過去の事象のそれなりの翻訳で，現在のイナクトメントあるいは淘汰を拘束する」（Weick, 1979, 邦訳215頁）。新たな組織化が再び始まるのである。このフィードバックによって，組織の安定性と柔軟性が左右される（Weick, 1979；岸田, 1999）。

組織化の進化モデルにおいて強調すべき点は，意味が「ミクロ」から生じている点である。このモデルにおいて，行為者のイナクトメント（行為）と淘汰（認知）は，過去の経験の細流や実現環境によって抑制・影響されるものの，新制度学派におけるマクロ的な認知的構造からの影響は論じられていない。むしろ，組織化の進化モデル全体に，センスメーキングにおける「社会化プロセス」が影響するとされる（Weick, 2003；Weick, Sutcliffe and Obstfeld, 2005）。個人の主体性と社会性を結び付ける有用な手掛かりが，イナクトメントの概念である。

　イナクトメントは，人々に，メンテナンスやルーティンと同様，構築主義的活動の理解を手助けする。なぜなら，それは動詞であるからである。人々は，能動的反応（operant）であり，世界で作動していることを行為する。それは，導出，影響力の行使，プロジェクト，形成，進取の気性，コントロール，マネージ，確立というようなワンセットの言葉である。それらすべては，エージェンシー，もしくは世界に向けての誰かの意向を行為することを

意味する。イナクトすることは，組織構造の現出，再デザイン，再組織化のなかで，見えるものである（Weick, 2003, p. 188）。

イナクトメントは，個人的かつ社会的（社会構築的側面を有する）な概念である（Weick, 1977, 1979）。「独り言」という行為は，生起した出来事をすぐさま検証し，理解するための手助けとなる（Weick, 1977）。ある行為者が周囲をはっきりさせ，それらを学習するために「独り言」という行為を行った後，その行為者は，観察者たちのいくつかの解釈（事実の後に押し付けられた解釈）に影響を受けやすくなる。なぜなら，行為者の意図した実現環境が，その通りに観察者たちに伝わるとは限らず（観察者たちにも彼ら自身の淘汰プロセスがあるため），その場合に行為者は，自らの意図を観察者たちに伝えるために（もしくは観察者たちの新たな淘汰プロセスを促すために），新たな行為（イナクトメント）をしなければならないからである[15]（Weick, 1977, 1979）。「独り言」という行為は一見すると個人的であるが，社会化プロセスに発展する可能性を秘めているのである。それは，個人的解釈の相互作用であり，互いに異なった個人的な因果関係で相手を理解していることを意味している。解釈し合った内容は，必ずしも同意味とは限らないが，互いに解釈し合うという相互作用，並びにその繰り返しが重要である。この主体と客体との相互作用は，イナクトメントと生態上の変化との間の双方向のものであり，それはセンスメーキングの素材や基盤を提供する逸脱—増幅サーキットである（Weick, 1979, 邦訳 169, 172, 215 頁）。センスメーキングの素材や基盤を提供するという意味において，イナクトメント（と生態上の変化）は，現実を社会的に構築するという側面を持つ。「現実の社会的構築という立場では，行為者が自分たちの行動の意味について全面的ではないにしろ合意に達することができ，誰もが表情とか行為とか事象の根底にあるパターンを求めているということが強調されている」（Weick, 1979, 邦訳 214 頁）とされる。

　人が真剣に解釈し，それにもとづいて行為するとき，物質的世界はかつてそうであったのとは違って一貫性を持つようになるだろう。もし，誰かが変化を起こすと，他者がそれらの変化に気づき，少なくとも元の行為者の解釈

と同等の仕方で変化を解釈し，それから元の解釈を証明するように修正された解釈にもとづいて行為するだろう。やがて，解釈は，客体化され，普及され，何が"外在する"かについてのコンセンサスと呼ばれるものへと広範囲に内面化されるようになる（Weick, 1995, 邦訳107-108頁）。

加えて，イナクトメントには「逸脱—増幅」作用がある。Weiner（1976）に拠りつつ，Weick（1979）は興味深い事例を紹介している。それは，サンフランシスコにおける黒人差別撤廃運動である。67人の委員から成る市民諮問会議が設立され，そこに黒人差別撤廃条例がいかに実施されるべきかの実質的な権限が付与されるようになる。その会議は2日に1回のペースで開催される。当然すべての委員が皆出席できるとは限らない。中上流階級に属するか，もしくは恵まれた勤務条件の勤め人しか皆出席できない。黒人の委員たちはそうした条件に恵まれず，撤廃計画の策定に積極的に関与しえなくなった。皆出席グループが小集団を作り，活動と能力の正のフィードバック効果を持つようになる。出席率の低いグループは懸案処理の能力，経験を会議のなかで共有しにくくなっていく。活動的な参加者（委員）が議論を詰め，問題を特定方向へ煮詰めていく。それがはっきりすればするほど，疎外されたグループは意思決定プロセスから距離ができてしまう。Weinerはこれを能力累増と定義した。頻繁に参加できるグループは，問題処理の情報に精通し，かれらが発掘した能力によりきわめて面倒かつ微妙な問題をイナクトしていく。出席率の低い層は事情に疎くなっていくばかりだから意思決定から身を引くようになる。出席率の差という小さな初期の違いが市民会議の取り組む問題や計画・環境をおおきく変化させたのである。Weickはこの一連のプロセスを観察して，黒人差別撤廃という問題が委員たちに外から与えられたようにみえるが，他面委員たち自身が問題を創った（問題解決のベクトルを決める）側面がある，と結論付けた。「負の記号を偶数有する」，すなわち皆出席グループと低出席グループとがあれば，逸脱—増幅ループにおいて小さな攪乱が大きな出来事に成長するのである（邦訳204-206頁）。言い換えれば，小さな意味が，行為によって変化し，「一方的な環境イメージ」（岸田，1999）として拡大していく作用が，イナクトメント・プロセスには存在するのである。

類似的な概念として，センスメーキングの観点にも「遠心性」の作用がある。「人の考え方は，外部へ向けて拡大され，植え付けられ，そして知識として再発見される。しかし発見は，発見者による先行の発明で始まった。ありのままであるが文字通りの感覚で，人は遠心性のセンスメーキングを円環（circles）になった思考法として話す。行為，知覚，センスメーキングは，円形にしっかり結び付けられた関係において存在する」（Weick, 1977, p. 196）とされる。これは，「人々が現実を創り，もしくは現実に戻る」（Weick, 1977, p. 195）ことを意味する。「我々は，組織と連携した実現環境の実体的数（substantial number）が，外部に広がり，植え付けられ，再発見された人格的考え方から成るという好位置に立っている」（Weick, 1977, p. 198）のである。そして，形成され，円環となり，再発見されたある実現環境は「行為を通じて，自分なりに具体的な形で現実に表されること」（岸田，本書第 2 章）になる。この意味において，岸田（1999）はイナクトメントに「実現」という訳をつけている。組織化の進化モデルは動態的なモデルであり，実現環境は新たに行為され，認知されていく。

イナクトメントの概念は，個人の主体性と社会性を結び付ける有用な概念であるとともに，「組織化とセンスメーキングを結びつける接着剤」（Weick, 2003, p. 186）でもある。以上，Weick 理論を用いて，意味がミクロから生じ，それがマクロへと波及していき，波及した意味がフィードバックされ（センスメーキングの観点からすれば意味が再発見され），再び行為（実現）されるメカニズム（Institutionalizing）についての考察を行った。

Ⅳ．制度と実現：Institutionalizing と Institutionalized の統合

第 2 節において，新制度学派のメカニズムは Institutionalized の側面に焦点が当てられていることを示した。第 3 節においては，意味がミクロから生成し，波及していくメカニズムを考察した。本節では，Institutionalizing と Institutionalized の統合を試みる。

1. 同型化と組織群生態学における変異

組織群生態学（population ecology of organizations）[16]は，個体の差（変異）を強調する理論として，新制度学派の同型化と対比される。この学派では，組織の適応能力には限界があるという前提に立ち，組織生存の強調点は，組織の適応能力よりも環境の淘汰におかれる。組織内外における慣性（サンクコスト，意思決定に関わる情報入手の制限，伝統，参入・退出障壁，正当性確保の必要性など）の存在によって，組織の適応能力の限界が指摘される。そして，環境圧力からもたらされる自然淘汰のメカニズムによって，組織の生存は，図6-3のように規定される。

変異では，組織が設立されたその時々の時代背景・特徴をその構造に反映していることや，組織の下位部門が緩やかに結合され（loosely coupled）各部門の自律度が高まることによって，組織に多様性が生じる。淘汰では，多様化した組織形態の中で，特定のニッチを見出し，資源を確保することができた組織形態が選択される[17]。そして保持では，選択された組織形態が維持される。

「主要なサプライヤー，資源と生産物の消費者，規制機関，および類似のサービスや生産物を供給する他の諸組織」（DiMaggio and Powell, 1983, p. 148）と定義される組織フィールドを分析の中心とする制度学派と，「主要な製品やサービスによって組織形態が分類される」（渡辺，2007，111頁）組織群生態学とは，分析レベルが重複しているが，前者では同型化が強調され，後者では適者生存[18]が強調されている。同型化メカニズムが進行するのであれば，変異は（もしくは慣性の一部も）生じない。逆に，変異が多く生じるのであれば，同型化メカニズムはさほど進行していないことになる。比較的類似したマクロ

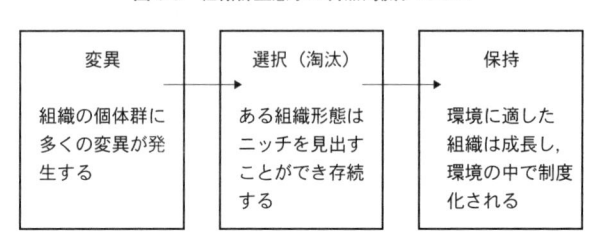

図6-3　組織群生態学の自然淘汰プロセス

変異	選択（淘汰）	保持
組織の個体群に多くの変異が発生する	ある組織形態はニッチを見出すことができ存続する	環境に適した組織は成長し，環境の中で制度化される

出所：桑田・田尾（2010）。

レベル（組織フィールドと組織群生態学）の分析において，このような違い（同型化か変異か）が生じていることから，制度には，個体解釈においていくらかの「差異」が許容される面もあるとみなすのが妥当であろう。すなわち，制度を完全に信頼するのであれば同型化が進行し，個体の制度解釈の差異を認めるのであれば必ずしも同型化は波及しない。この点において，基礎的構造である制度とその個体解釈との関連が問題となるのである。

2．制度と実現の循環

制度の意味はミクロから生成され（Institutionalizing），社会的に自明視されるようになった意味，すなわち制度は統制的な側面を有する（Institutionalized）。Weick（2003）は，部分と全体，言い換えればイナクトメントと制度の関係について，以下のように述べている。

　多くの関係が存在する。そこでは連続した接近によって 2 つの要素が関係づけられ，そしてより明白にお互いを具体化し，不確実性を減らし，理解を高める。より明瞭な組み合わせのいくつかは，相互的な詳述を含む。これは，部分と全体が，特殊と典型が，文章と叙述が，目的とスキーマが，状況と説明が，地図と領域が，特殊と一般が結びつけられるときに生じる。これらの組み合わせの全ては，イナクトメントに関わっている。各々のケースにおいて特殊な何かをより一般的な文脈への活動的な移し替えがある。さほど明白でない要素（特殊）と明白な要素（文脈）のつながりとして組み合わせは容易に取り扱われないということは決定的である。両方の側に曖昧さと明晰さがある。特殊を一般化する行為は，一般化に広がる。そして，一般を特殊化する行為は，特殊性の figure-ground 構造を変えてしまう。言い換えれば，関連は相互的特殊性を生み出す。地図は領域のなかで何が重要かということを示唆し，領域は地図に合うように変えられ，そして地図は領域に合うように変えられる（Weick, 2003, p. 191）。

ミクロ（イナクトメント）とマクロ（制度）は相互補完的な関係にある。Weick（2003）において，イナクトメントの概念は，認知（経験と環境の具体

化)が行為の道筋のなかに位置するという考え方に始まり,行為・会話の継続性から生じた分割された理解のフィードバックや解釈的精神,循環・因果ループ・相互依存関係・同時性・共同実現等の概念を通じて,存在論(マクロ)と認知論(ミクロ)との相互規定的定義による組織化のインフラへと拡張されている。Weickは,存在論(制度理論)と認知論(イナクトメント)[19]の相互規定的定義について,以下のように述べている。

　イナクトメントは,何がなされたかもしくは何を意味するかということに関する制限をいっさい含まない状態で展開される文化的でない行為を仮定しているとして非難される。制度論者は,人々が何をし,何を意味するかということを神秘的に制限する漠然とした社会事実を仮定しているとして非難される。
・イナクトメント＝部分,特殊性,文章,目的(対象),状況,領域そして細目
・制度＝全体,型,叙述,スキーマ,説明,地図,遺伝学
　各々の立場は,答えの部分である。もしくは何の答えでもない！答えは関係,循環することの内にある。叙述に触れられていない行為は,無意味である。他を欠いた各々は意味をもたない。しかし解決は,単に2つの要素を取り上げ,それらを2つの関係に結び付けるということではない。その代わりに,解決は,埋め込まれた行為を基礎的な構造として採用することである。埋め込まれた行為は,ある人の際立った個性が文脈を定義することによって定義されることである。組織理論へ向けての疑問は,社会秩序が形成し,行為の解釈学によって形成されるメカニズムは何かということである(Weick, 2003, pp. 191-192)。

ミクロとマクロの循環メカニズムが考察されなければならないとされる。制度は,基礎的な構造を提供するものである。第3節で示したように,意味はミクロから,すなわち組織化の進化モデルによって実現環境として生成される(センスメーキング)。主体と客体との繰り返される相互作用によって,意味創造の基盤・素材は,増大していく。そして,イナクトメント・プロセスにおけ

る逸脱一増幅ループや遠心性のセンスメーキングによって，マクロへと拡大される。そして，ある程度のコンセンサスを有する外在的な存在，すなわち基礎的構造となった場合に，制度が生成される[20]。そうして表出された制度は，社会からの正当性の獲得や同型化を組織に課すという統制的側面を持つ存在となる。しかしながら，制度の「意味」は，その円環の中で多様な生データとして存在しており，それらは，再発見され，再び行為（実現）され，再び認知される機会を待っている。

　表出された制度（自明視される基礎的な構造：正当性，同型化圧力）は，連続的な組織や個人のイナクトメントおよび淘汰プロセス（行為の解釈学）を経て，当事者が保持すべき新たな実現環境となる。既存の制度や認知的構造が妥当であるか否かの判断も，このプロセスによって行われるものと考えられる。社会レベルでの認知的構造は，あくまでも「自明視されている程度」に過ぎず，個体レベルにおける解釈は様々である。保持プロセスにおいて，イナクトメント・プロセスもしくは淘汰プロセスへ情報がフィードバックされ，どちらか一方のフィードバックを信用し（＋＝安定化），他方を疑う（－＝柔軟性）ことによって，組織は安定性と柔軟性を同時に確保でき，組織存続につながる（Weick, 1979；岸田, 1999）。全面的信頼は組織に硬直化をもたらし（同型化），全面的懐疑は組織の「一体感と連続性」（岸田, 1999, 14頁）を失わせてしまう。懐疑的傾向になった場合，個体が新たに意味を生成，付与し，浸透させていくプロセスが繰り広げられる。

　加えて，組織群と組織（個体）の相互影響も考えられる。Weickの組織観は，各部門が緩やかに結合している Loosely Coupled System である。このシステムは，各部門の自律性を促すものであり，組織群生態学における組織に変異を生じさせる一要因である。また，組織群内が高密度の場合は資源の獲得を巡って競争が激しくなり，低密度の場合は資源の統制が自明視され正当性の獲得が要求される（密度依存理論：Carroll and Hannan, 1995；渡辺, 2007）。組織群内の密度の高低によって，組織の行為と認知はある程度の影響を受けるものと思われる。なぜなら，競争化は組織に柔軟性（革新性）を要求し，正当化は組織に安定性を要求するものと考えられるからである。すなわち，競争化は保持からのフィードバックにおいてマイナス傾向をもたらし，正当化はプラス傾向を

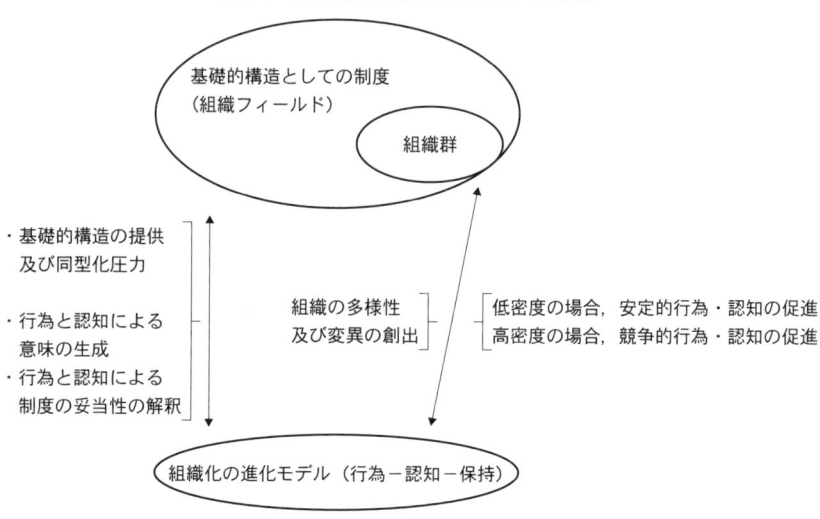

図 6-4 制度理論と組織化の進化モデルの関係

```
        ┌─────────────────────────────┐
        │   基礎的構造としての制度        │
        │      （組織フィールド）         │
        │              ┌─────────┐     │
        │              │ 組織群  │     │
        │              └─────────┘     │
        └─────────────────────────────┘
                          ↑
・基礎的構造の提供       組織の多様性    低密度の場合，安定的行為・認知の促進
  及び同型化圧力         及び変異の創出  高密度の場合，競争的行為・認知の促進
・行為と認知による
  意味の生成
・行為と認知による
  制度の妥当性の解釈
                          ↓
        ┌─────────────────────────────┐
        │ 組織化の進化モデル（行為−認知−保持）│
        └─────────────────────────────┘
```

出所：筆者作成。

もたらすものと考えられる。

組織群生態学からの影響を含め，これまでの議論のまとめとして，制度理論（マクロ）と組織化の進化モデル（ミクロ）の循環的関係を示したものが図6-4である。

3．行為と制度の進化について

InstitutionalizingとInstitutionalizedの循環の中で，「慣行的行為パターンやルーティンは完全に自動的に行われているわけではなく，常に繰り返し達成され発展しているのである」(Weick, 1995, 邦訳226頁)。とはいえ，組織化の進化モデルにおいてフィードバックされた情報が，信頼されるか否か，そしてどのように行為や認知に影響を及ぼすかについては未知数である。すなわち，何度も繰り返されるミクロ的意味生成（実現）から制度への道筋は，必ずしも収斂的に望ましい方向へと進化していくとは限らない[21]。イナクトメントの盲点として挙げられているように，イナクトメントは実行において個人的になりがちな傾向があり，イナクトメントの調停（mediation）や束縛（chains）についてはほとんど議論がなされていない点，コンフリクトがイナクトメントの多く

の取り扱いには存在しない点，イナクトメントが，最初にユニットを動かすよりも，すでに行為しているユニットの新たな方向付けである点（Weick, 2003, pp. 192-193）などを考慮すると，私的な認知論（ミクロ）から存在論（マクロ）への転換および各々の相互規定が実現することは決して容易ではないように思われる。また，望ましい方向も未知のものでありつつ，イナクトメントは純粋持続的に繰り返される。組織化の進化モデルにおいては，新たな意味が生成され付与され続けることが強調されており，その意味での進化である。もちろん，意味には多様性がある方が望ましい。一般に，多様性の相互作用がイノベーションの源泉であるといわれる。しかし，ミクロ的かつ多様な意味生成も普及したマクロ的な制度も，あくまでも制度進化のポテンシャルの範疇である。ミクロとマクロの循環の累積によって，制度は漸進的に進化していくものと思われるが，その方向性は未知である。

　進化経済学の視点では，「習慣的行為と熟慮的行為との間の相互作用，およびその結果としての制度的安定と構造的破壊との緊張が重視されるべき」（Hodgson, 1988, 邦訳145頁）とされる。ここでは，行為が2種類に分けられている。一口に行為といっても，それは一枚岩ではない。行為の規則性と，その上に生じる累積的な不安定性に，制度進化のポテンシャルがあるとされる（Hodgson, 1988）。行為は，再イナクトされるイメージとしてのみ伝達可能であり，連鎖的な行為の物語を（発見ではなく）発明することが，有意義な行動指針になるとされる（Weick, 1995, 邦訳168-174頁）。さらには，人々の進行中の行為や認知と社会的世界との関係論的相互依存性，実践のうちの統合，すなわち実践共同体の議論（Lave, J and Wenger, E., 1991）も行為や制度の進化についての有益な視点である。経時的なイナクトメント・プロセスについてのさらなる探求が必要である。加えて，形成された様々な実現環境を共時的に統合するメカニズムも必要である。すなわち，Institutionalizing と Institutionalized の循環の中で，制度の進化や革新のメカニズムを明らかにすることが今後の課題である。

V. まとめ

　制度派組織論は，イナクトメントの概念およびセンスメーキングの概念を取り入れる必要がある。なぜなら，制度の意味は生成され変化し続けるからである。マクロレベルでの認知的構造のみを用いて，制度の意味生成や変化を説明することは極めて困難であり，新制度学派を構築主義と規定することには不明な点が残る。すなわち，意味生成や構築，変化のメカニズムを論じるためには，ミクロ的な行為や認知の議論が必要不可欠である。本章では，制度は Institutionalizing と Institutionalized という側面から成るという考え方に依拠し，意味はミクロ的プロセスから生じ，意味がマクロへ向けて普及していき，やがて統制的機能を有するようになった制度に，新たなミクロ的プロセスが作用することによって新たな意味が付与され，変化していくメカニズムについて理論的に考察した。

注

1) 制度派組織論を整理した文献は多岐に渡るが，本章における制度派組織論の記述は主に岸田・田中（2009）および渡辺（2007），スコット（Scott, 1995），Scott（2001），DiMaggio and Powell（1991），東（2004）等の整理を参考とした。
2) 制度理論は組織の存続・生存を取り扱うモデルであり，正当性という有効性（effectiveness）の問題である。組織の能率や効率（efficiency）は扱われない。
3) 但し組織は，社会に向けての正当性の確保のため「合理化された神話」に従い，組織内での非公式の内部調整と外部調整とは分離されている（decoupling）。
4) Scott（1995, 2001）は，DiMaggio and Powell（1983）における模倣的同型化を，認知的同型化に置き換えることによって，制度学派の構築主義的側面を強調しているが，その置き換えの説明は不明瞭である。
5) Oliver（1992）による3つの圧力タイプ（機能的圧力，政治的圧力，社会的圧力）の抽出，Tolbert and Sine（1999）のアメリカの高等教育制度におけるテニュア制度の変化，Barley（1986）による放射線医学における新技術の導入によるルーティン，意思決定方法の転換プロセス，Greenwood and Hinnigs（1993）による自治体の法人化モデルへの移行，Scott ら（2000）による医療制度における効率性の導入，Morrill（2001年時点で forthcoming）による制度の重なり合いからの新しい実践の創出，Haveman and Rao（1997）による制度と組織との共進化（co-evolution）を果たしたカリフォルニア貯蓄銀行の事例，Hirsch（1986）による当初は逸脱的とされた敵対的企業買収が正当的なものへと転換していく事例，Stark（1996）による社会主義社会における秩序の再編成，等々の研究を通じて。

6) 加えて，認知的構造と規範的構造の区別もあいまいである。
7) 組織は制度理論における主要な分析レベルの1つであり，組織や集団は，その中に位置づけられる行為者に対して制度的な文脈を与えている（Scott, 1995）ため，本章では組織も制度的側面を有するものとして捉えている。
8) Weick（1995）は，議論としてのセンスメーキングを，（諸個人の）信念主導のセンスメーキングとしているが，本章では，「行為」=「会話」・「議論」として，行為主導のセンスメーキングとして捉えている。「話すという行為が認知を規定し明確にする契機となる」（Weick, 1979, 邦訳214頁）。
9) 生態上の変化とイナクトメントの作用関係は双方向のものであるが，生態上の変化からの作用が強調された場合には環境決定的側面が強くなるため，ミクロからの意味生成メカニズムである組織化の進化モデルの独自性が弱められる。そのため，生態上の変化をイナクトメント・プロセスに含めるかについては，今後の検討課題である。
10) 但しWeickは，特定環境を自明視し与件として取り扱うことに対して批判的であって，組織や行為者が，現実の経験の流れにおいて直面する柔軟で複合的な環境に対しては重きを置いている。
11) イナクトメントの概念は，選択的認知や環境を思い通りに創造する行為と誤解されがちであるが，それは誤りである（Weick, 1995, 邦訳107頁）。行為と認知は区別されるが，その因果関係は相互補完的・循環的である。
12) 言い換えれば，意味が生じる前の，あいまいで混沌・漠然とした全体が生じるという状態である。
13) Weick（1977）では，無意味なアルファベットの羅列が括弧に入れられ，その後，区切り方と関係付けによって（もしくは区切り方と関係付け次第で）2種類の意味を有する文章へと変換されるプロセスが事例として挙げられている。詳しくはWeick（1977）を参照。
14) 外界の多義性を認知し対処するためには，組織は，十分な多様性を有することが必要となる（必要多様性の原則）（Weick, 1979；岸田, 1999）。
15) Weick（1977, 1979）では，ジェスチャーゲームにおける行為者と観察者との相互作用が挙げられている。
16) 環境に対し脆弱であるという観点から，比較的同質である組織の集合体（classes of organizations that are relatively homogeneous in terms of environmental vulnerability：Hannan and Freeman, 1977, p. 166）と定義される。なお，本項の組織群生態学の記述については，渡辺（2007）および桑田・田尾（2010）の整理を参考とした。
17) 組織群生態学は，淘汰システム（「種」の選択・淘汰過程）を問題としており，ダーウィン流のマクロ進化論（環境決定論）に通じるものがある。これに対してWeickの進化モデルは，個体の変異（実現）に焦点が当てられている。
18) Hodgson（1988）は，自然淘汰の過程は長い期間を経て作用するため，急激に変化することが頻繁にある経済過程において，スムーズでダーウィン的な自然淘汰過程は不可能であると指摘している（邦訳147頁）。
19) 本来的なイナクトメントの概念は行為であるが，Weick（2003）におけるイナクトメント概念は認知論にまで踏み込んでいる（Enactment is about knowing and learning：p. 191）
20) ミクロから生じた全ての意味が制度化されるわけではない。繰り返されるイナクトメント・プロセスやセンスメーキング・プロセスにおいて，拡大・増幅されていった（繰り返し生じる社会化プロセスにおいて生き残った）意味のみが制度化に至るものと考えられる。しかしながらどのような尺度で，意味が社会的に自明なものとして認知されていると規定するかは，依然，課題として残る。
21) 「操作可能な概念として，イナクトメントは正確さを欠いている」（Nicholson, 1995；Weick,

2003 より抜粋）と指摘されるが，Weick（2003）は，「正確さは，提案（≒暗示）されていることほど，精緻化への感受性には強く結びついてはいない」（p. 185）と主張している。

参考文献

Aldrich, Howard E. (1999), *Organizations Evolving*, Sage Publication of London（若林直樹・高瀬式典・岸田民樹・坂野友昭・稲垣京輔訳（2007）『組織進化論』東洋経済新報社。）

Carrol, G. R. and Hannan, M. T. (1995), *Organizations in industry: strategy, structure, and selection*, Oxford University Press.

DiMaggio, P. J., and Powell, W. W. (1983), "The Iron Cage Revisited: Institutional Isomorphism and Collective Rationality in Organizational Fields," *American sociological review*, Vol. 48.

DiMaggio, P. J. and Powell, W. W. (1991), "Introduction," In W. W. Powell and P. J. DiMaggio (eds.), *The New Institutionalism in Organizational Analysis*, University of Chicago Press.

Hannan, M. T. and Freeman, J. (1977), "The Population Ecology of Organizations," *The American Journal of Sociology*, Vol. 82.

Hodgson, G. M. (1988), *Economics and Institutions—a Manifest for a Modern Institutional Economics*, Polity Press.（八木紀一郎・橋本昭一・家本博一・中矢俊博訳（1997）『現代制度派経済学宣言』名古屋大学出版会。）

Lave, J. and Wenger. E. (1991), *Situated Learning: Legitimate Peripheral Participation*, Cambridge University Press.（佐伯胖訳（1993）『状況に埋め込まれた学習　正統的周辺参加』産業図書。）

Meyer, J. W. and Rowan, B. (1977), "Institutionalized Organization: Formal Structure as Myth and Ceremony," *The American Journal of Sociology*, Vol. 83, No. 2.

Scott, R. S. (1995), *Institution and Organizations*, Sage Publication.（河野昭三・板橋慶明訳（1998）『制度と組織』税務経理協会。）

Scott, R. S. (2001), *Institution and Organizations*, 2nd edition, Sage Publication.

Selznick, P. (1949), *TVA and the Grass Roots*, University of California Press.

Selznick, P. (1957), *Leadership in Administration*, Harper and Row.（北野利信訳（1963）『組織とリーダーシップ』ダイヤモンド社。）

Stinchcombe A.L. (1965), "Social Structure and Organizations," In J. G. March (eds.), *Handbook of Organizations*, Chicago: Rand Mcnally.

Weick K. E. (1977), "Enactment Processes in Organizations," In B. M. Staw and G. R. Salancik (eds.), *New Directions in Organizational Behavior*, St. Clair Press.（本章の引用は，Weick K. E. (2001), *Making Sense of the Organization* に再収録されたものから。）

Weick K. E. (1979), *The Social Psychology of Organizing*, 2nd edition, New York; Tokyo: McGraw-Hill.（遠田雄志訳（1997）『組織化の社会心理学［第2版］』文眞堂。）

Weick K. E. (1995), *Sensemaking in Organization*, Sage Publications.（遠田雄志・西本直人訳（2001）『センスメーキング イン オーガニゼーション』文眞堂。）

Weick K. E. (2003), "Enacting an Environment: The Infrastructure of Organizing," R. Westwood and S. Clegg (eds.), *Debating Organization: Point-Counterpoint in Organization studies*, Brackwell.

Weick, K. E., Sutcliffe, K. M. and Obstfeld, D. (2005), "Organizing and the Process of Sensemaking," *Organization Science*, Vol. 16, No. 4.

東俊之（2004）「制度派組織論の新展開―制度派組織論と組織変革の関係性を中心に―」『京都マネジメント・レビュー』第6号。

岸田民樹（1998）「複雑系と組織論」『経済科学』第46巻第3号。

岸田民樹（1999）「組織学説史分析序説」『経済科学』第47巻第3号。
岸田民樹・田中政光（2009）『経営学説史』有斐閣アルマ。
岸田民樹（2013）「組織論から組織学へ」『経済科学』第60巻第3号。
桑田耕太郎・田尾雅夫（2010）『組織論』補訂版，有斐閣アルマ。
盛山和夫（2011）『社会学とは何か――意味世界への探求――』ミネルヴァ書房。
横川信治・野口真・伊東誠編著（1999）『進化する資本主義』日本評論社。
渡辺深（2007）『組織社会学』ミネルヴァ書房。

〔高橋和志〕

終章
組織学のさらなる展開に向けて

　本書は，これまで組織論と総称されてきたさまざまな分析を，OrganizingとOrganizedの理論に整理して，それらを継時的かつ共時的に統合し，もって組織論ではなく組織学として，提示しようとする試みである。すなわち，Organizingの理論とOrganizedの理論に分化してこれらを統合し，1つの「組織の理論」へと組み上げようとするものである。いわば，組織論（organization theories）の「分化と統合」を通じて，組織論の「組織」を作ろうとする意図をもった研究である。これは，Organizingというミクロ・アプローチと，Organizedというマクロ・アプローチを統合するミクロ・マクロ・リンクへの挑戦でもある。以下，各章の要点と課題を述べる。

1. 階層には，3つの側面がある。従来の支配－従属を示すHierarchizedの側面，包括性および下から意識された全体性を示すHierarchizingの側面，の3つである。

　第1章「組織と階層」では，階層をHierarchizingとHierarchizedに分け，後者に言う「支配－服従」のイメージが強い階層概念に，前者の「包括性」と「下位システムからみた主観的全体」の概念を提示して，これらがHierarchyを構成することを論じている。

　ただし，この三者の階層概念の関連が，なお不明確である。人間→組織→環境というOrganizingのプロセスにおいて，その組織にとっての全体環境＝実現環境が生じる。これは，包括性あるいは全体性という意味での「階層」である。ここで当該組織には，2つの選択肢がある。1つは，外部環境（＝課業環境）への対応として，タテの分業（階層）を選択するか，内部環境（＝技術）への対応として，ヨコの分業（専門化）を選ぶかである。タテの分業を選ぶな

ら，下からの全体を意識する階層が生じる。さらに階層が固定化して，上から下への支配－服従が生じるなら，これは Hierarchized である。

2．Organizing は，人間→組織→環境という因果関係をもち，Organized は，環境→組織→人間という正反対の因果関係をもち，これは，経時的および共時的に統合できる。

　第2章「組織生成と構造統制―Organizing と Organized―」は，本書の基本的枠組みを提示した章である。今日は，大企業に典型的にみられる「組織」の，社会における役割が極めて重要な時代であり，「個人と社会」という視点では，この組織を捉えることはできない。こうして，人間－組織－環境という視点が措定される。もちろん個人は，孤立した個人ではなく，社会的相互作用の中にある人間であり，組織にとっては，社会だけでなく周囲のさまざまな利害集団から影響を受けるし，時にはこれらの利害集団とともに，社会に影響を与えることもある。すなわち，人間，組織，環境という3つの要素の間の相互作用は双方向的である。こうして，組織学説は，Closed & 合理的モデル，Closed & 自然体系モデル，Open & 合理的モデルおよび Open & 自然体系モデルの4つに整理される。合理的モデルは，環境→組織→人間という因果関係へと収斂される。逆に自然体系モデルは，人間→組織→環境という因果関係にまとめられる。

　この2つの正反対の因果関係は，人間→組織→環境→組織→人間という形で，経時的統合が可能であり，これは因果関係の双方向性および循環を示す。また，Organizing と Organized を含む全体が Organization であると考えるなら，共時的に統合できる。

　ただし，経時的統合は，時間の経過に関わる問題であるが，因果関係の双方向が循環を意味するなら，これは単なる繰り返しであり，「元に戻る」だけなら，組織（構造）の変化や成長につながらない。言い換えれば，経時的統合だけでは，「創発性」が示されない。また，共時的統合は，Organizing と Organized の関連が示されない限り，いわゆる「共同的相互依存性」を示すにとどまる。両者の関連を説明することが必要である。

　以下の諸章は，以上の Organizing と Organized の枠組みを，それぞれ作業組

織のレベル，組織のレベル，組織間関係システムのレベル，制度レベルに適用する試みである。

 3．人間→作業組織→組織は Work Organizing の，組織→作業組織→人間は Work Organized のプロセスである。作業組織は，社会－技術システムとして共時的に統合されると同時に，Work Organizing は，社会システムの生成であり，Work Organized は，技術システムが作業組織を統制するという意味で，経時的に統合できる。

 第3章「社会－技術システムと作業組織の生成・発展—Work Organizing と Work Organized—」は，Tavistock 人間関係研究所の社会—技術システム論を，Organizing と Organized の視点から，整理した論文である。今日，トヨタ生産システムのもつ高い生産性のゆえに，アメリカにおけるかつての社会－技術システム論は，影を失った状況にある。しかし，人間性を強調する現在の社会－技術システム論は，社会→技術システム論であり，技術システムのもつ効率性を優先させるトヨタ生産システムは，技術→社会システム論であると，考えることができる。今後，この両者を統合する新しい作業組織のあり方が求められる。さらに，本論文では，Weick を援用しながら，技術システムにも Organized の側面だけでなく，Organizing の側面があることを指摘している。ただし，技術システムの Organizing の側面とは，技術の社会的認知であり，これは社会システムを通じてどのように技術が認知されるかという問題である。このように考えるなら，人間→作業組織→組織という Work Organizing のプロセスは，社会システム生成のプロセスであると同時に，作業組織が技術を認知する Technologizing のプロセスでもあると考えることができる。

 4．複雑な相互作用への対処を必要とする現代の組織において，人間の自律性を通じて事故を防ぐ側面は Organizing（Loosely Coupled System）であり，人間の自律性を保障するための構造上のコントロールによって，逆に組織そのものの複雑性が不可避になるという「ノーマル・アクシデント」理論は，Organized（Tightly Coupled System）の側面を示す。

今日の原発事故にみられるように，一旦反応が生じると，次々に連鎖反応が生じ，重大な結果を招くことがある。こうした反応が，環境→組織→人間というプロセスを通じてシステムに不可避的に広がるというのが，ノーマル・アクシデントの理論である。逆に人間の問題対処能力が発揮できるように，Loosely Coupled Systemを作り，人間→組織→環境という連鎖をシステムに生じさせるのが，高信頼性組織である。High Reliabilityとは，システムの信頼性であり，それを保障するのが，人間の注意深い行動を可能にするMindfulな組織である。高信頼性組織（High Reliability Organization）は，人間あるいは下位システムの自律性を確保して，人間の問題処理能力を保障することによって事故を未然に防ぐLoosely Coupled Systemを作ろうとする。これは，すでに指摘した技術システムの社会的認知（Technologizing）による事故の防止に賭ける議論である。これに対して，ノーマル・アクシデントの理論は，技術システムのもつOrganizedの側面（Technologized）に焦点を当て，所与の技術システムを保障するための複雑な組織構造（Tightly Coupled System）が，事故を不可避的に生じさせるという議論である。

こうして，高信頼性組織がOrganizingの理論に，ノーマル・アクシデントの理論がOrganizedの理論に相当する。したがって，Mindfulな行動を通じて高信頼性組織が生じ，このシステムの信頼性の保障が，人間の，技術に対する社会的認知を固定させることによって，すなわち多義性が失われることによって，人間の対応能力の柔軟性がなくなり，システムがタイトに連結され，一旦生じた事故の連鎖が限りなく進むことになる。これはまた，WoodwardやPerrowにみられる「組織構造は技術によって決まる」という技術決定論的な議論に対応する。

5．組織→組織間関係システム→環境は，Inter-organizingあるいはNetworkingのプロセスであり，環境→組織間関係システム→組織は，Inter-organizedあるいはNetworkedのプロセスであり，両者は経時的および共時的に統合されうる。

第4章「組織間関係の生成と統制—NetworkingとNetworked—」は，組織間関係のレベルへの「組織学」の枠組みの適用である。組織セットモデルは，

当該組織の環境操作戦略を通じて，環境が組織化される Inter-organizing の議論である。IOR システムモデルは，こうして生成された組織間関係が，メンバー組織を統制していく Inter-organized の議論である。戦略論は，組織における人間行動という意味の組織行動（Organizational Behavior）ではなく，市場や環境における当該組織の行動という意味での組織（そのものの）行動である。したがって，内部アプローチ（組織→戦略→環境）は，Inter-organizing の理論，Strategizing の理論に，外部アプローチは（環境→戦略→組織）は，Inter-organized の理論，Strategized の理論に相当する。こうして，組織→組織間関係システム（戦略）→環境と，環境→組織間関係システム（戦略）→組織は，Inter-organizing（Networking）と Inter-organized（Networked）として，経時的・共時的に統合される。

ただし，次の2点を指摘しておきたい。第1に，ネットワークを，社会関係資本論に沿って，4つのタイプに分類した。組織と市場という二分法に「中間組織」を加えた「取引費用経済学」の枠組みに比べて，さらに中間組織が2つに区別されている。すなわち，階層をもたない「戦略提携型」と，それをさらに組織化して，中核組織の生成を想定した「系列型」を区別している。これは，中核組織の生成が，ネットワークの中に階層の生成を可能にするからである。この2つの「中間組織」を区別することの意味を，さらに検討すべきである。第2に，戦略論を4つのアプローチに分類し，それを経時的に統合したが，第2章で実現環境と課業環境の関連を明らかにしたように，資源ベース・アプローチとポジショニング・アプローチの「環境」の関連を明らかにする必要がある。資源ベース・アプローチは，組織の所有する資源が，他の組織にとって模倣困難なものであることが，当該組織の競争優位につながると主張する。これに対して，ケーパビリティ・アプローチは，「所有」ではなく，たとえば co-specialization や co-opting を通じて広く資源を「利用」することが，ダイナミックに資源を生成できると主張する（ダイナミック・ケーパビリティ）。しかし，これは，利用できる資源をもつ他の組織群（＝環境）を想定することになる。言い換えれば，どのようなポジショニングに位置すれば，十分な資源を利用できるか，という問題になる。この問題意識は，ポジショニング・アプローチのそれである。ここに，資源ベース・アプローチの「環境」とポジショ

ニング・アプローチの「環境」が接点をもつ可能性がある。

6．組織は制度に埋め込まれており，同型性を強いるだけでなく，制度を実現する。この制度の実現はInstitutionalizingであり，制度の埋め込み・同型性の側面はInstitutionalizedである。

　第6章「制度と実現―制度の生成と統制―」では，制度（マクロ）と実現（ミクロ）の相互補完関係が取り上げられる。新制度学派は，状況適合理論が問題にする課業環境は技術的環境であり，組織の生存には，組織が埋め込まれている社会に対する正当性が重要であり，したがって制度的環境を問題にすることが重要であると主張した。それとともに，制度を支える日常の相互作用というミクロ的側面を問題にし，ミクロ・ファウンデーションを強調した。こうして，新制度学派は，（旧）制度学派の3つの同型性（強制，規範，模倣）のうちの模倣を，社会における成功企業の普及というマクロな視点ではなく，組織の側の成功企業への認知という視点からミクロ的に捉え，「模倣」ではなく，主体の「認知」に置き換えた。

　しかし，interpersonalもsocietalもsocialという言葉で表現されるために，日常の相互作用というミクロな側面とマクロの社会的側面を統合する理論的枠組みが，真剣に考慮されることはなかった。しかも，「認知」という言葉は，すでに，制度学派のレーゾンデートルとでもいうべき，社会的（societal）な正当性を保障しないし，主体的認知は，制度的環境の問題であるよりもむしろ，技術的環境の問題である。

　したがって，同型性の中に，模倣に代えて認知を取り入れるのではなく，Institutionを制度的なInstitutionalizedの側面と，制度の生成を問題するInstitutionalizingの側面を明らかにしなければならない。言い換えれば，制度の変化は，たとえば，自明なもの（taken for granted）としての事業部制組織の数が支配的になったというようなことではなく，1つの企業の組織革新のプロセス，さらにそれが普及を推し進めたプロセスを分析しなければならない。ここに，意味が社会（マクロ）から生じる（制度→組織）だけでなく，人間や組織（ミクロ）からも生じる（組織→制度）ということの，ミクロ・ファウンデーション的意義がある。

本章は，こうした制度の生成というInstitutionalizingの側面を，Weickの「実現（enactment）」概念を起点にして論じようとする意図をもつ。

ただし，いくつかの問題がみられる。第1に，「制度」という環境を分析する視点についてである。第5章で論じたように，環境は，いろいろなレベルからなるが，基本的に内部環境（コンテクスト，組織風土）と外部環境に分かれ，後者はさらに当該組織からみた外部環境（課業環境，組織セット，活動領域）と，全体環境（文化，社会構造）からなる。制度（的環境）は，「社会構造」の代表的な要素であるが，interpersonalな組織風土や技術的環境（コンテクストや課業環境）の影響と，制度の影響をどう区別するかは，今後の課題である。言い換えれば，「自明視される」制度的環境とは何か，は具体的に把握されていない。

第2に，Weickの実現概念については，詳細に述べられているが，それによって，制度が生成するInstitutionalizingのプロセスについては，全く触れられていない。実現を通じて制度が生成することは確かであるが，第2章で述べたように，実現を通じて実現環境（Enacted Environment）が生じ，これと課業環境を関連させることによって，初めてOrganizingとOrganizedは経時的に統合される。本章では，このような制度の生成と統制を把握する視点が示されていない。実現と制度化とは同じではない。

第3に，したがって，制度の生成と制度の統制を統合する枠組みは示されていない。前述したように，制度の生成（Institutionalizing）と制度の統制（Institutionalized）を，経時的に統合するためには，実現による制度的環境の生成と，それが自明視されることによって制度的環境が個々の組織に与える影響（同型性）との関連を示すことが必要である。さらに，制度（Institution）が，InstitutionalizingとInstitutionalizedからなるプロセスは，組織→制度→環境と環境→制度→組織，であるが，この場合のより広いマクロな「環境」をどう捉えるかは，これまで全く取り上げられていない。さらに，制度のもつ強制的な側面だけでなく，その許容的な側面も無視できない。たとえば，同じ資本主義という制度にも，アングロサクソン型（個人主義的・短期的・営利志向的）と，ライン型（集団主義的・長期的・技術志向的）がある。また今日の中国が，社会主義であるのか資本主義であるのか，解釈の幅はある。制度は一義的ではな

く，多義的に解釈されうる．

　以上，本書は，作業組織，（経営）組織，組織間関係システム，制度，のそれぞれのレベルに，OrganizingとOrganizedという「組織学」の視点が，どのように適用できるかを明らかにしようという試みである．本章では，この「組織学」のさらなる発展のために，各章の狙いと問題点を指摘した．

　本書では，「組織学」を，OrganizingとOrganizedの正反対の因果関係をもつ，組織に関する理論であるという意味で使用し，この正反対の因果関係は，経時的および共時的に統合できると述べた．しかし，第2章に対するコメントの中で指摘したように，経時的統合は，正反対の因果関係を，原因と結果が，時間の経過に沿って相互作用し，結果として循環する態様を把握するが，基本的には「繰り返し」であって，マクロ的には終わりのない無時間的なプロセスである．しかも，「原因」と「結果」は，同じ階層，同じ次元上で関わり合うだけで，両者を含む全体は見えてこない．原因と結果という「下位システム」はあっても，「システム」が何かは不明である．

　また，共時的統合は，正反対の因果関係が1つの全体を構成するという意味で，正反対の因果関係を構成する2つの要素（原因と結果という下位システム）を越えた全体（システム）を，一階層上あるいは一次元上に措定することができる．ただし，共時的統合では，正反対の要素がどんな全体（システム）をもつかは見えても，それらの要素がどのように相互作用して全体を構成するのか，別の全体を構成する可能性はあるのか，については，わからない．

　以上のように考えるなら，「組織学」の今後の発展にとって，以下の2つの課題を指摘することができる．

　第1に，経時的統合を，正反対の因果関係をもつ要素（＝下位システム）間の相互作用の統合，共時的統合を，下位システムにとっての全体システム（＝システム）における統合，と考えるなら，これらを含む上位システム（＝環境）を措定する必要がある．これはある意味で，経時的統合と共時的統合を「統合する」枠組みである．具体的には，下位システムにおける要素の循環ではなく，新しいシステムへと飛躍するプロセスを考察することが必要である．すなわち，ライン組織とファンクショナル組織という正反対の編成原理をもった組織から，いかにして両者を統合した「ライン＆スタッフ組織」が形成され

るか，あるいは，ライン＆スタッフ組織を共通の基盤にして，ファンクショナル組織のもつヨコの分業という編成原理に沿って職能部門化された職能部門制組織と，ライン組織のもつタテの分業という編成原理に沿って事業部門化された事業部制組織を統合したマトリックス組織がいかにして形成されるかという，組織革新のプロセスを分析することが必要である。ここでの上位システムは，それぞれの組織革新を正当化する「環境」である。たとえば，マトリックス組織すなわち職能部門制組織と事業部制組織の統合，を必要とする環境（＝上位システム）は，複雑で動態的な環境である。

したがって，組織学は，Organizingの理論とOrganizedの理論の統合であるが，そのためにはさらに，経時的統合（下位システム間の循環的相互作用）が共時的統合（正反対の因果関係をもつ下位システムがより包括的なシステムへと飛躍するプロセス）へと至るための，革新のプロセスを明らかにすることが必要である。

第2に，組織学という限り，人文科学や社会科学だけでなく，自然科学にも通じる論理を有するかどうか，が問題である。たとえば，複雑系とは，比較的単純なたくさんの要素が絡み合って，全体として，個々の要素から予想もつかないふるまいをする現象である。これは単純な予測可能な要素が組み合わさって，全体として「創発性」を生じさせる場合である。ここでの基本的問題は，個々の要素（ミクロ）のランダムな行動からどのように全体（マクロ）の秩序が生じるか，であり，ミクロ・マクロ・リンクの問題である。複雑系の理論の特徴は次の3つである。

第1に，線形性ではなく非線形性の性質をもつ。すなわち，個々の要素の単純な合計は全体にならない（1＋1≠2）という性質である。もっとも単純な非線形性は，二者関係における因果関係の循環である。Aが原因となってBに影響を与え，こんどはBが原因となってAという結果が生じ，この因果関係の循環が繰り返される場合である。近代科学が峻別してきた「認識主体と認識対象」の相互作用がここでは想定される。この自己言及性は，逸脱－拡大作用におけるポジティヴ・フィードバック，初期条件のわずかな差異が極めて大きな結果の差異をもたらすという初期値鋭敏性（e.g. 収穫逓増），あるいは自己達成予言や自己破壊予言を引き起こす。

第2に，個々の要素はランダムにふるまうが，全体としては一定の秩序をもつ。この際のマクロ・レベルの秩序の生成は，創発性と呼ばれる。ここで，ミクロ・レベルの無秩序（非決定性）とマクロ・レベルの秩序（決定性）の同時存在を「カオス（Chaos）」と言う。ここでの創発性を可能にする条件は，ミクロとマクロの同型性（入れ子構造）であり，これをフラクタルと呼ぶ。フラクタルは，相転移という連続的・量的な変化が不連続で質的な変化に転換するときには，たとえば100℃で水という液体が，蒸気という気体に変化するときには，必ず生じるという。

　第3に，複雑系は，自己組織化するシステムである。自己組織化とは，組織が環境との相互作用を行いつつ，自ら構造を作り変えていく性質であり，外部の設計者も内部の集権的な統制もなしに，新しい内部構造が生じるという性質である。これは次の2つの意味を含む。まず，創発性がミクロから生じるということは，自己（下位システム）と非自己（反対の因果関係をもつ下位システム）の統合から，新しい自己組織化された自己（システム）が生じるということである。たとえば，実数を自己とすると，虚数は非自己である。両者はその性質（二乗すると正か負か）を異にする。しかし，一次元では両者は共存できないが，二次元では，数として統合される。このように自己（実数）と非自己（虚数）は，より高次元で統合され，新しい自己組織化された自己（数）が生じる。これが自己組織化の意味である。したがって次に，自己組織化とは，環境と無関係に自己を決定することではなく，自己が非自己を取り込みながら，自らが構築した実現環境（上位システム）の下で，新たな適応能力を備えたシステムへと発展することである。実現環境は，自己決定を誘発する解発要因である。このように言うなら，複雑系は組織生成のプロセス（Organizing）であり，自己組織化はその条件である。（以上の点については，岸田民樹『組織学の生成と展開』近刊，を参照。）

　組織学の論理は，複雑系科学のような非線形性を問題にする自然科学にも適用可能である。組織とは，個人と社会の中間にある現象であるだけでなく，何らかの秩序を捉える編成原理でもある。すなわち，ヨコの分業たるファンクショナル組織とタテの分業であるライン組織とは，単に個人と社会の間にある中間的な現象であるだけでなく，普遍的に何らかの秩序を生成させるための原

則でもある。たとえば,遺伝子は遺伝情報と位置情報をもつが,前者はウニの卵はウニになるという意味で,ワンセットの染色体を保持するようにしか切断できない。後者は,どの機能になるかという切断であり,一旦その機能が壊れると回復しない。したがって,遺伝情報は,全般管理を保持するようにタテに分業を行う階層的分業に基づくライン組織に,位置情報は,機能に特化したヨコの分業(専門化)に基づくファンクショナル組織に,通じる。

　以上のような課題を踏まえて,さらに「組織学」を前進させていきたいと思っている。研究者としての残された人生を,組織学の完成に向けて,さらに歩を進めていきたい。もとより,この道の先にどんな結果が待っているかは知らない。
　今回は若い研究者に付き合ってもらったが,彼らの研究の一助になればという思いもあった。ただし,研究は孤独な営みであると思う。若い研究者は,自分の意志で自分の道を選んでもらいたい。すでに去った人もいる。私の「組織学への道」を越えて,自分自身の「組織学への道」を模索してもらいたい。

〔岸田民樹〕

事項索引

【アルファベット】

Aston グループ　33, 49
Closed & 合理的モデル　30, 31, 48, 61, 64, 181
Closed & 自然体系モデル　30, 41, 49, 61, 64, 181
co-optation　154
co-opting　184
co-specialization　184
ESOP パラダイム　40, 56, 75, 76, 88, 125
F/B 組織　51, 53, 54
Hierarchized　8-11, 25, 180, 181
Hierarchizing　7, 10-13, 25, 180
Hierarchy　33, 180, 181
High Reliability Theory（HRT）　92, 93, 99-101, 103, 106, 113, 119, 183
IOR システム　120, 121, 125, 127, 129, 141, 142, 184
Institution　185, 186
──alized　142, 146, 148, 169, 171, 174-176, 185
──alizing　142, 146, 153-155, 161, 169, 171, 174-176, 185, 186
Inter-organization　141
Inter-organized　129, 130, 141, 183, 184
Inter-organizing　120, 122, 129, 130, 141, 183, 184
Loosely Coupled　170, 173
────── System（LCS）　13-16, 25, 43, 44, 98, 104, 108, 109, 114, 182, 183
Mindful　183
Networked　119, 127, 129, 141, 183, 184
Networking　119, 129, 141, 183, 184
Normal Accident Theory（NAT）　92, 93, 98, 99, 102, 103, 106, 113, 182, 183
Open & 合理的モデル　6, 31, 32, 34, 35, 48, 49, 54, 61, 64, 181
Open & 自然体系モデル　6, 31, 35, 41, 49, 54, 56, 61, 64, 181
Organization　6, 7, 25, 37, 38, 54, 56, 57, 61, 89, 133, 181, 183
Organized　2, 6, 7, 25, 30, 43, 47, 55-57, 62, 63, 66-68, 70, 72-74, 77-83, 88, 89, 93, 105, 106, 110, 113, 114, 141, 142, 145, 180-183, 187, 188
Organizing　2, 6, 7, 25, 30, 41, 43, 47, 55-57, 62, 63, 66-68, 70, 72-74, 78-85, 87-89, 93, 105, 106, 112-114, 141, 142, 145, 180-182, 187, 188
Strategized　130, 131, 140, 142, 184
Strategizing　130, 131, 140, 142, 184
Tavistock 人間関係研究所　64, 68, 182
Technologized　183
Technologizing　182, 183
Tightly Coupled System（TCS）　14, 15, 97, 102, 104, 109, 114, 182, 183
Work Organization　61-66, 68, 70, 72, 74, 76-79, 87-89
Work Organized　61, 63, 68, 72, 74, 89, 182
Work Organizing　61, 63, 68, 72, 74, 89, 182

【ア行】

イナクトメント　157-169, 171-176
オープン・システム　65, 146, 159
────・アプローチ　61, 64, 74

【カ行】

課業環境　32, 34, 43, 47, 48, 50, 54, 55, 62, 118, 119, 145, 180, 186
革新のプロセス　88
活動領域　32, 119, 186
活用　109
環境　32, 55, 75-78, 118, 133, 181, 183, 185
────決定論　35, 45, 49, 54

――操作戦略　36, 122, 124, 125, 129, 141
関係次元　125, 126, 129
緩衝戦略　122
慣性　170
管理的意思決定　39, 131
官僚制組織　8, 9
技術　33, 34, 48, 50, 54, 70, 73, 74, 78, 80, 81, 84-88, 180
　　――システム　63-66, 78-83, 85-89
規制的システム　147
規範的システム　147
規模　33, 48, 49
共時的統合　6, 7, 56, 58, 62, 72, 88, 105, 181-184, 187, 188
協調の戦略　122
業務の意思決定　39, 132
局地適応　44
局地的適応　15
近代　1, 4
計画アプローチ　131-133, 135, 136, 140, 142
経時的　181, 183, 184
　　――統合　7, 55, 56, 58, 62-64, 72-74, 88, 105, 181, 187, 188
系列型　129, 141, 184
　　――ネットワーク　128
ケーパビリティ・アプローチ　138, 139
高信頼性組織（High Reliability Organization）　93, 99, 100, 104, 108, 110, 112-114, 183
　　――化　113, 114, 120
構造次元　125, 129
合理的モデル　5, 6, 9
個人　38
ゴミ箱プロセス　98
ゴミ箱モデル　31, 35, 43
ゴミ箱理論　41
コンテクスト　118, 119, 186

【サ行】

差異化　21, 22
作業組織の生成・発展　61, 63, 64, 72, 74, 78, 79, 87
事業部制組織　33, 34, 50-54, 56, 131, 188
資源ベース（RBV）・アプローチ　131, 138, 140, 142, 184

自己言及性　22-24
市場型　129, 141
　　――のネットワーク　128
システム的適合　49, 50
自然システム・モデル　5, 6
実現（Enactment）　42, 44, 45, 47, 55, 186
　　――環境（Enacted Environment）　35, 42, 43, 46, 47, 111, 145, 160, 165, 166, 169, 172, 173, 175, 186, 189
　　――された環境　112
自明視されている程度　148, 150, 173
社会　37, 38
　　――環境　118, 119
　　――関係資本論　122, 125, 129, 141, 184
　　――－技術システム　61, 65, 68, 182
　　――－技術システム論　64, 65, 68-70, 72-74, 76, 88
　　――構造　32, 186
　　――システム　63, 64, 66, 70, 76, 78-83, 85, 87-89
　　――的構築主義　151
　　――的背景　118
集権　33, 50, 54
準分解可能システム　10
状況適合理論　31-34, 41, 48-50, 52-54, 56, 80, 84, 108, 145, 185
状況要因　34
職能専門化　33
職能部門制組織　33, 34, 50-52, 56, 131, 188
職能部門組織　50
自律の作業集団　64-66, 68-70, 72
自律的戦略　122, 129
新制度学派　146, 148, 149, 151, 153, 155, 156, 166, 169, 170, 176, 185
垂直的分散　19
生成変化　22
生態上の変化　45, 158, 159, 167
正当性　146-148, 151, 170, 173
センスメーキング　154, 156, 157, 159-163, 165-167, 169, 172, 173, 176
　　――の特性　164
全体環境　32, 76
選択的適合　49
専門化　180

戦略　53, 54, 133, 134, 140
　——経営（Strategic Management）　39, 130, 133
　——組織構造—業績（ＳＳＰ）パラダイム　39, 121, 125
　——提携型　129, 141, 184
　——提携型のネットワーク　128
　——的意思決定　39, 131, 132
　——的工作　36, 122, 124, 129, 130
相互作用的適合　49
創発性　43, 142, 181, 188, 189
創発的アプローチ　131, 133, 140, 142
創発的戦略　134
組織開発　35, 39
組織学（Organization Theory）　30, 58, 180, 183, 187, 188, 190
組織過程　32, 50
組織化の進化モデル　35, 42, 46, 145, 159, 160, 166, 169, 172, 174, 175
組織化の進化論　31, 41
組織間関係論　18
組織群生態学　170, 171, 173, 174
組織構造　32, 50, 125
組織事故　92, 93, 98, 103, 113
組織セット　32, 118-120, 186
　——・モデル　120, 141, 183
組織デザイン　32, 34, 36, 39, 49, 119
組織の活動領域　118
組織の生成・発展のプロセス　73, 74, 88
組織の生成・発展のモデル　93, 104, 114
組織風土　118, 119, 186
疎なネットワーク　126-129

【タ行】
タイト・カップリング　97
多義性　35, 43-45, 47, 85
探索　109
調整　19, 20
強い紐帯　126-129
適応可能性　15
同型化　147, 148, 151, 170, 171, 173
同型性　185
統合メカニズム　50

淘汰（Selection）　42, 44, 45, 47, 55, 159, 160, 163-167, 170, 173
　——過程　43

【ナ行】
内部環境　32, 62, 75
内部組織型　129, 141
　——のネットワーク　129, 130
二重性（Ambidextrous）組織　51
人間　54, 181, 183
認知的構造　146-148, 150, 151, 155, 156, 166, 173, 176
認知的システム　147
ネットワーク　17-19, 25, 127, 129, 184

【ハ行】
バークレー・グループ　99, 101
パーソナリティ　40
発展段階モデル　40, 50, 53
パラロジー　3, 4
必要多様性　101
ファンクショナル組織　48, 50, 51, 187, 189, 190
不確実性　47
複雑系　189
文化　32, 119, 186
分権　33, 50, 54
編集　22, 23, 24
保持（Retention）　42, 44, 45, 47, 55, 160, 164-166, 170, 173, 174
ポジショニング・アプローチ　131, 135, 136, 138, 140, 142, 184
ポストモダン　1, 3, 4

【マ行】
マクロ・アプローチ　38, 54, 180
マクロ理論　31
マトリックス組織　34, 50, 51, 53, 54, 56, 188
見送り（Flight）　41, 42
ミクロ・アプローチ　38, 54, 180
ミクロ理論　31, 31, 32
見過ごし（Oversight）　41, 42
密なネットワーク　126-129
メタマネジメント　16, 17
目的・価値の共有　19, 20

【ヤ行】

弱い紐帯　126-129

【ラ行】

ライン&スタッフ組織　51, 187

ライン組織　48, 51, 187, 189, 190
ルース・カップリング　14, 15, 97
論理の前提　16, 17

人名索引

【A】

Ansoff　40, 131-133

【B】

Bamforth　64-68, 72
Barnard　41, 48
Barney　139
Berggren　70-74, 89
Bertalanffy　10, 11
Bugelman　134
Burrell and Morgan　2, 4, 5, 36-38
Burt　126

【C】

Chandler　36, 39, 40, 52-54, 56, 121, 124, 130, 131, 133

【D】

Deleuze and Guattari　20
DiMaggio and Powell　147, 153, 170
Diefenbach and Sillince　2, 8, 9, 10
Donaldson　49

【E】

Emery　65, 69, 75, 89

【F】

降旗　39

【G】

Galbraith　34, 50, 122-124
Gouldner　5, 6

【H】

Herbst　64, 65, 68, 70, 73, 80, 88

Hodgson　175
Hoffer and Schendel　132

【I】

今田　1, 3, 4, 9, 12, 20-24

【K】

岸田　2, 5, 6, 7, 11-15, 23, 44, 48, 54, 61-64, 74-76, 78, 80, 84, 85, 88, 93, 94, 104-106, 108, 114, 152, 159, 163, 165, 166, 168, 169, 173, 189
Koenig　121

【L】

Lawrence and Lorsch　33, 49, 145
Lorsch and Allen　33
Lorsch and Morse　34
Lyotard　2, 3, 4

【M】

Meyer and Rowan　146
McKelvey　38
Mead　12, 22
Miles and Snow　18, 19
Miller　65, 68
Mintzberg　132, 134, 135
盛山　43, 151, 152

【P】

Perrow　33, 80, 92, 94, 95, 97, 98, 100, 101, 103, 108, 114, 145, 183
Pfeffer and Salancik　123
Piore and Sabel　20
Porter　135, 136

【R】

Roberts　92, 99, 100

【S】

佐々木　120
Scott　1, 146-151, 155, 160
Selznick　153-156
Simon　10, 11

【T】

Teece　139

Thompson　10, 12, 32, 34, 50, 80, 122, 123
Trist　64-70, 72, 73, 75, 77, 78, 89

【W】

Weick　14-17, 42-45, 46, 84-88, 92, 101, 110, 112, 113, 156-159, 161-169, 171-175, 182, 186
Woodward　33, 49, 80-84, 145, 183

執筆者紹介

髙木　孝紀（たかぎ・こうき）　　　　第1章
名古屋大学大学院経済学研究科助教

岸田　民樹（きしだ・たみき）　　　　第2章, 第5章, 終章
中部大学経営情報学部教授

杉浦　優子（すぎうら・ゆうこ）　　　第3章
名古屋外国語大学非常勤講師

藤川なつこ（ふじかわ・なつこ）　　　第4章
四日市大学経済学部経済経営学科専任講師

高橋　和志（たかはし・かずし）　　　第6章
名古屋市立大学大学院経済学研究科研究員
愛知工業大学経営学部非常勤講師

編著者略歴

岸田民樹（きしだ・たみき）　中部大学経営情報学部教授

- 1948 年　三重県に生まれる
- 1972 年　京都大学経済学部卒業
- 1974 年　一橋大学大学院商学研究科修士課程を修了
- 1977 年　京都大学大学院経済学研究科博士課程単位を取得
- 1977 年　大阪府立大学経済学部講師
- 1980 年　名古屋大学経済学部講師
- 1984 年　同助教授
- 1993 年　同教授
- 2013 年　中部大学経営情報学部教授（現在に至る）
　　　　　京都大学経済学博士

主要研究業績

著書：
『経営組織と環境適応』三嶺書房，1985 年。（2006 年白桃書房より復刊。）
『経営労務』（共著）有斐閣，1989 年。
『現代経営キーワード』（共著）有斐閣，2001 年。
『現代経営組織論』（編著）有斐閣，2005 年。
『経営学説史』（共著）有斐閣，2009 年。
『組織論から組織学へ』（編著）文眞堂，2009 年。
『ウッドワード』（編著）文眞堂，2012 年。

翻訳：
J. R. Galbraith & D. A. Nathanson『経営戦略と組織デザイン』白桃書房，1989 年。

組織学への道

2014 年 10 月 31 日　第 1 版第 1 刷発行　　　　　　　　検印省略

編著者　岸　田　民　樹
発行者　前　野　　　弘
発行所　株式会社　文眞堂
東京都新宿区早稲田鶴巻町 533
電　話　03 (3202) 8480
FAX　03 (3203) 2638
http://www.bunshin-do.co.jp/
〒162-0041 振替00120-2-96437

印刷・モリモト印刷　製本・イマヰ製本所
© 2014
定価はカバー裏に表示してあります
ISBN978-4-8309-4829-9　C3034